Offener Himmel

Christsein in Salzburg

Herausgeber:
Seelsorgeamt der Erzdiözese Salzburg

Copyright 2005: Seelsorgeamt der Erzdiözese Salzburg. Kapitelplatz 2, 5020 Salzburg.
Redaktion: Wolfgang Müller, Sebastian Schneider.
Druck: Salzburger Druckerei. Grafik: Pürcher & Partner.
ISBN 3-9501948-1-9

Himmel.

Das ist mehr als das Blau strahlender Tage. Himmel, das ist, wonach ich mich ausstrecke, so weit ich nur kann, die Sterne zu erreichen. Himmel ist, wo sich die Sehnsucht zur Erfüllung wandelt. Denn im Himmel liegt die Erfüllung unserer Hoffnung für uns bereit, wie der Apostel Paulus schreibt (Kol 1,5).

Wer kann das glauben? Ist das nicht nur ein Märchen, das man ablegt, wenn man erwachsen wird? Heißt nicht Erwachsenwerden zu erfahren, dass Märchen eben Märchen sind?

Und doch: Worauf darf ich hoffen? Das ist eine menschliche Grundfrage, die kannst du nicht zum Schweigen bringen oder es kostet dich das Leben.

Die Hoffnung bringt die Bilder hervor, die mich leiten, meinem Leben eine Richtung, einen Sinn geben. Wer nur Böses erwartet – was wird ihm begegnen? Wer keine Vorstellung hat, wo er hin will – wo wird er landen?

Also lieber Zweckoptimismus? Also lieber doch an Märchen glauben? Ich kann versuchen nach Sternen zu greifen, aber den Himmel kann ich mir letztlich nicht machen.

Der Himmel verschenkt sich selbst, kommt unberechnet über mich, besucht mich ohne festen Termin.

Wahre Hoffnung kann ich mir selber nicht sagen. Sie wird mir zugesagt. Sie ist mir zugesagt. Schon immer. Und das ist kein Märchen.

Wolfgang Müller, Projektleiter

Ein Danke

Danke allen Mitarbeiterinnen und Mitarbeitern in den verschiedenen Abteilungen der Erzdiözese.

Danke allen Mitarbeiterinnen und Mitarbeitern in den Pfarrgemeinden.

Danke allen Mitarbeiterinnen und Mitarbeitern von St. Virgil für die Ausrichtung des Diözesanballs.

Danke allen Mitwirkenden aus den Katholischen Privatschulen, Kindergärten und Orden.

Danke allen mitwirkenden Religionslehrerinnen und Religionslehrern.

Danke allen Ehrenamtlichen Frauen und Männern.

Danke den Kirchenbeitragszahlern und -zahlerinnen.

Danke allen, die das Projekt mit Gebet und guten Gedanken unterstützt haben.

Danke allen, die die Herausgabe dieser Dokumentation ermöglicht haben.

Inhaltsverzeichnis

Engel als Verkünder

Bronzeskulptur „Hoffnung und Auferstehung", 2004, von Johann Weyringer als Zeichen der Hoffnung für alle Glaubenden.

Der Engel aber sprach zu den Frauen: Fürchtet euch nicht! Ich weiß, ihr sucht Jesus den Gekreuzigten. Er ist nicht hier; denn er ist auferstanden und geht euch voraus nach Galiläa; dort werdet ihr ihn sehen. Das ist meine Botschaft an euch. (Mt 28, 5–6)

Die Botschaft

Und als Jesus aus dem Wasser stieg, sah er, dass der Himmel sich öffnete und der Geist wie eine Taube auf ihn herabkam. (Mk 1,10)

Wie wir in den Evangelien lesen, ist die Verkündigung Johannes des Täufers Ankündigung des Gerichtes. Die Chance ist vertan. Aufgrund der bösen Taten ist alle Welt dem Richterspruch Gottes verfallen. Nicht einmal dem Volk Israel nutzt seine Auserwählung durch Gott etwas. Die Menschen können noch Zeichen der Buße und Taten der Wiedergutmachung setzen. Aber das Urteil steht fest und das Ende ist nahe.

Jesus folgt dem Aufruf des Johannes und lässt sich im Jordan taufen. Als Jesus aber aus dem Wasser steigt, wird ihm im Gegensatz zur Verkündigung des Johannes eine ganz andere Gotteserfahrung zuteil: Er sieht, dass der Himmel sich öffnet, der Geist kommt wie eine Taube auf ihn herab und er hört eine Stimme: Du bist mein geliebter Sohn. – Jesus erfährt einen Gott, der mit umfassendem Wohlwollen der Welt und den Menschen gegenübersteht, einen Gott, der will, dass das Leben gelingt. Er erfährt, dass der Himmel offen steht.

Alle Leute staunten über das, was Jesus tat. (Lk 9,43b)

Damit Veränderung geschehen kann, braucht es als Voraussetzung eine gewisse Überraschung, eine Irritation, die überhaupt eine Bewegung im Menschen in Gang setzt, sodass Veränderung, Erneuerung möglich wird.

Wie ein Refrain zieht sich die Überraschung, das Staunen durch die Berichte vom Leben Jesu. Vom Staunen über die Antworten des Zwölfjährigen im Tempel – ja eigentlich schon von der erstaunten Rückfrage der Maria an den Verkündigungsengel – über die überraschenden, provozierenden, manchmal geradezu frechen Antworten und Reden und Taten Jesu, bis hin zur Verwunderung des Petrus,

der sich ins leere Grab beugt und dort nur die Leinenbinden liegen sieht, und weiter zur Himmelfahrt, wo die Apostel mit offenem Mund zurückbleiben, die Augen zum Himmel gerichtet. Die Überraschung, das Staunen, die Verwunderung ziehen sich wie ein roter Faden durch das Leben Jesu.

Es geht in der Aktionswoche darum, Menschen immer wieder überraschend mit dem Evangelium zu konfrontieren. Gerade dort, wo sich Alltag abspielt und wo sie es nicht erwarten. Es geht um eine positive, sympathische aber auch herausfordernde Begegnung. Es geht darum, einen Raum für das Staunen zu schaffen, einem Staunen über ein kleines Stück, einen Funken der Erfahrung, dass der Himmel offen steht.

Das Himmelreich ist nahe. Kehrt um und glaubt an das Evangelium! (vgl. Mt 4,17; Mk 1,15)

Diese Erfahrung bewegt Jesus zu seiner Verkündigung. Und was könnte sonst die Botschaft der Woche sein, als die Verkündigung Jesu, wie sie uns in den Evangelien zusammengefasst überliefert ist in den Worten: Das Reich Gottes bzw. das Himmelreich ist nahe. Kehrt um und glaubt an die frohe Botschaft, an das Evangelium. Kehrt um und glaubt. Das ist Aufforderung, Herausforderung zur Veränderung. Diese Herausforderung ist auch für die Woche ganz wichtig.

Damit diese Herausforderung aber gehört, angenommen werden kann, braucht es zuvor die Zusage, braucht es zuvor ein Stück dieser Erfahrung: Das Reich Gottes ist nahe, der Himmel ist offen.

Wirklich, der Herr ist an diesem Ort und ich wusste es nicht. (Gen 28, 16b)

Aus der Überraschung heraus kann die Zusage des umfassenden Wohlwollens Gottes das Herz von Menschen erreichen und Verwandlungen bewirken. Und es ist zu hoffen, dass viele dann sagen können: Wirklich, der Herr ist an diesem Ort und ich wusste es nicht.

Wolfgang Müller, Projektleiter, Seelsorgeamt

Er aber, erfüllt vom Heiligen Geist, blickte zum Himmel empor, sah die Herrlichkeit Gottes und Jesus zur Rechten Gottes stehen und rief: Ich sehe den Himmel offen und den Menschensohn zur Rechten Gottes stehen. Da erhoben sie ein lautes Geschrei, hielten sich die Ohren zu, stürmten gemeinsam auf ihn los, trieben ihn zur Stadt hinaus und steinigten ihn.

(Apostelgeschichte 7,55–58)

Wer von Ihnen möchte nicht in den Himmel kommen? Ich unterstelle also, dass Sie in den Himmel kommen wollen und dass Sie ein wenig von diesem Ortswechsel auch schon auf Erden erfahren möchten. Man kann nicht einfach nach dem Tod in den Himmel übersiedeln, sondern begibt sich womöglich in tödliche Gefahr, wenn man ihn gegenwärtig machen will. Man sollte es sich genau überlegen, ob man wirklich zu diesem Ort wechseln will.

Dafür legt in beredter Weise die erste Stelle der Bibel Zeugnis ab, die davon berichtet, dass jemand sagt, der Himmel öffne sich. Sie ist sehr bekannt, es handelt sich um die Predigt des Stephanus und das Ergebnis dieser Predigt. (Vgl. Apg 7,51–60)

Der offene Himmel steht in einer Gewaltgeschichte und diese Gewaltgeschichte gehört zu den Gründungsgeschichten der frühen Kirche. Wer nämlich vom Evangelium redet, muss die Gewalt kennen, oder um es mit einem in der Theologie vor dem Konzil sehr verbreiteten Paar zu sagen: Wer an Gott glaubt, muss um den Teufel wissen. Und diesen Satz dürfen Sie um Gottes willen nicht umkehren, auch wenn das in fundamentalistischen Spielarten der Glaubensdarstellung immer noch zu finden ist. Zu sagen: „Wer über Gott etwas wissen will, muss an den Teufel glauben" ist nicht einfach nur falsch, sondern gefährlich falsch. Dann produziert man nämlich im Verweis auf Gott den Teufel, vor dem man sich mit dem Wissen um Gott verwahren will. An den Teufel darf man nicht glauben, aber man muss sehr wohl von ihm und der Macht, die in der Rede von ihm steckt, wissen. Weiß man nicht darum, wie schnell aus der Rede von Gott ein gefährlich falsches Gewaltkonstrukt werden kann, dann ist man der teuflischen Versuchung schon verfallen, die in der Gewaltausübung mit den besten Absichten und besonders in der Gewalt im Namen Gottes steckt.

Weil Stephanus die Wahrheit sagt, wird es für ihn gefährlich. Er wird zum ersten Märtyrer der Kirchengeschichte, weil er sagt, dass er den Himmel offen sieht und dort Jesus, den Menschensohn, zur Rechten von Gottes Herrlichkeit, also seiner Macht, stehen sieht. Und nicht weil er Märtyrer war, hat er den Himmel offen gesehen. Weil er die himmlischen Realitäten begriffen und nicht verschwiegen hat, was er verstanden hat, ist es für ihn in den irdischen Verhältnissen lebensgefährlich geworden. Wer Auskunft über den Himmel geben will, muss bereit sein, der Gewalt ins Auge zu sehen, die das mit sich bringen kann.

An Tod und Sterben Johannes Pauls II. lassen sich die Gedanken verdeutlichen: Er bringt auch manche Voraussetzungen mit, um in den Himmel als künftigen Wohnort zu übersiedeln. Schließlich hat er als Papst die Versklavung des Menschen durch politische Systeme, wirtschaftlichen Konsum, sexuelle Ausbeutung und den Allmachtsphantasien des Krieges benannt und damit nicht in das Schweigen über bedrängte Würde der Menschen von heute eingestimmt, die aus den gesellschaftlichen Diskursen eher ausgeschlossen war. Und er war ja auch das Opfer eines Attentats und hat danach mehr und mehr, ohne Selbstmitleid und auch nicht mit Selbstgerechtigkeit die Ohnmacht eines an den Spätfolgen des Attentates verfallenden Körpers öffentlich gemacht. Ich weiß nicht, ob er den Himmel offen gesehen hat, schließlich war er kein Märtyrer, sondern ist hoch betagt und sehr umsorgt im eigenen Bett gestorben. Aber er hat einer ganzen Reihe von Märtyrern in seinen vielen Heiligsprechungen Respekt gezollt und er hat der Kirche gewichtige Heterotopien wie das Schuldbekenntnis zum Heiligen Jahr 2000 und die Friedensgebete mit den anderen Religionen in Assisi zugemutet. Mit derlei Zumutungen ausgestattet, können sich die Theologen und Theologinnen in der Kirche an den offenen Himmel trauen – aber sie müssen den Mut dazu auch wirklich haben.

Hans-Joachim Sander
Aus dem Statement beim Weiterbildungstag der Erzdiözese Salzburg und der Katholisch-Theologischen Fakultät Salzburg am 7. April 2005 in Salzburg

Das Wort im Raum

Eine Wortskulptur. Ein Ort zum Verweilen, für das Gespräch, zum Glauben, Hoffen und Lieben?

Menschen im öffentlichen Raum mit dem Wort Gottes in Verbindung zu bringen, war die anfängliche Aufgabenstellung. Aus den „großen Worten" ist ein Ort des Verweilens geworden, der auf dem Bahnhofsvorplatz gerne angenommen wurde.

Glauben, Hoffen und Lieben brauchen das Verweilen

Als ich während der Projektvorbereitung eines Tages über den Residenzplatz ging und mich fragte, wie man die Aufmerksamkeit von Menschen wecken könnte, hatte ich plötzlich die Vorstellung von menschengroßen Buchstaben quer über den Platz, von „großen Worten", einfach in den Raum gestellt, in den öffentlichen Raum, boden-ständig, unübersehbar, herausfordernd zu Ant-worten, Wider-worten, Fragen, Interpretationen …

Dieser Gedanke ließ mich nicht mehr los und eine Zeit lang spekulierten wir im internen Kreis, ob man die Buchstaben einzeln versetzbar und Ruf- oder Fragezeichen zur Verfügung halten sollte. Es wäre interessant gewesen zu beobachten, was sich daraus entwickeln würde.

Welche Worte sollten es sein? Es sollte um zentrale und alltagsrelevante Begriffe gehen, die auf Augenhöhe begegnen sollten. Die drei Gaben des Geistes, die Paulus am Ende des Hohenliedes der Liebe im 13. Kapitel seines ersten Briefes an die Gemeinde von Korinth nennt, boten sich dazu an: Glaube, Hoffnung und Liebe – drei Schlüssel zu einem gelingenden Leben.

Im Gespräch mit meinem Kollegen Sebastian Schneider wandelten sich die Hauptwörter zu Zeitwörtern: glauben – hoffen – lieben. Dadurch wird die Frage nach dem aktuellen, personalen Vollzug betont – ein Stück Entideologisierung.

Für die technische Umsetzung der Idee war die Frage des Materials zentral. Nicht zu schwer, gut zu bearbeiten, sympathisch weil natürlich – mit einem Wort: Holz. Und vom Holz war der gedankliche Weg nicht mehr weit zu einer Anfrage beim Holztechnikum in Kuchl. Aus Erfahrung kann ich sagen: Mail genügt. Auf eine erste Anfrage mit kurzer Erklärung der Idee durch elektronische Post wurde mir prompt und freundlich Interesse signalisiert.

Es folgten spannende Gespräche mit Direktor Erhard Bojanovsky und FOL Gernot Krappinger. Schnell war klar, dass schon aus Sicherheitsgründen keine Einzelbuchstaben das Ziel sein konnten. Daraus entstand schließlich die Idee, die Worte aus einer Platte auszunehmen, sie „transparent" zu machen: glauben – hoffen – lieben als Vollzüge, die Perspektive geben.

Mit seinen Schülern erarbeitete Herr Krappinger konkrete Entwürfe. Damit die Platte mit dem jeweiligen Wort auch gut steht, wurde beiderseits ein Bankelement hinzugefügt – was für eine geniale Idee. Die Ausführung geschah mit viel Sorgfalt und Liebe.

Am 13. Oktober wurden die drei Wortskulptur-Bänke im Umfeld eines Pressetermins zur Aktionswoche im Beisein von Erzbischof Kothgasser von Schülern des Holztechnikums aufgestellt und montiert. Der Erzbischof stand und schaute zu, ein älterer türkischstämmiger Muslim gesellte sich zu ihm und begann ein Gespräch darüber, was da aufgestellt werde. – Nach dem Pressegespräch im obersten Stock des nahen Hotel Europa kamen wir noch einmal auf den Bahnhofsvorplatz zurück, um die fertige Skulptur anzuschauen: Platz genommen hatte bereits ein junger blonder Stadtstreicher mit Weinflasche. Groß neben ihm: „hoffen".

Aus in den Raum gestellten „großen Worten" ist ein Ort für Menschen geworden, an dem sie verweilen können. Viele haben das meiner Beobachtung nach während der Aktionswoche gerne getan. Befürchtete Vandalismusschäden sind weitgehend ausgeblieben. Und das heißt etwas.

Wolfgang Müller, Projektleiter, Seelsorgeamt

Zusagen der Bibel

Hundert Transparente mit verschiedenen Bibelzitaten lenkten die Aufmerksamkeit Vieler auf die Aktion Offener Himmel.

Durch die eindrücklichen Bibelzitate sollten Gottes Zuspruch an uns Menschen, aber auch die Herausforderungen an uns Christen im öffentlichen Raum sichtbar werden. Es war auch beabsichtigt, durch die Transparente die einzelnen kirchlichen Gebäude und Einrichtungen zu kennzeichnen.

Jesus spricht: Wer zu mir kommt, den werde ich
nicht abweisen. Joh 6,37

Selig, die Frieden stiften! Mt 5,9

Gott lässt seine Sonne aufgehen über Bösen und Guten. Mt 5,45

Gott spricht: Ich habe dich beim Namen gerufen. Jes 43,1

Der Geist Gottes macht lebendig. 2 Kor 3,6

Nahe ist Gott den zerbrochenen Herzen. Ps 34,19

Zur Freiheit hat Christus uns befreit. Gal 5,1

Wer ist im Himmelreich der Größte? Mt 18,1

Was ist der Mensch? Ps 8,5

Warum bezahlt ihr mit Geld, was euch nicht nährt? Jes 55,2

Das Herz des Menschen verändert sein Gesicht. Sir 13,25

Wähle also das Leben, damit du lebst. Dtn 30,19

Versag keine Wohltat dem, der sie braucht. Spr. 3,27

Wer sich selbst nichts gönnt, wem kann der Gutes tun? Sir 14,5

Vertrau auf Gott, er wird dir helfen. Sir 2,6

Liebe deinen Nächsten, er ist wie du. Lev 19,18

Bemüht euch um das Wohl der Stadt. Jer 29,7

Gottes Engel mögen euch begleiten. Tob 5,17

Mit meinem Gott überspringe ich Mauern. Ps 18,30

Wirklich, Gott ist an diesem Ort. Gen 28,16

Ezechiel

„Da kam der Odem in sie, und sie wurden wieder lebendig ..."
Straßenbewegungstheater vis plastica (Wien) belebt.

Kunst im öffentlichen Raum soll das vielseitige
Gespräch anregen. Die Sehnsucht nach Lebendigkeit –
in Kirche und Gesellschaft – hat auch die Verantwortlichen für die Aktion „Offener Himmel" angetrieben.
Wie in dieser Aufführung ist auch in der Erzdiözese
einiges in Bewegung geraten.

Aus Ezechiel 37, 1–14

Der Herr brachte mich im Geist hinaus und versetzte mich mitten in die Ebene. Sie war voll von Gebeinen. Sie waren ganz ausgetrocknet. Da sagte er zu mir: Sprich als Prophet über diese Gebeine, und sag zu ihnen: Hört das Wort des Herrn! Ich selbst bringe Geist in euch, dann werdet ihr lebendig. Ich spanne Sehnen über euch und umgebe euch mit Fleisch; ich überziehe euch mit Haut und bringe Geist in euch, dann werdet ihr lebendig. Da sprach ich, und noch während ich redete, hörte ich auf einmal ein Geräusch: Die Gebeine rückten zusammen, Bein an Bein. Und als ich hinsah, waren plötzlich Sehnen an ihnen, und Fleisch umgab sie, und Haut überzog sie. Aber es war noch kein Geist in ihnen. Da sagte er zu mir: Rede, Menschensohn, sag zum Geist: So spricht Gott, der Herr: Geist, komm herbei von den vier Winden! Hauch diese Erschlagenen an, damit sie lebendig werden. Da sprach ich, und es kam Odem in sie. Sie wurden lebendig und standen auf – ein großes, gewaltiges Heer.

Der Prophet Ezechiel stammte aus einer priesterlichen Familie in Israel. Nachdem Jerusalem 586 v. Chr. von den Babyloniern erobert und zerstört worden war, wurde Ezechiel zusammen mit vielen Familien aus der Oberschicht des Königreiches Israel in das Exil nach Babylonien geführt. Dort bei Tel-Abib, an einem Kanal des Eufrat, wurde er zum Propheten berufen. Seine Bilderzählung von der „Auferweckung Israels" steht im Mittelpunkt der künstlerischen Aktion. Ezechiel sieht in einer Vision ein Totenfeld, eine Wüste voller Gebeine. Gott aber gibt ihm die Kraft, diesen trockenen Gebeinen mit seinem prophetischen Wort neues Leben einzuhauchen.

Die Reden und Bilder des Propheten EZECHIEL sollen durch Bewegungstheater körperlich anwesend gemacht werden. An die Stelle des abstrakten Lesens tritt die sinnliche Verkörperung des Textes in öffentlichen Räumen – auf dem Bahnhofsplatz, im Europark sowie auf dem Platz vor dem Dom.

Die Vision des Ezechiel wird in der Aktion mit der Musik von Alfred Schnittkes Orchesterwerk „In memoriam" konfrontiert. Wir möchten mit dieser wortlosen, theatralisch-musikalischen Umsetzung die kraftvoll-sinnliche und bildhafte Sprache des Propheten erfahrbar machen und seine Hoffnungen für die Gegenwart öffnen. Jutta Schwarz, die künstlerische Leiterin von vis plastica dazu: „Eine Übersetzung in ein anderes Medium – hier von geschriebenem Text in nonverbales Tanztheater – kann niemals nur Illustration sein. Sie muss aus dieser anderen Perspektive auch ihre eigene Interpretation versuchen. Sich erinnern als ein Prozess des Nach-innen-Gehens, zurück bis in die Grabkammern des Vergessenen, Verdrängten, Abgespaltenen. Fragmente werden zusammengesetzt, die Fäden der Erinnerung neu geknüpft. Zusammenhänge werden sichtbar, Sinn zeichnet sich ab. Abgestorbenes, Abgewürgtes wird wieder lebendig."

Josef Mautner, Katholische Aktion Salzburg

Hauptziele der Projektwoche

■ **Über den Glauben ins Gespräch kommen (Verkündigung)**

■ In einer Atmosphäre, die einlädt zu Glaubensgesprächen und Glaubenserfahrungen.
■ In Begegnungen, die überraschen und zugleich in die Tiefe gehen können.

■ **Christsein / Kirche sichtbar machen (Zeugnis)**

■ In den Zeugnissen von Christinnen und Christen.
■ Durch die Öffnung und Gastfreundschaft kirchlicher Einrichtungen.
■ Durch MitarbeiterInnen und Ehrenamtliche, die auf Menschen zugehen.

■ **„Engagierten" Gutes tun (Bestärkung und Vernetzung)**

■ Im Zusammentreffen unter dem Zeichen des „Offenen Himmels".
■ Im Erleben, Austauschen und Weitergeben des eigenen Glaubens.

Pastoraltheologische Überlegungen

Es ist mir wichtig, nicht nur in einen Aktionismus zu verfallen, sondern immer wieder den Standort zu bestimmen, zu schauen, was uns in unserem Tun leitet, was uns motiviert, was uns ausrichtet. So möchte ich pastoraltheologische Kriterien bzw. Überlegungen anstellen, die mir für das Gelingen eines solchen Projektes wichtig erscheinen.

1. Zunächst: Das Leben redet immer von dem, woran wir glauben. Wir erzählen immer schon von Gott in dem, wer wir sind. Die Frage ist aber: Ist dies der Gott Jesu, von dem unser Leben erzählt? Dieser Tatsache müssen wir uns auch als amtliche ChristInnen bewusst sein.

2. Wir erzählen vom Gott Jesu Christi im Jetzt. Das Erzählen steht im Rahmen von Solidarität und Aufmerksamkeit auf die Welt und die Menschen von heute. Wir brauchen ein Klima der Aufmerksamkeit, der Ehrlichkeit und der Solidarität mit den Existenzproblemen der Menschen in Salzburg heute. Voraussetzung ist die Anerkennung der Eigenart der gegenwärtigen gesellschaftlichen Situation. Diese Aufmerksamkeit und Anerkennung muss in den einzelnen Aktionen und Begegnungen zum Tragen kommen. Gerade die Zusage von Heil, von Heilung kann nur dort möglich sein, wo ich um das Unheil weiß. Nur wer das Unheil kennt, kann vom Heil konkret und glaubhaft sprechen. Es gilt also, genau hinzuschauen, was Frauen, Männer, Kinder und Jugendliche bewegt, denen wir begegnen. Erst dann kann mein Reden bestärkend sein.

3. Das Erzählen von Gott ereignet sich in einer Kultur der Begegnung, in der eine Kirche gebildet wird, die der Hoffnung nachfragt und den Glauben vorschlägt.

   ■ Dazu braucht es eine Begegnung auf gleicher Augenhöhe. Begegnung ist also keine Einbahnstraße, es braucht den Verzicht auf Macht. Es geht nicht um die Ausdehnung des kirchlichen Einflussbereiches, sondern um den Prozess der wechselseitigen Entdeckung von Evangelium und Leben. Manchmal habe ich den Verdacht, dass es uns darum geht, wenigstens für eine kurze Zeit frühere Verhältnisse herzustellen, in der die Kirche noch Macht hat und die Gesellschaft bestimmen kann.

   ■ Wenn ich nach der Hoffnung der anderen frage, ist es entscheidend, dem Gegenüber das Wort zu erteilen. Es geht darum, andere zu ermächtigen, ihre eigene kleine Erzählung der Geschichte Gottes mit ihnen zur Sprache zu bringen. Es ist entscheidend, Gesprächs-, Zeichen- und Begegnungsräume zu eröffnen, wo der oder die andere das Interesse an seinem oder ihrem Leben spürt und dadurch äußern kann, was die eigene Hoffnung ausmacht. Im Vorschlagen des Glaubens erteilt man der Hoffnung der anderen das Wort. Die Sprachfähigkeit des anderen soll also erhöht werden. Es geht um eine Haltung der Ansprechbarkeit, die andere willkommen heißt und das Gespräch erleichtert.

   ■ Den Glauben vorschlagen bedeutet ein konsequentes, ortsgenaues Begegnen. Ein konkretes Einlassen auf eine konkrete Situation. Das Vorschlagen des Glaubens lebt von der Situation und Dynamik einer konkreten, aktiv achtsamen und institutionell-unverzweckten Begegnung. Vielsprachigkeit in der Begegnung ist notwendig: Schweigen, Reden, Hören, Feiern, einen Weg gemeinsam gehen. Der Ort wo du stehst, ist heiliger Boden. Entscheidend ist für jedes pastorale Tun, damit es zum Vorschlagen des Glaubens wird, dass es durchdrungen ist vom Willen zu einem wirklichen Begegnungsgeschehen, vom vertrauensvollen Interesse am konkreten Leben und von der Absicht, dem anderen das Wort zu erteilen. Es braucht also das respektvolle Zugehen auf den anderen, das Eröffnen eines Raumes, in dem sich der andere artikulieren kann.

   ■ Eine Kultur der Begegnung, in der nach der Hoffnung gefragt wird und Glaube vorgeschlagen wird, steht im Dienste des Wachsens auf beiden Seiten. Die Dynamik der Begegnung verändert auch die Botschaft und mich selber. Unsere eigene Lernbereitschaft ist also angefragt.

4. Welchen Gott verkünden wir? Ist es der Gott Jesu Christi? Ein wichtiges biblisches Kriterium ist die Spannung zwischen Nähe und Distanz zu den Menschen. Gott ist uns nahe, entzieht sich aber der Bemächtigung. Er ist uns nahe und zugleich entzogen. Unterliegt also Gott, den wir verkünden, der grundsätzlichen Entzogenheit und ebenso der grundsätzlichen Entdeckbarkeit? Am deutlichsten wird diese Spannung ausgedrückt im Satz: „Mein Gott, mein Gott, warum hast du mich verlassen?" Der Schrei drückt eine große Nähe zu Gott aus, auch wenn sie in den Worten geleugnet wird. „Ich bin da für euch" – der Kern der biblischen Gottesrede.
Es ist der Gott, der das Elend sieht, die laute Klage hört, der das Leid seines Volkes kennt. Es ist der Gott, der herabgestiegen ist, der mit den Menschen ist, der als der Ich-bin-da, als Gott der Geschichte aller Menschen Mose sendet, diese Botschaft des „Ich-bin-da-Seins für Euch" weiter zu tragen. Gott, der da ist, aber nicht verfügbar ist. Der Dornbusch, der brannte und doch nicht verbrannte.

5. Was haben wir zum Heil zu sagen? Mission ist der große selbstkritische Prüfstein unseres Glaubens: Wollen wir nur etwas zu sagen haben oder haben wir wirklich etwas zu sagen zum Heil der Menschen in unserer Erzdiözese? Peinlich wirkt unser Reden und Auftreten, wenn man auf die Frage: „Was bedeutet es, wenn ihr sagt, ihr bringt uns das Heil?" keine Antwort hat und dennoch etwas sagt. Christen wollen wissen und sagen können, was es bedeutet, an den Gott des Jesus von Nazareth zu glauben. Es ist aber besser, nichts zu sagen, wenn man nichts zu sagen hat. Was haben wir also von Gott den anderen zu sagen? Wie können wir dies tun, dass sie uns glauben, dass es um ihr Heil geht? Es braucht also die interne Auseinandersetzung und Abklärung, was wir zu sagen haben.

6. Mission bedeutet: von den anderen und mit den anderen lernen, was der Glaube heute bedeutet. Es geht darum, unsere Botschaft auszusetzen. Mission ist somit eine Öffnung zum Unbekannten hin, eine Reise ins Fremde. Dies erfordert eine Wertschätzung der Menschen, denen ich begegne. Es braucht den Glauben, dass Gott zu jedem Menschen eine eigene Beziehung aufbaut und alle Menschen mögliche Orte der Entdeckung Gottes sind. Gott präsentieren heißt deshalb auch, ihn von jenen her neu zu entdecken, denen man ihn verkündet. Bischof Klaus Hemmerle drückte das einmal so aus: „Lass mich dich lernen, dein Denken und Sprechen, dein Fragen und Dasein, damit ich daran die Botschaft neu lernen kann, die ich dir zu überliefern habe." Ich gebe dem anderen nicht nur die Botschaft, sondern am anderen ist diese Botschaft von mir immer auch neu zu entdecken. Ich kann mich nicht selbst aus dem Spiel lassen, wenn ich den Menschen Gott präsentieren will.

7. Mission ist eine Pastoral mit Ausstrahlung. Mission ist der Versuch, den Gott Jesu in Wort und Tat zu präsentieren, diesen Gott, der Freiheit schenkt und Solidarität verspricht und beides von uns auch fordert. Wie dieses Präsentieren als Pastoral mit Ausstrahlung in neuen „Gegenden" geht, weiß man nicht bevor man es nicht versucht hat. Die Aktionswoche könnte so ein Versuch sein, in neuen Gegenden, bei anderen Menschen die Botschaft Jesu, den Gott Jesu als Ich-bin-da zu präsentieren. Durch diesen Versuch soll auch insgesamt eine Pastoral mit missionarischer Ausstrahlungskraft gefördert werden oder der Glaube in der heutigen Gesellschaft angeboten werden.

Sebastian Schneider, in Anlehnung an Rainer Bucher, Graz, und Walter Schmolly, Feldkirch

Der Himmel und der Alltag

Das Wirtshaus zum Himmel

Ich wollte ins Kloster gehen, der Großvater hatte das verhindern wollen. Ich hätte Wirt werden sollen in einem Gasthof in der Oberpfalz. Er hat mir eine Hochzeiterin zugebracht, eine fesche. Ich weiß noch, wir standen bei unserem Hof und gegenüber lag der andere Hof und der Großvater hat gesagt: Wenn'st die heiratest, ist alles unser. Das war eine große Versuchung. Es ist nicht gegangen. Wenn man jung ist, lässt man sich von Großvätern nicht bekehren. – Und dann hat er mich an einem Sonntag Morgen in den Erker von unserem Kirchenwirtshaus gezogen und da war gerade der Sonntagsgottesdienst zu Ende. Dann hat er gesagt, Bub, jetzt schau einmal, wie saugrantig die Leut ausschauen, wenn's aus der Kirch rauskommen und dann schau einmal, wie fröhlich die ausschauen, wenn's bei uns aus dem Wirtshaus herauskommen. Und dann entscheide dich, bei welcher Firma du arbeiten willst. Das war wirklich eine Versuchung.

Mein Anliegen ist es, einen Weg zu finden, Menschen mit Freude aus der Kirche herauskommen und in die Kirche hineingehen, so wie sie aus einem guten Wirtshaus herauskommen. Ein alter Mitbruder von mir hat gesagt, ein guter Biergarten ist fast so etwas wie der Vorhof zum Himmel. Erlauben Sie mir also die provokative These: Wenn Salzburg sich in dieser Woche in einen anständigen Biergarten verwandelt, in dem Leute dann sagen: Da musst hin, der ist ganz wunderbar, dann würde das eigentlich schon zielführend sein. Das ist eine spirituelle Aufgabe. Ich sag das nicht als Benediktiner – sondern ich sag das, weil das urchristliche Aufgabe ist: die Gastfreundschaft zu pflegen, gastfreundlich zu sein, ein anständiges Wirtshaus zu haben, das ist eine geistliche Aufgabe.

Ich glaube, in jedem Menschen ist eine ganz große Sehnsucht, vordergründig eben nach diesem wunderschönen Wirtsgarten, aber in Wirklichkeit ist das die Sehnsucht nach Himmel, was immer das auch sein mag. Nicht, damit wir jetzt noch einen Event machen, soll diese Woche geschehen, sondern weil es eine Sehnsucht im Menschen gibt, die unbegreiflich und unglaublich ist und die wir mit diesem Wort „Himmel" verbinden.

Besser nicht perfekt machen

Was ich mir wünschen würde, ist, wir würden es nicht ganz perfekt machen. Ich habe etwas Angst davor, dass wir ein Haufen von Perfektionisten werden und vergessen, dass wir eine Kirche der Sünder sind. Schauen Sie sich selber an – Sie haben natürlich jetzt Ihr Bestes, was Sie geben können, nach außen gekehrt, aber in Wirklichkeit sind wir doch auch nur ein durchschnittlicher Sauhaufen in dieser Kirche. Erlauben Sie mir den unflätigen Ausdruck. Aber wir sind ganz normale Menschen und wir haben dreckige Füße und nicht nur dreckige Füße, sondern auch Dreck am Stecken und ungefähr 50 % von dem, was wir tun, ist absolut nicht fromm, nicht heilig und nicht einmal anständig. Wir sind ein ganz normaler Haufen von Menschen und ich bin nicht enttäuscht darüber. Ich möchte nicht enttäuscht darüber sein.

Ich möchte gerne, dass in dieser Aktionswoche auch klar gesagt wird, dass wir die Eitlen unter uns haben und die Machtgierigen und die Lügner und diejenigen, die anderen Schaden zufügen, die Scheinheiligen und diejenigen, die den Mund immer zu voll nehmen. Ich denke mir, die gehören auch zu uns, alle miteinander. Und ich möchte natürlich ein gutes Bild von unserer Kirche haben, aber ich weiß, dass ein Gesicht nur dann schön ist, wenn es auch Schatten hat, und dass ein Gemälde nur dann ganz wirkt, wenn die Tiefe dieses Gemäldes auch in der Dunkelheit sichtbar wird. Denn darin zeigt sich wirklich eine Qualität von Menschsein, dass wir diese menschliche Größe und Tiefe haben, um unseres Herrn Jesus Christus willen, dass wir auch diejenigen, die tatsächlich Fehler machen, auch bei uns, nicht nur hinausschmeißen, nicht nur verurteilen, sondern sie hinein nehmen. Und damit wäre ich wieder bei der Gastfreundschaft – das ist eine höchst geistliche Aufgabe.

Wer kommt in den Himmel?

Und dann eine wichtige Frage natürlich: Wer ist im Himmel und wer hat die besten Chancen? Wenn wir tatsächlich sagen „Offener Himmel", dann ist es ein Krampf, wenn wir nicht sagen, wie kommt man hinein.

Wir werden uns wundern, wer aller im Himmel drinnen ist. Vor allem werden diejenigen, die drinnen sein werden, überhaupt nicht damit rechnen. Es gibt ja diese wahnsinnige Endgerichtsrede, diese dramatische Schilderung vor dem Himmelsrichter. Da stehen die und Jesus sagt: Ihr habt mich bekleidet, ihr habt mir zu essen gegeben, ihr habt mir zu trinken gegeben, ihr habt's ein gutes Wirtshaus gehabt – und weil ich das war und weil ihr mir das gegeben habt, deswegen kommt ihr in den Himmel. – Stellt euch einmal vor, die antworten Jesus: Äh ja, danke Herr, wir haben dich schon gesehen. Deswegen ist das alles ja auch so passiert, nicht? – Schmarrn, das haut nicht hin! In den Himmel kommen die, die das absichtslos machen, die den Herrn nicht sehen, die den Welterlöser nicht wahrgenommen haben in dem Kind, in dem Kranken, in dem Armen, in dem Kollegen, in dem Täter und in dem Opfer.

Jetzt ist die Frage, ob wir nicht auch noch ein Stück Absichtslosigkeit brauchen, innere Absichtslosigkeit, mit der man jemandem begegnet. Das wäre eine große Freude für mich, wenn das ginge. Dann würde nämlich eine Beziehung auftauchen zwischen diesem Diesseits und Jenseits und dann würden wir den Himmel auf dieser Erde finden und dann bin ich wieder bei der Gastfreundschaft, meinem benediktinischen Lieblingsthema.

Die einen servieren das Bier und die andern wissen alles besser

Zum Schluss wünsche ich Euch ein ganzes Stück Humor, Freude, Zuversicht. Jeder hat ganz viele gute Ideen. Wir bekommen ganz viele Ratschläge. Und Ratschläge sind auch Schläge. Also das Beste wären eigentlich die eigenen Ideen.

Um Ihnen zu zeigen, was ich meine mit den Ratschlägen, möchte ich hier eine kleine Geschichte aus meinen Klostererfahrungen erzählen: Wir haben einen wunderbaren alten Mitbruder gehabt, den Bruder Heinrich, der im Refektorium bedient hat, auch noch in seinem hohen Alter. Und dann haben wir einen ganz gescheiten Mitbruder gehabt, der immer alles besser gewusst hat. So wie in der Kirche halt auch: Die einen, die servieren das Bier, und die anderen wissen alles besser. Und der „Gescheite" hat gesagt: „Bruder Heinrich, nehmen Sie doch drei Bierkrüge auf einmal, dann brauchen Sie nicht so oft zu gehen". Der Heinrich hat gesagt: „Das ist zu bedenken". Er nimmt beim nächsten Mittagessen drei Bierkrüge in seine fast lahme Hand und marschiert durchs Refektorium. Wir sitzen alle fromm ergeben vor unserem Mittagsmahl und dann kracht's und die drei Maßkrüge haut's mitten hin, sie brechen, kaputt, eine Sauerei – also ein Skandal in einem Klosterrefektorium. Der Bruder Heinrich steht da – und alle habe gewusst, von wem der gute Ratschlag gekommen ist. Wir haben gedacht, was macht der jetzt? Und dann atmet er tief durch und sagt: „Es hat sich nicht bewährt."

Wenn Sie heute einen solchen guten Ratschlag bekommen, dann probieren Sie ihn ruhig aus. Wenn Ihnen der Schmarrn aus der Hand fällt und es bricht alles, dann schimpfen Sie aber nicht über den Wolfgang Müller oder den Balthasar Sieberer oder sonst irgendjemanden, sondern sagen Sie einfach: „Die Aktion Offener Himmel hat sich nicht bewährt."

P. Johannes Pausch OSB, aus der Rede beim Projekttag für diözesane MitarbeiterInnen, Kolpinghaus, Oktober 2004

SalzBurgLicht

Fünf- bis sechstausend ChristInnen aus der Stadt und Umgebung pilgerten als LichtträgerInnen auf den Domplatz.

An diesem Abend wurde die Kirche als „Wärmezelle der Gesellschaft" (Lutz Hochstraate) erlebt. Das Miteinander-Gehen, das Aufeinander-Zugehen, das gegenseitige Leuchten, die vereinende Musik und das Teilen von Brot und Wein lassen Fröhlichkeit und Dankbarkeit aufkommen.

Begrüßung durch
Dr. Luitgard Derschmidt

Von Gott her ist der Himmel immer offen.

Hier auf Erden wird der Himmel spürbar, wenn Menschen Himmelserfahrungen machen. Himmelserfahrungen sind meiner Meinung nach immer Begegnungen:

Wenn Menschen liebevoll miteinander umgehen, einander zuhören, einander trösten, sich miteinander freuen, gemeinsam Feste feiern.

Himmelserfahrungen ereignen sich aber auch in Begegnung mit Schönheit: in der Musik, in der Kunst, in der Natur.

Alle diese Begegnungen sind letzten Endes aber auch Gotteserfahrungen.

Ich wünsche uns allen, dass viele Begegnungen gelingen mögen und für viele Menschen in Salzburg erfahrbar wird, dass der Himmel offen ist.

Luitgard Derschmidt, Präsidentin der Katholischen Aktion

Ansprache von Erzbischof Dr. Alois Kothgasser

Salz

Salz hat diese Stadt groß gemacht. Aus den Bergen gewonnen. „Weißes Gold". Unersetzbares Lebensmittel (vgl. Jesus Sirach 39,26). Salz hat diese Stadt, dieses Land reich gemacht und ihr und ihm den Namen gegeben.

Salz ist immer eine Frage der Dosis. Als wesentlicher Teil unserer Nahrung wird es in der Bibel zum Symbol für das Lebensspendende und Lebenserhaltende. Salz ist Zeichen für den Bund zwischen Gott und den Menschen (vgl. Lev 2,13). Jesus sagt: „Ihr seid das Salz der Erde" (Mt 5,13). Bei Paulus ist zu lesen: „Eure Worte seien immer freundlich, doch mit Salz gewürzt; denn ihr müsst jedem in rechter Weise antworten können." (Kol 4,6)

Was heißt das? Ich glaube, das Salz, von dem Jesus und Paulus sprechen, will uns auf den Geschmack bringen nach einem erfüllteren Leben, als es unser Alltag zuzulassen scheint. Es will uns die Perspektive öffnen für eine ganz andere Wirklichkeit, die mitten unter uns zugegen ist: „Wahrlich, Gott ist an diesem Ort und ich wusste es nicht", sagt Jakob im Buch Genesis (Gen 28,16).

Von dieser Erfahrung eines offenen Himmels her zu leben, bedeutet auch, im Sinne der Menschenfreundlichkeit Gottes besonders für jene einzutreten, denen die Stimme genommen wurde. Freundlich, aber bestimmt. Nicht fanatisch. Es kommt auf die Dosis an.

Salz taut auf. Das machen wir uns zu Nutze, wenn unsere Straßen gefährlich vereisen. Salz taut auf. Daran sollten wir auch denken, wenn dort und da in unserer Stadt, in unserem Land und in unserer Gesellschaft die Herzen vereist und hart geworden sind.

Die Bergwerke unserer Umgebung sind heute zu Schaubergwerken geworden. – Es ist ein anderes Salz als jenes aus dem Berg, das uns wahrhaft reich macht und groß: das Salz des Evangeliums, dass Gott mitten unter uns ist, uns versöhnen will mit dem Leben und uns sein Leben schenkt.

Burg

Die Festung steht über uns: die weltliche Burg. Der Dom steht vor uns: die geistliche Burg. Die Burg ist etwas, das schützen, aber auch unterdrücken kann.

In der Bibel gibt es viele Burgen zu überwinden, bevor das Volk Gottes in Freiheit leben kann. Umgekehrt wird Gott selbst als Burg, als sichere Zuflucht beschrieben (vgl. Ps 9,10).

Der Mensch hat ein tiefes Bedürfnis nach Sicherheit. Wir wissen aus Erfahrung, dass Sicherheit, die sich auf Mauern, Macht und Gewalt verlässt, tiefes Unglück über die Menschen gebracht hat. Es gibt keine totale Sicherheit.

Wenn Gott eine Burg ist, dann in der Unbesiegbarkeit seiner Liebe. Diese Liebe lässt ihn Mensch werden in Jesus Christus. Wütend abgelehnt und getötet steht er trotzdem wieder auf zum Leben und ist damit unüberbietbar glaubwürdiger Garant der Unbesiegbarkeit, der Unbeirrbarkeit der Liebe Gottes.

Gott als fester Halt ist es, der uns als Christinnen und Christen eine Offenheit ermöglicht, die keine Begegnung scheut. Eine Sicherheit, die nicht Stacheldrähte und Mauern aufrichten muss, die sich auf keine Waffen verlässt, sondern im Gegenteil Mauern überspringt (vgl. Ps 18,30). Es gibt noch viele Mauern der vermeintlichen Sicherheit, die es zu überwinden gilt.

Gerade, wenn wir Mauern überspringen, Gräben überbrücken und dem anderen Menschen, dem Fremden, dem Gast, ja sogar dem Feind gegenübertreten, begegnet uns in diesem Anderen Gott selbst. Im Leben jedes Menschen ist Gott anwesend. Wenn wir unseren Glauben leben und vertiefen wollen, können wir dies nur in der Begegnung tun, in Dialog und Zusammenarbeit und wo es nötig ist, auch im Widerstand. Der dreifaltige Gott ist selbst in seinem Wesen liebende Begegnung. Er gibt Sicherheit und Halt. Er ist unsere Burg.

Ich bitte deshalb alle Christinnen und Christen, ihre Herzen und ihre Türen zu öffnen und keine Angst zu haben vor dem, der uns entgegenkommen will, und der mit uns auf dem Weg ist. „Brannte uns nicht das Herz?" fragen sich die Jünger nach der Begegnung mit dem Auferstandenen auf dem Weg nach Emmaus (Lk 24,32).

Licht

Gott ist Licht (1 Joh 1,5). Gott leuchtet. Als Feuersäule möchte er uns in die Freiheit führen (Ex 13,21 f.), uns durchleuchten, durchlichten, verwandeln. Wir sind gerufen in sein wunderbares Licht (1 Petr 2,9). Es ist der wunderbare Glanz des Himmels, der die Hirten bei Betlehem umstrahlt. Der Engel spricht: „Fürchtet euch nicht, denn ich verkünde euch eine große Freude, die dem ganzen Volk zuteil werden soll!" (Lk 2,9 f.)

Jetzt aber so spricht der Herr, der dich geschaffen hat ... Fürchte dich nicht, denn ich habe dich ausgelöst, ich habe dich beim Namen gerufen, du gehörst mir. ... Weil du in meinen Augen teuer und wertvoll bist und weil ich dich liebe, ... (Jes 43,1.4)

Dieses Licht ist uns geschenkt für unser Leben. Wir dürfen das wunderbare Licht sehen, wenn wir Gottes Geist die Augen unserer Herzen öffnen und erleuchten lassen (Eph 1,18).

Jesus sagt: „Ich bin das Licht der Welt!" Er sagt aber auch: „Ihr seid das Licht der Welt!" (Mt 5,14) – „Segen hast du empfangen, ein Segen sollst du sein", sagt Gott zu Abraham (vgl. Gen 12,2). Fangen wir also neu an, unsere Werke zu tun im Dienst der Menschen und unserer Gesellschaft, damit viele etwas davon spüren, dass der Himmel offen ist, und den Vater im Himmel preisen (vgl. Mt 5,16).

Im Blick auf diese Woche mit der „Aktion Offener Himmel" kann uns neu bewusst werden, wer wir sind und was Gottes Auftrag an uns ist: Salz – Burg – Licht.

Vergebungsbitten

Erzbischof:

Gott hält den Himmel immer für alle Menschen offen. Jesus hat den Himmel, den die Menschen durch ihre Sünden verschlossen haben, durch seinen Tod am Kreuz und durch seine Auferstehung geöffnet.

Er hat die Kirche erwählt und gesandt, seine Botschaft in Liebe und Menschenfreundlichkeit zu verkünden. Leider ist für manche der offene Himmel Gottes immer wieder durch andere Menschen, auch durch Vertreter der Kirche, verstellt worden.

Ein „offener Himmel" mahnt uns zu „Gewissenserforschung", zu einer Reinigung der historischen Erinnerung. Deshalb sprechen wir heute diese Bitten um Vergebung aus.

Historischer Hintergrund:
Die Judenverfolgung

Schon seit dem 9. Jahrhundert gab es in Salzburg eine jüdische Ansiedlung. Dem „Großen Sterben", der Pestepidemie 1348/50 fielen in Salzburg mehr als ein Drittel der Bevölkerung zum Opfer. Den Ausbruch dieses sogenannten „Schwarzen Todes" führten angsterfüllte Menschen – wie häufig in derartigen Fällen – auf Brunnenvergiftung durch Juden zurück. Verfolgung und Vernichtung der Juden in den Städten Salzburg und Hallein mit über 1000 Todesopfern waren die Folgen. Nur wenige konnten ihr Leben durch Annahme der Taufe retten. Unter Anschuldigung der Hostienschändung und des Ritualmordes kam es im Jahre 1404 zu einer neuerlichen Judenverfolgung, der die jüdischen Gemeinden in Salzburg, Hallein, Friesach, Pettau und Mühldorf zum Opfer fielen. Judenfamilien, die hernach nach Salzburg kamen, wurden im Jahre 1498 endgültig aus dem Erzstift vertrieben und ihre Synagogen zerstört. Neuerliche jüdische Niederlassungen in der zweiten Hälfte des 19. Jahrhunderts sahen sich mit starken antisemitischen Strömungen konfrontiert. Die Synagoge der im Jahre 1911 gegründeten Israelitischen Kultusgemeinde in der Stadt Salzburg und ihr Friedhof in Aigen wurden im Jahre 1938 zerstört. Nur 10 Juden überlebten den nationalsozialistischen Terror.

Erzbischof:

Wir bitten um Vergebung für alles Unrecht, das den Juden im Lauf der Geschichte in Stadt und Land Salzburg angetan wurde, vor allem für alle religiös begründeten Anschuldigungen und Verleumdungen und für das Fehlen der nötigen Solidarität – auch bei Christen und Christinnen – während der nazionalsozialistischen Herrschaft.

Historischer Hintergrund:
Die Bauernkriege

Eine schwere Wirtschaftskrise durch eine so genannte „Geldverschlechterung" der „Schinderlingzeit" und eine ungerechtfertigte Steuererhöhung führten im Jahre 1462 zum ersten größeren Bauernaufstand im Pongau und im salzburgischen Brixental. Im großen Bauernkrieg 1525 schien das Ende der geistlichen Herrschaft im Erzstift unmittelbar bevorzustehen. Unzufrieden mit dem Waffenstillstand, den Verhandlungsergebnissen und aufrührerische Propaganda führten 1526 zu einer neuerlichen Erhebung der bäuerlichen Bevölkerung im Pinzgau und Pongau, die mit rücksichtsloser Härte durch angeworbene auswärtige Truppen des Schwäbischen Bundes niedergeschlagen wurde. Hohe Reparationszahlungen zur Abgeltung der Kriegskosten trafen besonders die armen Schichten der Bevölkerung.

Die mit reformatorischen Forderungen einhergehenden Bauernunruhen 1564/65 im Pongau wurden durch Einsatz des Militärs und drakonischer Bestrafung der Rädelsführer unterdrückt. Die Abhängigkeit und „Hörigkeit" der Bauern erfuhr in den folgenden Jahrhunderten zwar eine Milderung, wurden aber erst mit der Grundentlastung des Jahres 1848 endgültig beseitigt.

Erzbischof:

Wir bitten um Vergebung für die Ausbeutung der bäuerlichen Bevölkerung und die Unterdrückung der bürgerlichen Freiheitsbewegungen am Beginn der Neuzeit, besonders für die brutale Niederschlagung der Aufstände.

Historischer Hintergrund:
Die Reformation

Schon in den ersten Jahrzehnten des 16. Jahrhunderts ging der Salzburger erzbischöfliche Landesfürst gegen alle Formen der „Ketzerei", so auch gegen die sogenannten „Wiedertäufer" mit aller Härte vor. Das protestantische Bürgertum verließ bereits im frühen 17. Jahrhundert die Residenzstadt oder wurde vertrieben. In den schwer zugänglichen Gebirgsgauen dagegen hielt sich ein weit verbreiteter „Kryptoprotestantismus".

Etwa 600 evangelische Bauern des salzburgischen Defereggentales in Osttirol, die sich der Missionierung durch Kapuziner widersetzten, wurden um 1684 vertrieben, 1686 bis 1691 mussten ca. 70 protestantische Bergknappen vom Dürrnberg ins Ausland weichen. Der erzbischöfliche Landesfürst Leopold Anton Graf Firmian übertrug 1728 Jesuitenpatres die Aufgabe der Rekatholisierung einiger Gebirgsgaue. Sie stieß auf heftigen Widerstand und brachte eine Lawine ins Rollen, in deren Verlauf 1731 und 1732 an die 22.000 Personen, ca. ein Fünftel der Bevölkerung, die sich namentlich zum evangelischen Augsburger Bekenntnis deklarierten, nach dem unseligen Grundsatz „cuius regio, ejus religio"

das Erzstift verlassen mussten. König Friedrich Wilhelm I. von Preußen gewährte ihnen durch sein Einwanderungspatent 1732 die Aufnahme in Ostpreußen, wo die Salzburger mithalfen, das fast menschenleere Land zu kultivieren.

Geheime Anhänger des evangelischen Bekenntnisses gab es aber auch weiterhin. Im Vertrauen auf das kaiserliche Toleranzpatent Josefs II. (1781) wagten sich einige Zillertaler an die Öffentlichkeit. Ihr Gesuch um die Errichtung einer eigenen evangelischen Gemeinde wurde abgewiesen. Kaiser Ferdinand I. von Österreich wies im Jahre 1837 ca. 600 Evangelische aus dem Zillertal nach Schlesien aus.

Sowohl die Zillertaler als auch die Salzburger Evangelischen Glaubens verloren tragischer Weise im Jahre 1945 auch noch ihre zweite Heimat.

Erzbischof:

Auch wenn schon mehrmals die Salzburger Erzbischöfe und 1988 Papst Johannes Paul II. in der evangelischen Christuskirche im Namen der ganzen Erzdiözese die evangelischen Brüder und Schwestern um Vergebung für das erlittene Unrecht gebeten haben, so wollen wir auch heute um Vergebung für alle an den evangelischen Mitchristen verübten Zwangsmaßnahmen bitten, vor allem für die Vertreibung aus der seit Jahrhunderten angestammten Heimat.

Historischer Hintergrund:
Aberglaube und Teufelsfurcht

Unglücksfälle bei Mensch und Tier wurden durch Jahrhunderte hindurch auf den angedrohten „Schadenszauber" der Bettler und Vaganten, besonders in wirtschaftlich schweren Zeiten, so nach dem Dreißigjährigen Krieg (1618–1648) zurückgeführt. Daraus resultierte der Vorwurf der „Hexerei". Die landesfürstliche Obrigkeit wusste zumeist kein anderes Mittel der „Sozialdisziplinierung", als diese Vorwürfe aufzugreifen und mit drakonischen Strafen gegen das die Landbevölkerung bedrohende „fahrende Volk" der Landstreicher, abgedankter Landsknechte, flüchtiger Aufrührer, obdachloser Jugendlicher und bettelnder Kinder vorzugehen.

Nach ersten Hinrichtungen im 16. Jahrhundert gab es in Salzburg fast ein Jahrhundert lang kein Todesurteil wegen Hexerei. Dann begann aber mit dem sogenannten „Zauberer-Jackl-Prozess" eines der letzten und blutigsten Verfahren. Im Zuge dieses Prozesses" der in den Jahren 1678–1681 seinen Höhepunkt erreichte, wurde gegen 198 Personen aller Altersstufen Anklage erhoben und 133 davon hingerichtet. Den Angeklagten, in der überwiegenden Mehrheit Männer, wurden Teufelsbündnis, Teufelsbuhlschaft, Hexentanz, Nachtflug, Wetterzauber, Werwolfzauber, Schadenszauber an Mensch und Vieh, Hostienfrevel und viele andere Delikte vorgeworfen.

Erzbischof:

Wir bitten um Vergebung für den schrecklichen Tod und alle Folterqualen und Schmerzen, die Frauen, Männer und Kinder aus Aberglauben, Hexenangst und Teufelsfurcht erleiden mussten.

Vorrede:
Die Gegenwart

Auch heute gibt es immer wieder Erfahrungen und Erlebnisse mit christlichen Glaubensgemeinschaften, mit ihren Verantwortlichen, aber auch mit einzelnen Christen und Christinnen, die anderen Menschen den offenen Himmel verstellen. Vielleicht gehören auch wir dazu.

Erzbischof:

Wir möchten alle jene um Vergebung bitten, die verletzt und gekränkt worden sind.

Zu Beginn dieser Woche möchten wir Sie alle bitten – auch jene, die durch die Kirche Unrecht und Leid erfahren haben – sich mit uns wieder auf den Weg zu machen und gemeinsam zu versuchen, die zuvorkommende Liebe unseres Gottes und den Glauben an ihn als Glück und als Chance für unser Leben zu erfahren.

Abschlussgebet:

Herr, wir glauben, dass Du weise bist, auch wenn uns das Verstehen Deiner Botschaft Mühe macht.

Herr, wir glauben, dass Du mächtig bist, auch wenn Du nicht immer Wunder tust.

Herr, wir glauben, dass Du gütig bist, auch wenn wir immer wieder Leid erfahren.

Herr, wir glauben, dass Du Dich nicht zurückgezogen hast, auch wenn Du nicht eingreifst in den Ablauf der Geschichte.

Herr, wir glauben, dass Du auch heute bei uns bist, dass Du uns liebst und nicht verlässt und dass Du willst, dass wir das Leben haben und es in Fülle haben.

Amen.

Erarbeitung des historischen Hintergrundes: Franz Padinger, Geistlicher Assistent der Katholischen Aktion und Franz Ortner, Katholisch Theologische Fakultät

Grußwort der Superintendentin Mag. Luise Müller

„Ehre sei Gott in der Höhe und Friede auf Erden bei den Menschen seines Wohlgefallens" (Lukas 2,14)

Wenn der Himmel offen ist. In der Bibel geht es immer darum, dass Gott und Mensch sich nahe kommen. Wann immer der Himmel offen war, war er es für alle. Für Männer und Frauen, für Junge und Alte, für Angesehene und Sandler, für Einheimische, Touristen und Asylantinnen. Für Christinnen und Christen jeder Konfession. Ich danke im Namen aller kleinen Kirchen Salzburgs unserer Schwesterkirche, der römisch-katholischen, ganz herzlich, dass ich heute, bei der Auftaktveranstaltung des „Offenen Himmels" zu Wort kommen kann.

Wenn der Himmel offen ist, so ist das ein Bild dafür, dass Gott seinen Menschen anbietet: Ihr könnt mir nahe kommen. Ich gehe nicht länger auf Abstand zu euch, sondern bin ganz in eurer Nähe.

Es gibt viele Geschichten vom offenen Himmel, sowohl im Alten als auch im Neuen Testament. Eine davon ist die Geschichte von Jesu Geburt. Da macht Gott in einer ganz besonderen Nacht den Himmel auf, überbrückt den unendlichen Abstand und kommt über Raum und Zeit dem Menschen nahe. Ja nicht nur das: Gott wird selber Mensch. Nicht wir Menschen haben den Himmel aufgemacht, Gott selber hat es getan, damals wie heute.

Seit dieser denkwürdigen Zeit vor gut zweitausend Jahren haben wir den Auftrag, im Gesicht des Menschen, der uns gegenüber, uns nahe ist, Gott zu erkennen: dass uns das durch die Vergangenheit nicht immer gelungen ist, wissen wir nur zu gut. Unsere Chance: alles Misslungene der Gnade Gottes zu überlassen und immer wieder neu anfangen, jeden Menschen als unendlich wertvoll zu erachten. Ohne Blick darauf, was er oder sie zu leisten im Stande ist, ob alt oder jung, reich oder arm.

Wir werden wahrscheinlich auch in Zukunft Gott nie nur als den, der uns ganz nahe gekommen ist, erleben, sondern immer wieder den Eindruck haben, dass der Himmel für uns verschlossen ist. Dann, wenn wir in Sorgen um uns gefangen sind, dann, wenn wir auf den eigenen Vorteil mehr achten als auf das Wohl aller, dann, wenn wir uns benachteiligt, verlassen, zu kurz gekommen fühlen.

Dann brauchen wir Hilfe. Meine Hoffnung ist: dass in der kommenden Woche vielen Menschen viel Hilfe zuteil wird. Dass die, denen es gut geht, auf die zugehen, die Probleme haben. Dass die, die mit der Kirche ein Hühnchen zu rupfen haben, sagen, was ihnen am Herzen liegt. Wir können in ernsthafter Auseinandersetzung einander viel Gutes tun.

In der Weihnachtsgeschichte sagen die Engel: „Ehre sei Gott in der Höhe und Friede auf Erden bei den Menschen seines Wohlgefallens" (Lukas 2,14). Was ich den Christinnen und Christen und allen Menschen guten Willens in dieser Stadt wünsche, weit über diese Aktionswoche hinaus: dass wir einander in geschwisterlicher Offenheit begegnen, aufeinander schauen, damit Gottes Friede seinen Platz unter uns finde.

Frauen am Wort

Zeugnis von ihrem Christsein gaben Frauen in allen Gottesdiensten im Rahmen der Predigt zu Wochenbeginn.

Jede und jeder hat einen unmittelbaren Zugang zur Heiligen Schrift und kann aus der eigenen Erfahrung heraus die frohe Botschaft weitersagen. Es war ein wertvoller Impuls für die Kirche von Salzburg, dass an einem Sonntag in allen Kirchen Frauen zu Wort kamen.

Die Frage nach der kaiserlichen Steuer

Damals kamen die Pharisäer zusammen und beschlossen, Jesus mit einer Frage eine Falle zu stellen. Sie veranlassten ihre Jünger, zusammen mit den Anhängern des Herodes zu ihm zu gehen und zu sagen: Meister, wir wissen, dass du immer die Wahrheit sagst und wirklich den Weg Gottes lehrst, ohne auf jemand Rücksicht zu nehmen; denn du siehst nicht auf die Person.
Sag uns also: Ist es nach deiner Meinung erlaubt, dem Kaiser Steuer zu zahlen, oder nicht?
Jesus aber erkannte ihre böse Absicht und sagte: Ihr Heuchler, warum stellt ihr mir eine Falle? Zeigt mir die Münze, mit der ihr eure Steuern bezahlt! Da hielten sie ihm einen Denar hin.
Er fragte sie: Wessen Bild und Aufschrift ist das? Sie antworteten: Des Kaisers. Darauf sagte er zu ihnen: So gebt dem Kaiser, was dem Kaiser gehört, und Gott, was Gott gehört!
Mt 22,15–21

„So gebt also dem Kaiser, was dem Kaiser gehört und Gott, was Gott gehört!"
Das antwortet im heutigen Evangelium Jesus denen, die ihn mit einer damals überaus kniffligen Frage auf die Probe stellen wollten. Eine Frage, auf die es eigentlich keine Antwort zu geben schien, die dem, der Antwort gibt, nicht in Schwierigkeiten bringt. Was konnte ein gläubiger Jude, der an den einen Gott glaubte, zu einem Kaiser sagen, der sich anmaßte ein Gott zu sein? Hat der römische Kaiser das Recht auch in Israel, in Gottes eigenem Land, die Kopfsteuer zu erheben? Hielt Jesus das für richtig, war er kein gläubiger Jude. Für die Römer war das kein Problem. Sagte er aber, man dürfe dem römischen Kaiser keine Steuer zahlen, so wäre er für die Römer ein politischer Rädelsführer, der die römische Herrschaft bekämpfte. Es gab also für Jesus gar keine gefahrlose Antwort in dieser politisch äußerst heiklen Situation. Matthäus wollte in seinem Evangelium zeigen, wie sich langsam die Gefahr für Jesus aufgebaut hat. Er wollte den Weg aufzeigen, der dazu führte, dass er gekreuzigt wurde, und zwar von den Römern. Römische Soldaten haben ihn ja hingerichtet.

Dieser Satz „So gebt also dem Kaiser, was dem Kaiser gehört, und Gott, was Gott gehört" wurde von den christlichen Kirchen verschieden ausgelegt und hat im Laufe der Zeit ihr jeweiliges Verhältnis zum Staat geprägt: So entwickelte sich in der russisch-orthodoxen Tradition das Verständnis von der Einheit von Kirche und Staat, in der evangelischen Reichskirche und in der römisch-katholischen Kirche die Meinung: die Welt und das Zeitliche sind Sache des Staates; die Seele, der Glaube, das Jenseits gehören Gott und sind somit Sache der Kirche. In der Vergangenheit entstand daraus die teilweise auch unselige Verbindung von Thron und Altar.

Das hat mich an der Auslegung dieser Stelle immer schon gestört, seit ich darüber nachgedacht habe: ich glaube, dass man Glaube und Leben nicht trennen kann, dass man nicht am Sonntag zwischen 9.00 und 10.00 Uhr zur Zeit des Gottesdienstes fromm sein kann und für das restliche Leben ganz andere Gesetze gelten. Ich glaube vielmehr, dass das Leben nicht geteilt werden kann. Ich kann mich nicht auf der einen Seite unhinterfragt total staats- oder weltkonform verhalten, tun und denken, was immer die jeweils Herrschenden für richtig halten, die gesellschaftlichen Trends nicht hinterfragen, sie hinnehmen und sich ihnen unterordnen – und auf der anderen Seite eine Art eigenes Seelenleben entfalten, das mit der Lebensrealität nichts zu tun hat.

Jesus antwortet auf die Frage, mit der ihm eine Falle gestellt werden soll, ganz ruhig, ganz unaufgeregt mit einer Gegenfrage. Er will kein Streitgespräch, er braucht sich nicht zu beweisen. Er hat auch keine Angst, er will darauf hinweisen, was das Wesentliche ist. Gebt Gott, was Gott gehört! Schaut einfach diese Münze an: ein Kaiser kann doch kein Gott sein, auch wenn er es behauptet. Nicht der Kaiser ist wichtig, sondern Gott! Es handelt sich hier nicht um zwei gleiche Forderungen. Was gibt es schon auf dieser Welt, was Gott nicht gehört?

Unser Auftrag ist es nun, das auch in unserer Lebenswirklichkeit sichtbar zu machen. Nicht durch Herrschafts- und Machtansprüche, sondern indem wir durch unser Wirken und Handeln versuchen, diese Welt in Seinem Sinne mitzugestalten. Und je mehr wir Christen und Christinnen uns bemühen, Gott verbunden zu sein und dem nachzufolgen, dessen Namen wir tragen, desto besser wird es uns auch gelingen, in Seinem Geist zu handeln.

Und desto mehr wird es uns auch beunruhigen müssen, wenn diese Welt in vielem so wenig nach den Regeln des Reiches Gottes ausgerichtet ist. Diese Beunruhigung darf sich aber meiner Meinung nach nicht in einer Verneinung, in einer Flucht aus dieser Welt, in einem Sich-Draushalten äußern, sondern diese Beunruhigung verlangt kritische Auseinandersetzung und verantwortliche Mitarbeit. Das bedeutet Zivilcourage, solidarisches Handeln, wo immer man steht, und gesellschaftspolitisches Engagement. Das bedeutet aber nicht, dass die Kirche sich in die Parteipolitik einmischen soll. Das bedeutet vielmehr die Verantwortung jedes und jeder Einzelnen, sich selbst zu entscheiden, auf welche Weise man am besten christlich agieren und unsere Umgebung, die Gesellschaft im Geiste des Evangeliums mitgestalten kann.

Meiner Erfahrung nach werden alle Menschen ihr Leben lang von einer Sehnsucht umgetrieben, die sie nicht zur Ruhe kommen lässt. Manche jagen dem Erfolg, dem Geld, dem Besitz, einer Karriere nach, manche glauben Macht über andere zu brauchen, um zufrieden sein zu können. Es gibt einfach verschiedene Wege, gute aber auch sehr schlechte, wie Menschen mit ihren Sehnsüchten umgehen. Ich denke diese übermächtige Sehnsucht ist von Gott in unser Herz gepflanzt worden, um ihn zu suchen und zu lieben.

Und wenn unsere Sehnsucht ein Stück weit Erfüllung findet, ist der Himmel offen, wenn wir aber diese Erfüllung in der falschen Richtung suchen, verstellen wir uns den Blick auf den offenen Himmel.

Die heilige Theresia von Avila wurde von dieser starken Sehnsucht ihr Leben lang umgetrieben und sie hat unermüdlich danach gesucht, wie sie am besten Gott geben kann, was Gott gehört. Von ihr stammt der schöne Satz: nichts soll dich ängstigen, nichts dich betrüben, Gott allein genügt!
Wenn wir uns Ihm anvertrauen, können wir beruhigt sein und brauchen nicht mehr hinter so vielem hinterher zu rennen.
Dieser Satz kann aber auch heißen, nichts auf dieser Welt kann uns genügen, um unsere Sehnsucht ganz zu stillen, als Gott allein.

Luitgard Derschmidt, Präsidentin der Katholischen Aktion,
am Sonntag 16. Oktober 2005 im Salzburger Dom

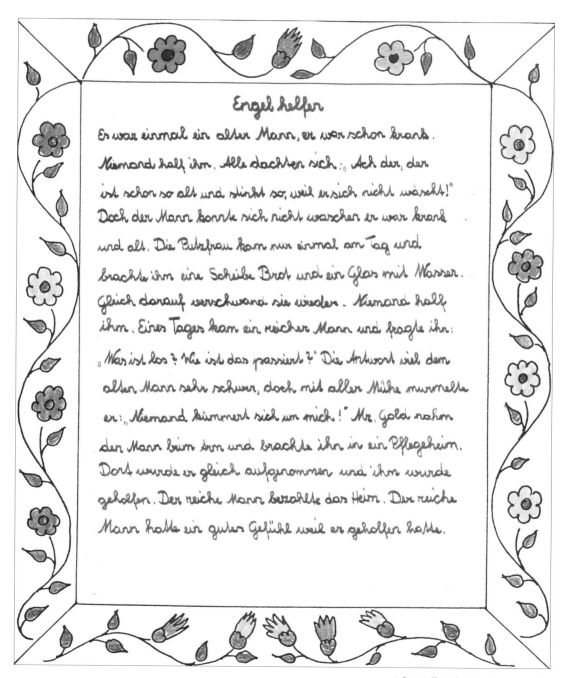

Engel helfer

Er war einmal ein alter Mann, er war schon krank. Niemand half ihm. Alle dachten sich: „Ach der, der ist schon so alt und stinkt so, weil er sich nicht wäscht!" Doch der Mann konnte sich nicht waschen er war krank und alt. Die Putzfrau kam nur einmal am Tag und brachte ihm eine Scheibe Brot und ein Glas mit Wasser. Gleich darauf verschwand sie wieder. Niemand half ihm. Eines Tages kam ein reicher Mann und fragte ihn: „Was ist los? Wie ist das passiert?" Die Antwort viel dem alten Mann sehr schwer, doch mit aller Mühe murmelte er: „Niemand kümmert sich um mich!" Mr. Gold nahm den Mann bein ihm und brachte ihn in ein Pflegeheim. Dort wurde er gleich aufgenommen und ihm wurde geholfen. Der reiche Mann bezahlte das Heim. Der reiche Mann hatte ein guter Gefühl weil er geholfen hatte.

Julia, Volksschule Schwarzstraße

Andere Lebenswelten

Die Lesung aus dem Straßenbuch „Alles bei Leopoldine" war ein Akt der Gastfreundschaft.

In Zusammenarbeit mit der Redaktion der Straßenzeitung „apropos" luden AutorInnen des Straßenbuches gastfreundlich ein zu einem Blick auf die Welt aus ihrer Sicht.

Eigentlich war ich auf dem Weg in den Dom, wo an diesem Tag beim Gottesdienst u. a. die Präsidentin der Katholischen Aktion zu Wort kam. Aber in der Vorhalle bewegte mich ein plötzlicher Gedanke dazu umzukehren und das Franziskanerkloster anzusteuern.

Im Franziskanerkloster gibt es einen Raum, wo sich an jedem Wochentag vormittags Menschen ohne eigenes Zuhause treffen, frühstücken, Gelegenheit haben sich zu waschen und umzuziehen. In Zusammenarbeit mit der „apropos"-Redaktion hatte meine Kollegin Christina Gastager-Repolust dort für diesen Vormittag eine Lesung aus dem Straßenbuch „Alles bei Leopoldine" organisiert, was ihr durch verschiedene kircheninterne Kommunikationsprobleme nicht ganz leicht gemacht worden war.

Trotz einiger Hinweisschilder war es gar nicht so einfach, die richtige Tür zu finden und sie auch aufzubekommen – sie klemmt etwas. Als ich es mit sanfter Gewalt doch geschafft hatte, fand ich mich mitten in der Lesung wieder und war unvermutet plötzlich in eine unbekannte Welt eingetreten.

Im nicht besonders großen Raum waren etwa zwölf Personen versammelt. Es war warm. Tische in der Mitte, dort saßen auch die Vorlesenden. Bänke entlang der Wände beiderseits der Tür. Das Licht gelblich und nicht allzu hell. – So müsste der Abendmahlsaal aussehen, würde heute jemand in Salzburg das Evangelium nach Matthäus neu verfilmen. Ein Mann mit ausladendem Bart las gerade vor. Der Text erzählte Empfindungen beim Gang zu Arbeit. Seine Augen, seine Hände erzählten von der Aufregung des Vorlesens. Es wurde geklatscht, als er zu Ende war, vielleicht froh, es geschafft zu haben und zugleich das Enden der zuhörenden Aufmerksamkeit bedauernd.

Der junge Mann hatte als Vorleser fungiert, da die Autorin des Textes heiser geworden war. So ernst haben die drei Frauen ihr Vorlesen genommen. Man ermunterte sich am Tisch gegenseitig, besprach kurz, wer nun dran sei.

Ich ging hinaus, um Passantinnen und Passanten auf die Lesung aufmerksam zu machen. Ich war berührt. Gewissermaßen begann ich zu betteln, zu betteln um kostbare Aufmerksamkeit. – Aber wie

könnte es anders sein: alle hatten etwas zu tun, waren zielstrebig unterwegs an diesem Sonntagvormittag. Touristen, Kaffeehausbesucher, Kirchgänger, gerade vom Gottesdienst gegenüber kommend: bis auf eine Frau, ein Ehepaar, das auch ein Buch kaufte, und ein älteres Ehepaar, das allerdings an der klemmenden Tür scheiterte, ließ sich niemand bewegen. Dabei ereignete sich auf beiden Seiten der Straße – im Raum der Lesung und in der Kirche gegenüber – durchaus Vergleichbares: Es wurde miteinander Leben geteilt. Und teilen macht mehr draus …

Wolfgang Müller, Projektleiter, Seelsorgeamt

Segnungsgottesdienst

Der Segen Gottes als Ausdruck göttlicher Liebe und Treue berührt und bejaht jedes menschliche Leben.

„Ich lasse dich nicht los, wenn du mich nicht segnest", gebietet Jakob im Kampf mit Gott (Genesis 32,27) und erhält danach den Namen Israel, Gottesstreiter. Jakob ahnt, dass dieser göttliche Segen das Geschenk des Lebens sowie Gottes Zuspruch und Begleitung beinhaltet.

Gottes Segen bringt Leben

Dank für den Sieg des Königs

An deiner Macht, Herr, freut sich der König;
über deine Hilfe, wie jubelt er laut!
Du hast ihm den Wunsch seines Herzens erfüllt,
ihm nicht versagt, was seine Lippen begehrten.
Du kamst ihm entgegen mit Segen und Glück,
du kröntest ihn mit einer goldenen Krone.
Leben erbat er von dir, du gabst es ihm,
viele Tage, für immer und ewig.
Groß ist sein Ruhm durch deine Hilfe,
du hast ihn bekleidet mit Hoheit und Pracht.
Du machst ihn zum Segen für immer:
Wenn du ihn anblickst, schenkst du ihm große
Freude. Denn der König vertraut auf den Herrn,
die Huld des Höchsten lässt ihn niemals wanken.

Psalm 21,1–8

Biblischer Segen

In Psalm 21, einem Königslied, steht das Werk Gottes im Mittelpunkt. Gott wird gedankt für die am König erwiesenen Wohltaten: Segen und Glück, Ruhm und Freude. Der König hat Gott vertraut. Gott hat das Gebet des Königs erhört, diesen mit einer goldenen Krone gekrönt. Der Glanz des Königs ist aber an das göttliche Licht gebunden, das ihn wie ein schützender Mantel einhüllt. Im göttlichen Segen liegt das Zeichen der Gegenwart Gottes, die wiederum im Menschen zur Wirkung kommt, die zum Widerschein des göttlichen Lichtes inmitten der Menschheit wird. Segen und Salbung werden zur Quelle der Stabilität und Sicherheit.
(zitiert nach: Johannes Paul II.)

Sei ein Segen

In jedem menschlichen Leben lassen sich Segensspuren finden, wenn wir Momente erinnern, in denen uns ein Mensch zum Segen wurde. Da hat mich jemand wirklich gesehen und bejaht; da hat mir jemand mehr zugetraut, als ich mir selbst; da hat mir jemand ein Lächeln geschenkt, das mich aufgerichtet hat; da gab es jemanden, der mir das Leben in seiner Fülle schmackhaft gemacht hat; da wurde mir ein Geschenk gemacht vor jeder Leistung ... Und das selbe habe auch ich da und dort getan: aufgemuntert, unterstützt, begleitet, verziehen, berührt. Wir werden einander zum Segen, zum Lebensgeschenk. Wir werden einander zum Licht, das die Finsternis durchbricht.

Gott segne
meine lichterfüllten Momente
meine lichtdurchwobenen Gedanken
meine lichtvollen Beziehungen
meine lichtdurchdrungenen Wege
mein inneres Licht
das ich
durch mich hindurch
in deine Mitte leuchten lasse

Angelika Gassner

Segen erbitten

„Ich lasse dich nicht los, wenn du mich nicht segnest". Mit der Sehnsucht nach dem Gesegnet-Sein steht Jakob nicht als einziger da. Da schlägt eine Tochter, ein Sohn einen anderen Weg ein, als die Eltern zunächst planten, und kann diesen Weg nicht beherzt gehen, weil ihr/ihm der Segen der Eltern vorenthalten wird. Ein schmerzlicher Weg, ein Weg der Unversöhntheit, bis der Segen gewährt wird – manchmal auch nicht.
An wichtigen Lebenswenden ist dieser Segen lebens-not-wendig. Geh mit Gott, geh mit meiner Zustimmung, geh mit meinen guten Wünschen, geh im Zutrauen, dass dir der Weg entgegenkommt. Mit solchen Wünschen im Gepäck können Hindernisse, Krankheiten, Unzulänglichkeiten, besser gehandhabt werden.
In einer Segnungsfeier kann ich mir den Segen erbitten, mich für die heilsame Berührung und Zusage Gottes öffnen. Dies wirkt auf vielen Ebenen und rührt tiefe Schichten an – und hat die Kraft zu heilen: seelische Wunden, körperliche Gebrechen, im Aufbrechen zu Gott.

Morgengedanken

Es ist nicht egal, mit welchen Gedanken wir in der Früh aufstehen.
Die gedankliche Stimmung prägt den Tagesverlauf.

In dieser Woche war es möglich, sich mit Morgen-
gedanken zum offenen Himmel im Radio wecken zu
lassen. Die Reflexionen von Balthasar Sieberer geben
einen Blick für gelingendes Leben für den bevor-
stehenden Tag frei.

Montag, 17.10.2005

Wo Gott wohnt

Gott hält den Himmel offen, aber was tun wir? Ein Rabbi, ein Gelehrter bei den Juden, hatte Gäste eingeladen. Im Gespräch überraschte er sie mit der Frage: „Wo wohnt Gott?" Sie lachten über ihn und sagten: „Was redet Ihr! Ist doch die Welt seiner Herrlichkeit voll!" Er aber beantwortete seine eigene Frage und sagte: „Gott wohnt dort, wo man ihn einlässt." Sollte Jahwe, der Ich bin da – wie er sich Mose geoffenbart hat – mit uns sein, so müssen wir uns ihm öffnen. Ein Schlüssel, mit dem wir das Tor unseres Lebens, die Tür unseres Herzens öffnen können, ist das Gebet, die einfache Bitte. Mit einer solchen Bitte sollen wir in jeden Tag hinein gehen. Manchmal nenne ich es das Gebet auf der Bettkante. Es könnte so lauten: „Herr, schenke mir deinen Geist, deine Kraft, sei mit mir, dass es heute ein guter Tag wird." Es ist keine Zauberformel, aber ein guter Start in den Tag.

Dienstag, 18.10.2005

Der offene Himmel schenkt gesundes Selbstbewusstsein

„In jenen Tagen geschah es, dass Jesus aus Nazareth in Galiläa kam und sich von Johannes im Jordan taufen ließ. Und als er aus dem Wasser stieg, sah er, wie der Himmel sich teilte und der Geist wie eine Taube auf ihn herab kam. Und eine Stimme aus dem Himmel sprach. Du bist mein geliebter Sohn, dich habe ich erwählt" (Mk 1,9–11). Das Offenbarungswort bei der Taufe Jesu gilt für jede und jeden. Die Taufe öffnet über dem Menschen den Himmel und so gilt für ihn: Du bist von Gott geliebt, Gott hat dich erwählt und zu einer unverwechselbaren Lebensaufgabe berufen. Wichtig ist die Reihenfolge. Gott liebt mich und sagt ja zu mir. Dann ruft und erwählt er mich. Das tut gut. Mit einem solchen Bewusstsein, dass über mir der Himmel offen ist, dass Gott mit mir ist und mich liebt, kann ich zuversichtlich ans Tageswerk gehen.

Donnerstag, 20.10.2005

Der offene Himmel als konstruktiver Störenfried

Vom offenen Himmel zu reden, kann auch gefährlich sein. Vom ersten Märtyrer der Kirche, dem hl. Stephanus, berichtet die Apostelgeschichte (Apg 7,56–58), dass er in er Auseinandersetzung mit seinen Gegnern rief: „Ich sehe den Himmel offen und den Menschensohn zur Rechten Gottes stehen. Da erhoben sie ein lautes Geschrei, hielten sich die Ohren zu, stürmten gemeinsam auf ihn los, trieben ihn zur Stadt hinaus und steinigten ihn." Vom offenen Himmel reden heißt auf diesem Hintergrund, klar zu benennen, was in unserer Welt nicht himmlisch ist, wo Unrecht, Not und Elend zum Himmel schreien. Wer vom offenen Himmel redet, muss bereit sein, in unserer Gesellschaft die Rolle des konstruktiven Störenfrieds zu übernehmen.

Freitag, 21.10.2005

Himmel als Zukunftshoffnung

Vom hl. Karl Borromäus wird berichtet, er habe einst einem Künstler den Auftrag gegeben, ein Bild vom Tod zu malen. Der Maler lieferte eine Skizze mit dem Tod als Knochenmann mit einer Sense in der Hand. Der Bischof war damit nicht einverstanden. „So sollst du den Tod nicht malen", erklärte er bestimmt, „stelle ihn dar als einen Engel mit einem goldenen Schlüssel in der Hand". Wer vom Tod ein solches Bild hat, weiß um den offenen Himmel, denn er weiß, dass der Mensch im Tod endgültig Gott begegnet. Diese Begegnung bedeutet Gericht, aber zugleich die Erfahrung des Erbarmens und der Liebe Gottes. Und das trifft den ganzen Menschen mit Leib und Seele. Denn mit ihm sterben sein erster Kuss und sein erster Schnee, all sein Lieben und all sein Leiden, seine Freude und sein Schmerz. Aber weil im Tod auch alle Zeit versinkt, erlebt der Mensch im Durchschreiten des Todes seine Vollendung und auch die Vollendung der Welt. Der Tod als Engel mit goldenem Schlüssel öffnet den Himmel.

Paulus in den Katakomben

Ein Hauch von Ursprünglichkeit prägte die Atmosphäre
in den Katakomben.

Dass Paulus auch heute noch eine Botschaft für uns
hat, wurde bei Kerzenlicht und Didgeridooklängen
durch die expressiv vorgetragenen Texte bewiesen.
Klaus Ortner und Raimund Kitzhofer sorgten für stim-
mige Atmosphäre.

Paulus an die Korinther und uns

Ich erinnere euch, Brüder und Schwestern, an das Evangelium, das ich euch verkündet habe. Ihr habt es angenommen; es ist der Grund, auf dem ihr steht.
Durch dieses Evangelium werdet ihr gerettet, wenn ihr an dem Wortlaut festhaltet, den ich euch verkündet habe.
Oder habt ihr den Glauben vielleicht unüberlegt angenommen?

Denn vor allem habe ich euch überliefert, was auch ich empfangen habe:
Christus ist für unsere Sünden gestorben,
gemäß der Schrift,
und ist begraben worden.
Er ist am dritten Tag auferweckt worden,
gemäß der Schrift,
und erschien dem Kephas, dann den Zwölf.

Danach erschien er mehr als fünfhundert Brüdern zugleich; die meisten von ihnen sind noch am Leben, einige sind entschlafen.
Danach erschien er dem Jakobus, dann allen Aposteln.
Als Letztem von allen erschien er auch mir, dem Unerwarteten, der „Missgeburt".
Denn ich bin der geringste von den Aposteln; ich bin nicht wert, Apostel genannt zu werden, weil ich die Kirche Gottes verfolgt habe.
Doch durch Gottes Gnade bin ich, was ich bin, und sein gnädiges Handeln an mir ist nicht ohne Wirkung geblieben. Mehr als sie alle habe ich mich abgemüht – nicht ich, sondern die Gnade Gottes zusammen mit mir.
Ob nun ich verkündige oder die anderen: das ist unsere Botschaft, und das ist der Glaube, den ihr angenommen habt.

1 Korinther 15,1–11

Lichterlabyrinth

Mystische Stimmung im Dom. Jeder Lichtschimmer, engelsgleich, erleuchtet meinen eigenen Weg durchs Lebenslabyrinth.

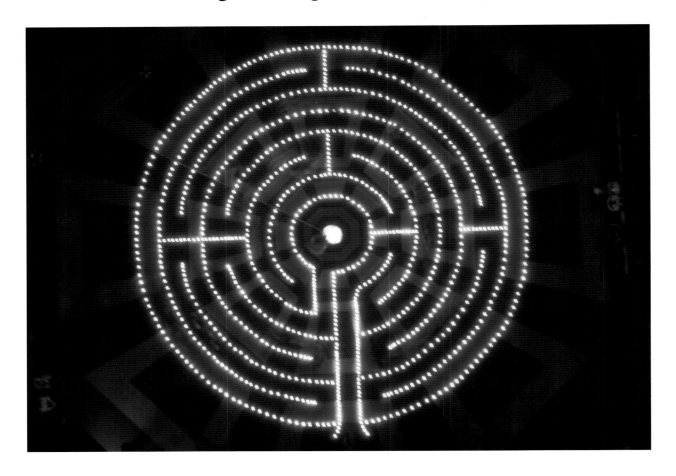

So eine Stimmung gab es noch nie im Dom, erzählt eine strahlende Besucherin. Im Bann des Lichterlabyrinths begeht sie ihren persönlichen Lebensweg. In sich gekehrt und berührt von dem Erlebten, versucht sie den Moment des Glücks zu bewahren und macht sich gestärkt auf ihren weiteren Weg.

Das Labyrinth

Wenn du ein Labyrinth betrittst, hast du das Ziel – die Mitte – bereits vor Augen.
Der Weg dorthin scheint kurz zu sein; doch er führt dich um die Mitte herum,
immer wieder vorbei am erstrebten Ziel.
Du gehst und gehst und hast doch das Gefühl, jedes Vorwärts führt zurück.
Langsam verlierst du das Ziel aus den Augen und vielleicht fragst du dich,
wie oft du noch eine neue Richtung einschlagen musst, ob du noch am richtigen Weg bist,
ja – ob es überhaupt noch sinnvoll ist weiterzugehen.
Was tun in einer solchen Situation? – Stehen bleiben, den Weg verweigern?

Im Labyrinth findest du keine Abzweigungen, keine Abkürzungen, keine Alternativen.
Du musst den ganzen (einen) Weg gehen.
Nichts kannst du auslassen, nichts kannst du überspringen – keine Kehre,
keine gute Erfahrung und keine schlechte Erfahrung, keinen Tag, keine Stunde, keine Minute und keinen Schritt.

Das meditative, langsame Gehen im Labyrinth ermöglicht dir die Erfahrung,
dass der Weg zu deiner eigenen Mitte ein anspruchsvoller Weg ist.
Rasch und billig kannst du hier nichts haben.
Wenn du dich selbst, den Sinn deines Lebens, Gott erfahren willst,
musst du dich auf den Weg – der „Leben" heißt – einlassen.
Ohne deine Bereitschaft, deinen Lebensweg mit all seinen Wendungen und in seiner ganzen unbekannten Länge auf dich zu nehmen, wirst du nichts gewinnen.

Das Labyrinth ist ein Symbol für dein Leben.
In der Gewissheit, dass Gott dich trägt und begleitet, will das Labyrinth dich einladen, dich auf dein Leben einzulassen.

Habe Mut und gehe!

Und sind die Wege noch so verschlungen, am Ende des Weges wartet auf dich die Mitte – ganz gewiss!

Die Gestalter des Lichterlabyrinths im Dom:
Christine Sickinger (Theologin), Günther Jäger (Ausbildungs-
leiter für Theologiestudierende), Robert Bahr (Theologe)

Bibellesen im Zelt

Hupende Autos, frisierte Motorräder, Großstadtgetümmel und mitten drin: ein Zelt des biblischen Wortes.

Der Standort war bewusst gewählt, mitten am Nabel der Stadt, dort wo alles zusammenkommt, wo Menschen unterwegs sind, wo das tägliche Leben blüht. Hier sollte das Zelt errichtet und das Wort mitten unter den Menschen wohnen. Es war laut, und es wurde gehört und überhört zugleich.

Biblische Worte

Im Anfang war das Wort,
und das Wort war bei Gott,
und das Wort war Gott.
Im Anfang war es bei Gott.
Alles ist durch das Wort geworden,
und ohne das Wort wurde nichts, was geworden
ist.
In ihm war das Leben,
und das Leben war das Licht der Menschen.
Und das Licht leuchtet in der Finsternis,
und die Finsternis hat es nicht erfasst. …
Das wahre Licht, das jeden Menschen erleuchtet,
kam in die Welt.
Er war in der Welt,
und die Welt ist durch ihn geworden,
aber die Welt erkannte ihn nicht.
Er kam in sein Eigentum,
aber die Seinen nahmen ihn nicht auf.

Johannes 1,1–5.9–11

Er kam in sein Eigentum

Johannes spricht von Jesus als dem von Gott ausge-
sprochenen und fleischgewordenen Wort, das in die
Welt kam, die Welt bereicherte, aber von vielen
nicht erkannt und ins Leben aufgenommen wurde.
Ähnliche Erfahrungen sind mit dem Bibellesen im
Zelt verbunden: Es gab Freiwillige, die sogar eigens
Urlaub nahmen, um im Zelt die Bibel laut vor anderen zu lesen. Menschen, die durch ihr Lesen ihren
Bezug zur Bibel, zum Wort Gottes, bezeugten. Es
gab auch immer wieder einzelne Menschen, die die
Zeltplane auseinander streiften, hereinschauten,
vorbeischneiten, manche blieben und hörten, ließen sich betreffen. Einzelne fanden sogar den Lärm
ums Zelt herum als guten Grund dafür, sich im Zelt
noch intensiver zu konzentrieren und noch besser
hinzuhören. Ein anderer wiederum wetterte, was
denn diese Aktion solle – so könne die Kirche keine
Menschen einfangen. Er hat die Frohe Botschaft
von der Befreiung aus jeglicher Versklavung nicht
begriffen: die Kirche will keine Menschen einfangen
– sie will Menschen in die Freiheit führen.

Im Zelt

Nach dem Exodus (Auszug) des Volkes Israels kam
die beschwerliche Wanderschaft durch die Wüste.
Mose schlug ein Zelt auf, in einiger Entfernung des
Lagers. Er nannte es das Offenbarungszelt. Wenn
jemand Gott nahe sein wollte, ging er/sie zum
Offenbarungszelt. Im Zelt war Gott gegenwärtig –
hörte sich die Bitten des Volkes an. Das Zelt hat in
der Bibel mehrere Namen: Zelt des Zeugnisses,
Wohnung, Zelt der Begegnung. Es wurde zum Treffpunkt Gottes mit seinem Volk. In ihm konnte Gott
erkannt und die verändernde Kraft der göttlichen
Gegenwart erlebt werden.

Wort Gottes

„Das Gras verdorrt, die Blume verwelkt, aber das
Wort unseres Gottes bleibt ewig bestehen.“
Jesaja 40,8

Dein Wort ist meines Fußes Leuchte und ein Licht
auf meinem Wege.
Psalm 119,105

In der Bibel finden wir göttlich inspiriertes Wort.
Wort, das die Herzen berührt, die Seelen weitet und
Nahrung ist für viele. Wort, das einverleibt wird, das
wegweisend und sinnstiftend ist. Viele verschiedene
Worte wurden in Bücher zusammengefasst. Die
Weisheitsliteratur stand im Mittelpunkt des biblischen Lesens im Zelt. Zu den Büchern der Lehr-
weisheit zählen Ijob, die Psalmen, das Buch der
Sprichwörter, das Buch Kohelet, das Hohelied, das
Buch der Weisheit und das Buch Jesus Sirach. Die
Weisheitsliteratur entstand zu einer Zeit, als die
unübersichtlicher werdende Gesellschaft nach
Gesetzmäßigkeiten verlangte, die das Leben ver-
ständlicher machen sollte. Das Leben in seiner oft
undurchschaubaren Vielfalt wird darin aber in die
göttliche Schöpfungsordnung eingebunden. Die
personifizierte Weisheit, Frau Sophia, erhält einen
besonderen Ort.

Angelika Gassner, Referentin für Spiritualität und Exerzitien,
Seelsorgeamt

Images of Heaven

Ein Blick in die Kunstgeschichte lässt erahnen, welche Bilder sich Menschen vom Himmel machten.

Aktion mit Kindern in der Ausstellung Himmelsbilder, Dommuseum zu Salzburg, 2005.

Spezielle Führungen und Aktionen für Kinder brachten die verschiedenen Bilder und Vorstellungen vom Himmel nahe. Beeindruckend ist die Veränderung der Wahrnehmung in der Geschichte.

Himmelsbilder – zur Ausstellung im Dommuseum

Das Bild des Himmels hat sich im Laufe der Zeiten stark verändert. Die heidnische Antike stellte sich die Götter auf einem Berg vor, dem Olymp. Aristoteles und Ptolemaios dachten, dass die Gottheit ihren Sitz im äußersten Himmel, dem „Feuerhimmel" oder „Empyreum", habe. Das „ptolemäische Weltbild" stellte die Erde ins Zentrum des Alls, umgeben von zehn Himmeln.

Das Alte Testament setzt mit der Beschreibung eines irdischen, nicht eines himmlischen Paradieses ein. Das Neue Testament beschreibt das Himmelreich in Gleichnissen wie dem von der Perle (Mt 13,45–46), oder es fasst es in Bilder wie das der himmlischen Stadt Jerusalem, um die Verheißung auszudrücken (Offb 21,10).

Mittelalterliche Weihrauchfässer wurden in Anspielung auf das himmlische Jerusalem wie kleine Bauwerke gestaltet (Abb. 1). Die häufigste Form der Darstellung des Himmels war jedoch der Goldgrund, der das Licht des Empyreums symbolisiert und die heiligen Szenen oder Figuren hinterfängt (Abb. 2).

Um 1500 begann das kopernikanische Weltbild, das die Sonne ins Zentrum des Alls stellt, das ptolemäische Weltbild abzulösen. Zugleich wurde in der bildenden Kunst der Goldhintergrund durch den Landschaftshintergrund ersetzt, und die Landschaft, insbesondere die Paradieslandschaft, wurde ein häufiges Thema (Abb. 3). Statt mit dem Gegensatz von Himmel und Hölle – wie vor 1500 – beschäftigte man sich nach 1500 mit dem Verhältnis von Himmel und Erde. Der „Turmbau zu Babel", der ja das Verhältnis von Gott und Mensch behandelt, ist ein sprechendes Motiv jener Zeit (Abb. 4). Darstellungen des offenen Himmels an Kirchenkuppeln und -decken, in denen Gott sich voll Gnade dem Menschen zeigt, sind typisch für den Barock (Abb. 5).

Um 1800 werden erstmals „reine" Himmelsbilder gemalt, ohne Heilige oder Landschaft (Abb. 6).

Neben diesem wissenschaftlichen Blick auf den Himmel existierte aber weiterhin der romantische, der in der Natur die Schöpfung sieht, in der Gott sich offenbart (Abb. 7). Heutige Künstler, Gerhard Richter z. B., lehnen diese Vorstellung ausdrücklich ab. An die Stelle der ptolemäischen oder kopernikanischen Himmel ist das Weltall getreten, das als Begriff schon die Profanisierung ausdrückt.

Die Ausstellung war entsprechend diesen Themenblöcken gegliedert in drei Räume, „Himmel und Hölle" für die Zeit vor 1500, „Himmel und Erde" für die Zeit 1500–1800 und „Weltall" für die zeitgenössische Kunst. Zu diesem Raum gehörte auch eine Projektion von Videos. Die Objekte stammten aus der Zeit von um 1200 (Abb. 1) bis 2004 (Abb. 8).

Das Thema war so gewählt, dass es einerseits für sich stehen konnte, weil die Sonderausstellungen länger laufen als eine Aktionswoche. Andererseits sollte es Anknüpfungspunkte für die Aktionswoche und Gelegenheit zu Veranstaltungen bieten. Eine Gruppe von Bildern stellte biblische Szenen dar, die vom „offenen Himmel" handeln: „Jakobs Traum von der Himmelsleiter" (Gen 28,12, Abb. 9), die „Taufe Christi" (Mt 3,16–17, vgl. Mk 1,10–11, Abb. 10) und das „Martyrium des hl. Stephanus" (Apg 7,55–56).

Neben speziellen Führungen zur Aktion Offener Himmel gab es die ganze Saison über Führungen und Aktionen mit Gruppen aus Pfarren, Schulen und Kindergärten. Die Führungen waren besonders im Oktober gefragt, als wäre die Verbindung mit dem „Offenen Himmel" erst dann augenfällig geworden. Gelegentlich ergaben sich am Ende des Rundganges mit den Gruppen und den Geistlichen spannende Diskussionen über das heutige Bild des Himmels und das Verhältnis von Kunst und Kirche. Bemerkenswert war schließlich das Interesse von Künstlern und Kunststudenten; wie das Interesse der Lehrer ist es nicht nur eine Folge des Themas oder der Aktionswoche, sondern auch der Aufbauarbeit der letzten Jahre.

Die Annahme durch das Publikum war mit 24.000 BesucherInnen gut. Insbesondere die Lange Nacht der Museen am 8. Oktober trug mit der höchsten je erreichten Zahl von über 4.000 BesucherInnen zu dem guten Ergebnis bei. Die regionale Presse war wohlwollend, die überregionale bis auf

„Die Presse" zurückhaltend. Ein Rezensent bemängelte nicht zu Unrecht, dass das Thema sehr groß sei für 350 m^2 Ausstellungsfläche. Die Einträge im Besucherbuch sind teils erfreulich „nachdenklich", teils uneingeschränkt positiv. Die zeitgenössische Kunst und insbesondere die Videos stießen hier und da auf Ablehnung, auch wenn die positiven Kommentare überwiegen. Das Foto „Sterne 12 h 34 m / - 40°" von Thomas Ruff fand einhellige Zustimmung. Offenbar sind für einen kleinen Teil des Publikums eines kirchlichen Museums moderne Ausdrucksformen und Themen an sich nur schwer annehmbar. Der Vorwurf, die zeitgenössische Kunst sei „willkürlich" gewählt gewesen, ist in der Sache richtig, in der Richtung falsch, denn das Himmelsbild der zeitgenössischen Kunst ist so differenziert, dass es beliebig wirkt.

Widerspruch forderten insbesondere ein Alien und ein Video von Helke Sander heraus, die allerdings auch bewusst provokativ gewählt waren. Das Video mit dem Titel „Völlerei. Füttern" erzählt die Geschichte des Sündenfalls nach: Eva und Adam sind dargestellt wie behaarte Urmenschen paläontologischer Rekonstruktionen. Als sie vom Apfel essen, fallen ihnen die Haare aus – ein treffendes Bild für die Erkenntnis, „dass sie nackt waren" (Gen 3,7). Helke Sander verschränkt in dem Film Bilder der Kunst und der Wissenschaft, Vorstellungen von Schöpfung und Evolution. Sie gibt der Erzählung auch eine feministische Deutung, indem sie Adam den Vorwurf: „Du bist schuld!" in den Mund legt. Ihrer Meinung nach setzt sich die Frau seit damals Vorwürfen des Mannes aus, weil oder obwohl sie ihn füttert. Das Video brachte einen anderthalbseitigen, kritischen Eintrag im Besucherbuch ein, aber auch eine anderthalbseitige Antwort darauf – es funktionierte erstmals als „Chatroom".

Die inhaltliche Zusammenarbeit des Dommuseums mit dem Seelsorgeamt hat sich bewährt. Der Versuch, ein Angebot zu machen, das über eine Aktionswoche hinausgeht, aber darin einzubeziehen ist, ist gelungen. Doch nicht jeder kirchlich Interessierte geht in ein kirchliches Museum, und umgekehrt erreicht das Museum ein Publikum, das die Kirche nicht anspricht.

Peter Keller, Dommusesum

1. Weihrauchfass, Salzburg (?), um 1200, Freising, Dombergmuseum

2. Marienkrönung, Oberösterreich oder Salzburg, um 1520, Stift Kremsmünster, Kunstsammlungen

3. Michiel Coxcie/Jan Aerts, Gott entlässt Adam in das Paradies, um 1620/1630, Salzburg, Domschatz

4. Turmbau zu Babel, Salzburg, 1656, Salzburg, Erzabtei St. Peter

7. Albrecht Christoph Dies, Landschaft mit Gaisberg, 1797, Salzburg, Residenzgalerie/Wien, Österreichische Galerie Belvedere

5. Johann Jacob Zeiller, zugeschrieben, Glorie des hl. Stephanus, um 1750, Rattenberg, Augustinermuseum

8. Martin Schnur, 25 °, 2004, Eigentum des Künstlers – courtesy lukasfeichtnergalerie, Wien

9. Veit Rabl, Himmelsleiter, 1664, Kitzbühel, Pfarrkirche St. Andreas

6. Berend Goos, Wolkenstudie, 1853, Altonaer Museum in Hamburg - Norddeutsches Landesmuseum

10. Georg Beham, Taufe Christi, 1597

Geistliche Konzerte

Konzerte mit Textmeditationen angereichert erschließen die dar-
gebotene Musik. So wird auch die Musik zur Sprache des Glaubens.

Täglich wurde zu geistlichen Konzerten geladen. Texte
als Impulse bereicherten die ZuhörerInnen. Das Engagement aller Beteiligten ließ die einzelnen Abende zu
einer Feier werden, die den Glauben stärkte und den
Lebensmut erhöhte.

Textproben aus den Meditationen

*Zwischen Glauben und Glauben
besteht ein Unterschied.*

*Es gibt einen Glauben,
der Tote zum Leben erweckt,
und einen, der Leben verhindert.
Es gibt einen Glauben,
der die Phantasie anregt,
und einen, der einfallslos macht.*

*Zwischen Glauben und Glauben
besteht ein Unterschied.*

Martin Gutl

*Vernünftig will ich sein
und kritisch
und in allem glauben
dass Du mich trägst*

*Erkennen will ich
und sehen
und in allem glauben
dass Du alles trägst*

*Handeln will ich
und vorwärtsdrängen
und in allem glauben
dass Du mich lenkst*

*Empfangen will ich
und mich führen lassen
und in allem glauben
dass Du alles lenkst*

Anton Rotzetter

*Nicht von sich allein lebt der Mensch,
sondern von jeder Hand,
die ihm gereicht wird.*

*Nicht von sich allein
lebt der Mensch,
sondern von jedem Engel,
der ihm begegnet.*

Martin Gutl

Offene Grenzen

*Der Himmel ist offen.
Keiner hat ihn zugesperrt.
Die Engel steigen auf und nieder.
Leider ist auch die Hölle offen,
und die bösen Geister
gehen bei den Menschen aus und ein.
Keiner bewacht die Grenzen
Zwischen Diesseits und Jenseits.
Es gibt unzählige Brücken
Zwischen den Grenzen.
Wer Augen hat, der schaue!
Wer beten kann, der bete!*

Martin Gutl

Beteiligte Gruppen: Salzburger Chorknaben und -mädchen, Salzburger Domkapellknaben und -mädchen, Chöre des Borromäums und der BAKIP, Stiftsmusik St. Peter, Kirchenchor Niederalm, Studierende und Lehrende an der Musikuniversität Mozarteum, Salzburger Virgil-Schola

Lyrikwettbewerb

Über das Verhältnis von Literatur und Religion kann wieder diskutiert werden. Dieses Feld ist durch den „Offenen Himmel" eröffnet.

In Zusammenarbeit mit dem Literaturhaus wurde ein Lyrikwettbewerb „Offener Himmel" ausgeschrieben. 83 Frauen und Männer aus Stadt und Land brachten sich kreativ ein. Die Jury: Anton Thuswaldner, Tomas Friedmann, Christina Gastager-Repolust, vergab die Preise.

Ausschreibung

*Verliebte schweben
in den Wolken,
Himmelsstürmer
verändern die Welt,
der Geliebten werden
die Sterne vom Himmel geholt,
Himmel kann letzte Hoffnung
oder auch gegenwärtige Bedrohung sein:
Der Himmel als Motiv bewegt.
Auch Sie?*

Christina Gastager-Repolust
Ausschreibungstext Lyrikwettbewerb „Offener Himmel"

Liebe Christine Haidegger, liebe Freunde der Literatur!

Der Himmel ist offen. So klingt eine Verheißung. Der Himmel ist offen nach oben. Das ist selbstverständlich und einleuchtend. Ein verriegelter Himmel, in dem sich eine geschlossene Gesellschaft unter ihresgleichen fühlt, ist nicht denkbar. Satelliten und Raketen treiben sich in ihm herum, womöglich der eine oder andere Engel. Mit Fernrohren haben wir im Auge, was sich dort ereignet, und jede Veränderung registrieren die Forscher genau.

Der Himmel ist offen. So klingt eine Drohung. Der Himmel öffnet sich nach unten. Dann gießt es womöglich in Strömen, dann kommt ganz und gar nicht alles Gute von oben, sondern ein Wolkenbruch macht uns kleinlaut, weil wir ihm nichts entgegenzusetzen haben. Hagel, Blitz und Wassermassen werfen uns auf unser kleines Ich zurück. Der Himmel konfrontiert uns unvermutet mit den Naturgewalten, die wir immer wieder unterschätzen.

Der Himmel ist offen. Wir leben nicht nur geduckt unter dem Dach des Himmels, er bedeutet jenen großen Freiraum, den wir, endliche Wesen, mit Wünschen, Phantasien und Hoffnungen ausdeuten, um der Unendlichkeit, die wir mit ihm verbinden, und sei es nur im Ansatz, teilhaftig zu werden. Der Himmel ist eine physikalische Tatsache und eine luftige Phantasie, er ist so groß, dass er mühelos alle unsere Projektionen schluckt. Wie in einem schwarzen Loch sind diese geborgen, und ununterbrochen kommen neue Sehnsuchtsbilder dazu.

Der Himmel, ein Thema für die Literatur, für die Lyrik vor allem, die so offen ist, dass sie sich mit einfachen Deutungen nicht zufrieden geben will. Christine Haidegger hat sich mit dem Himmel beschäftigt, und sie erweist sich offen für den heiligen und säkularen Himmelsraum. Aber was wäre eine Religion wert, die nur von höheren Dingen, von Jenseits, Tod und Himmelsmächten sprechen würde und darüber vergäße, dass es um die Menschen im Hier und Jetzt geht. Das geht alles ein in diese Gedichte, die persönliche Erinnerungssplitter ebenso in Sprache bannen wie die Ansprüche der Kirche, mit denen das lyrische Ich konfrontiert wird.

Auf einmal befinden wir uns im Reich der Kindheit, eine andere Zeit erschließt sich uns. Es bedarf nicht vieler Worte, um eine einzigartige Atmosphäre erstehen zu lassen, und es bedarf schon gar keiner großen Worte. Sie kommen klein und bescheiden daher, diese Gedichte, und zeigen doch, dass es um das Ganze geht, um die Existenz eines Wesens in brüchigen Zeiten. Und über diesen subjektiven Erlebensraum spannt sich der Himmel der Tradition. Die abendländische Kultur kommt ins Blickfeld, sie umgibt den Menschen, nimmt ihn auf, vielleicht schüchtert sie ihn auch ein bisschen ein. Die Kirche im Dorf, der Pfarrer, die himmlischen Wesen, sie alle umgeben ein Kind, das im Begriff ist, sich einen Ort auf dieser Welt zu suchen. Und weil nicht eindeutig zu klären ist, was sich im Erleben, Fühlen und Denken ereignet, wenn sich ein kleines, vereinzeltes Wesen seiner Stellung in der Gesellschaft bewusst zu werden sucht, sind auch diese Gedichte nicht auf eindeutige Botschaften zu bringen. Wenn also Christine Haidegger einen Augenblick im Leben eines Menschen in Sprache verwandelt, stellt sich ein Fülle von Assoziationen ein, die alle Platz fordern im Gedicht. Dass sie das in komprimierte, knappe Form zu bringen versteht und dass ihre Lyrik nicht heillos überfrachtet wirkt, ist ihrem Gespür für Balance zu verdanken.

Wir gratulieren Christine Haidegger zum Lyrikpreis.

Anton Thuswaldner

Das Gedicht der Gewinnerin des Lyrikpreises und elf weitere von der Jury ausgewählte Texte.

Der Herrgottswinkel über der Täfelung

Der Rosenkranz bei Gewittern
Die Nottaufen für die ungewollten Kinder der
Kleinmägde
Letzte Ölung für die Ausgezehrten
Das Himmeltragen über die Felder
das Gleißen der Monstranz
Himmelschutzbrot
Als wir Kinder waren
wollten wir schnell in den Himmel kommen
den sie uns sonntags versprachen

Christine Haidegger, Preisträgerin

himmel oder hölle

himmel oder hölle
die entscheidung
schon damals
kein kinderspiel

Gerlinde Weinmüller

HIMMEL

Einmal
steht der Himmel auf
in deinem Leib
als feurige Säule

Verbrennt dein Bild sei ohne Angst

Du schläfst im Klang von Bienenschwärmen

Am achten Tag der Woche wachst du auf

Lisa Mayer

Einer

war von weit her
über den großen Ozean
in jenes Land gekommen
das auch mein Ziel war
Auf einer Insel
teilte ich mir mit ihm
ein Stück Gegenwart
Flüchtige Berührungen
tauschten wir aus
mit unseren Blicken
Einmal setzte ich ihm
das Kätzchen auf die Schulter
das war unten bei der Bucht
Später grinste er dann sehr verwegen
Der liebte mich nämlich ziemlich

Ursula Schliesselberger

Himmlischer Einfall

Ich suchte den Himmel zu erreichen
Doch er war so hoch oben
Da
Stellte ich mich auf den Kopf,
Nun war der Himmel unten
Und ich brauchte mich nur noch
Fallen zu lassen

Barbara Baumgartner

Wenn die Sonne sinkt,
Färbt sich der Himmel rötlich.
Rasch wird es finster!

Harald Jirikowski
(literarische Form eines jap. Haiku)

ERINNERUNG

Die Brüste der Frau
erinnern
an das Paradies.

Davon weiß die Mystikerin.

Tag und Nacht, unter wie viel
tausenden, begehrenden Mündern,
brennt uns der Himmel auf.

Und bleibt doch so vergänglich
auf unseren Zungenspitzen.

Franz Dürnberger

ABHIMMELN

Sollst runterkommen
aber noch nicht gleich

Zum Teufel
mit Engeln

Mit dir kann man keinen Staat machen
zumindest nicht auf Erden

Fritz Popp

Theresas Blick

Theresas glatte Haut,
die verzückten, entrückten Augen,
das Weiß ihrer selig leeren Pupillen,
in denen sich der Himmel zu spiegeln vermag.

Sieh an, rück näher an Berninis Skulptur,
sieh an, der Engel nimmt nicht die Lust,
schenkt Hingabe an das Nichts, das vollkommene.

Der Engelspfeil entzieht Theresa irdische Sorgen.
Du schaffst es nicht, sorglos zu sein,
die schöne Linie aber hat den Sieg.

Peter Reutterer

Draufsicht

Sie sagen:
  Wenn du gut bist, kommst du in den Himmel
rauf
  Und wenn du schlecht bist, in die Hölle runter

Nun,
  Den Himmel oben kann ich sehen
  Auch wenn mir schlecht ist

Robert Innerhofer

AUFATMEN

Der Himmel voll der Farbe
geschmolzenen Erzes,
in Wolkenformen gegossen.

Stimmung von Schwermut,
bedrückend, lähmend,
nahe dem Stillstand.

Herbeisehnen des
Schrittmachers Wind,
der mich aufatmen lässt.

Hans Günter Kastner

Fazit im Herbst

Sonnengleiches blättert ab,
dichte Bewölkung gebiert
Stein, Nässe,

noch einmal befreit ein starker Wind
ein herzschlagendes Licht

bald außer Atem der Wind.

bald alt und müde gelebt, und doch
zerbrechlich, verletzlich
wie ein junges Mädchen, das Licht.

Herr, es ist Zeit, ich klage an.

Georg Büsch

Fest der Kulturen

Die Vielfalt der multikulturellen Gesellschaft wurde als Fest am Bahnhofsvorplatz gefeiert und belebte den Platz.

Ziel war es, dass sich verschiedene in Salzburg lebende Kulturen begegnen, Dialog zwischen ihnen gepflegt wird, Zugang zu Informationen über verschiedene Religionen möglich ist, und vor allem das Verständnis füreinander gestärkt wird.

Die Buntheit der Religionen und Kulturen

Religionen stellten sich an einem ungewohnten Platz vor. Als Besucher des Bahnhofsvorplatzes konnte man sich über Glaubensinhalte verschiedener Religionen informieren: Buddhismus, Christentum, Islam, Judentum, Hinduismus und Baha'i. Es ist auch als Christ spannend, in Salzburg von einem Vertreter einer anderen Religion angesprochen zu werden, einen Aufkleber zu bekommen. Was tue ich damit?

Neben den Ständen der Religionen wurde internationales Essen angeboten: indische und marokkanische Speisen. Die Stände der verschiedenen Kulturen, der Serben, Kroaten, Phillipiner und Afrikaner ermöglichten auch eine Verkostung und einen Einblick in ihre Herkunft und Lebenswelt. Es wurde angeregt, im Sinne der Gerechtigkeit zwischen den verschiedenen Kulturen, das eigene Kaufverhalten zu überdenken, durch die Firmen EZA und El INKA, die am Platz ihre Waren angeboten haben.

Verschiedene musikalische Klänge und Tänze prägten den Nachmittag. Ein himmlisches Lied brachten Kinder der VS Bürmoos zum Besten. Trommeln erklangen durch die Gruppe „SOS-Clearinghaus", mexikanische Töne vom „Musikverein sine nomine". Der internationale Kinderchor Bürmoos beschallte den Platz ebenso wie der Bolingo-Chor aus Bürmoos mit Teilen einer afrikanischen Messe. Rumänische Volksmusik erklang neben Musik aus der Türkei. Südamerikanische Tänze wurden von der salsaSBG Performance Group zum Schwingen gebracht. Am buntesten tanzten die Kroaten und die Serben.

Neben den verschiedenen Vorstellungen der Kulturen und Religionen zwischen den einzelnen musikalischen und tänzerischen Darbietungen wurde zum Sonnenuntergang das islamische Fastenbrechen eingeleitet. An alle Anwesenden wurden dafür Datteln verteilt und eine „Ramadan-Suppe" angeboten. Mit dem Inka-Gebet an die Mutter Erde und einem gemeinsamen „KOLO-Tanz", zu dem die Serben und Kroaten einluden, wurde das Fest der Kulturen abgeschlossen.

Träger: Seelsorgeamt der Erzdiözese Salzburg
Mitveranstalter: Afroasiatisches Institut, ABZ, Plattform Menschenrechte, EZA, Flüchtlingshaus der Caritas, SOS Clearinghaus, Internationales Jugendzentrum, Kroatische katholische Gemeinde, Rumänisch-orthodoxe Kirche, Gemeinschaft der Latinos, Gemeinde der Sikh, Hinduistisches Zentrum, Islamische Gemeinden, Jüdische Gemeinde, Buddhistisches Zentrum, Gemeinschaft der Baha'i, Talk Together, Verein aus Kamerun, Verein aus Serbien, Verein der Kurden „Mezopotamia".

Für die OrganisatorInnen, allen voran Mag. Bernadette Altenburger und Dr. Stephan Djundja, war das Fest eine große Herausforderung, weil es eine durchaus schwierige Aufgabe war, die sehr unterschiedlichen Kulturen auf einen gemeinsamen Platz zu bringen und sie für eine ähnliche Form des gegenseitigen Vorstellens zu gewinnen. Es war die Kunst, Menschen, die in unserem gesellschaftlichen Umfeld wenig mit ihrer eigenen kulturellen Identität in Erscheinung treten, zu motivieren, sich in der Öffentlichkeit zu zeigen. Für die Organisation brachte dies ein ständiges Hin und Her von Ab- und Zusagen mit sich. Die Begegnung wurde vielfach als Fest erlebt. Der Wunsch, so eine kulturelle Begegnung jährlich zu initiieren, belohnt die Mühen der Vorbereitung dieses Festes.

Interreligiöser Besinnungsweg

Im Rahmen des Festes der Kulturen wurde auch ein interreligiöser Besinnungsweg vorgestellt und eröffnet. Dieser besteht aus elf Texten, die im Laufe eines Jahres unter der Projektleitung von Bernadette Altenburger in verschieden zusammengesetzten Arbeitsgruppen erstellt wurden.

Beteiligt waren VertreterInnen des buddhistischen Zentrums, des hinduistischen Zentrums, der jüdischen Gemeinde, der kroatischen Pfarre, der rumänisch-orthodoxen Gemeinde, der Gemeinschaft der Baha'i, des Islam, der bosnisch-islamischen Gemeinschaft und der katholischen Kirche.

Die elf Texte in ihren verschiedenen Übersetzungen geben Zeugnis vom Bemühen, sich im Dialog einer gemeinsamen Basis bewusst zu werden, oder sie zumindest zu suchen.

Sebastian Schneider, Seelsorgeamt

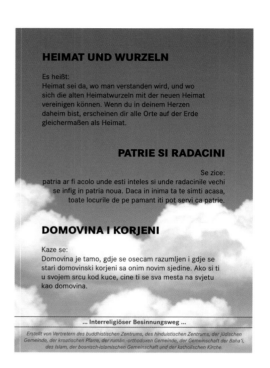

HEIMAT UND WURZELN

Es heißt:
Heimat sei da, wo man verstanden wird, und wo sich die alten Heimatwurzeln mit der neuen Heimat vereinigen können. Wenn du in deinem Herzen daheim bist, erscheinen dir alle Orte auf der Erde gleichermaßen als Heimat.

PATRIE SI RADACINI

Se zice:
patria ar fi acolo unde esti inteles si unde radacinile vechi se infig in patria noua. Daca in inima ta te simti acasa, toate locurile de pe pamant iti pot servi ca patrie.

DOMOVINA I KORJENI

Kaze se:
Domovina je tamo, gdje se osecam razumljen i gdje se stari domovinski korjeni sa onim novim sjedine. Ako si ti u svojem srcu kod kuce, cine ti se sva mesta na svjetu kao domovina.

... Interreligiöser Besinnungsweg ...

Erstellt von Vertretern des buddhistischen Zentrums, des hinduistischen Zentrums, der jüdischen Gemeinde, der kroatischen Pfarre, der rumän.-orthodoxen Gemeinde, der Gemeinschaft der Baha'i, des Islam, der bosnisch-islamischen Gemeinschaft und der katholischen Kirche.

HIMMEL UND ERDE

ER war, ER ist, ER wird sein!
Wirkt jenseits aller Zeit Himmel und Erde.
Die trennender List erlegenen Menschen zu einen,
reichen Güte und Barmherzigkeit uns die Hände:
Engel wirken verborgen, Propheten in unserer Mitte.

Lobpreis sei unser Gruss!

EL CIELO Y LA TIERRA

EL fué, EL es, EL será!
Actua más allá de todo tiempo, cielo y tierra
Uniendo a los hombres suffriendo de separaciones,
Bondad y misericordia nos dan la mano:
Angeles actuan en secreto, profetas en medio de nosotros.

Alabanza sea nuestro saludo!

... Interreligiöser Besinnungsweg ...

Erstellt von Vertretern des buddhistischen Zentrums, des hinduistischen Zentrums, der jüdischen Gemeinde, der kroatischen Pfarre, der rumän.-orthodoxen Gemeinde, der Gemeinschaft der Baha'i, des Islam, der bosnisch-islamischen Gemeinschaft und der katholischen Kirche.

LEBEN UND LEBEN LASSEN

Bedeutet: Toleranz gegenüber den Mitmenschen,
Solidarität mit den Armen

Der Hinduismus ist eine tolerante
Religion, die es jedem Menschen freistellt,
ob er viele Götter, einen Fluss,
einen Berg oder nur zu einen Gott betet.

Wesentlich wichtiger ist der Glaube an
die Seelenwanderung oder Wiederverkörperung,
wobei in dem jeweiligen Leben die
Taten und das Handeln des Menschen, also das Karma,
dafür bestimmt sind, als was die Seele im nächsten
Leben wiedergeboren wird.

ZIVJETI I PUSTITI ZIVJETI:

To znaci: Tolerancija prema ljudima,
solidarnost sa siromasnima

Hinduizam je jedna tolerantna religija,
koja svakom covjeku dopusta vjerovati u mnogo Bogova,
u jednu rijeku, u jedno brdo ili samo u jednog Boga.

Vazna je vjera u reinkarnciju,
prema kojoj djela jednoga zivota,
dakle karma, odlucuju,
kako ce dusa u drugom zivotu biti rodjena.

... Interreligiöser Besinnungsweg ...

Erstellt von Vertretern des buddhistischen Zentrums, des hinduistischen Zentrums, der jüdischen Gemeinde, der kroatischen Pfarre, der rumän.-orthodoxen Gemeinde, der Gemeinschaft der Baha'i, des Islam, der bosnisch-islamischen Gemeinschaft und der katholischen Kirche.

LEID UND TOD

Alles was geboren wurde, leidet und stirbt. Niemand hat sich selbst das Leben gegeben – deshalb soll sich auch niemand selbst das Leben nehmen. Auch hat niemand das Recht, das Leben eines anderen zu zerstören. Nur Gott ist der Herr über das Leben und den Tod.

Zum Leben gehören wesentlich Leid und Tod. Sie lassen die Seele des Menschen für ein „neues Leben in Ewigkeit" reifen. Das Leiden zeigt uns unsere Grenzen. Die Hoffnung auf ein „Leben nach dem Leben" gibt dem Tod einen SINN.

„Gott machte das Leid zum Morgentau auf seiner grünen Au und zum Docht für seine Lampe, die Erde und Himmel erleuchtet." *(Bahai, Baha´u´llah, Brief)*

„Unser Gott ist doch nicht ein Gott der Toten, sondern der Gott der Lebenden." *(Christen, nach Mt 22,32)*

PATNJA I SMRT

Sve rodjeno mora patiti i umrijeti. Nitko si nije svoj zivot sam stvorio - stoga nema nitko pravo zivot uzeti, niti sebi, niti drugima. Samo je BOG gospodar zivota i smrti. Patnja i smrt pripadaju bitno zivotu. Preko njih „sazrijeva" covjek zu „novi zivot u vjecnosti". Patnja nam pokazuje granice. Nada u „zivot iza zivota" daje smrti smisao.

... Interreligiöser Besinnungsweg ...

Erstellt von Vertretern des buddhistischen Zentrums, des hinduistischen Zentrums, der jüdischen Gemeinde, der kroatischen Pfarre, der rumän.-orthodoxen Gemeinde, der Gemeinschaft der Baha'i, des Islam, der bosnisch-islamischen Gemeinschaft und der katholischen Kirche.

LIEBE

Die Liebe ist langmütig, die Liebe ist gütig.
Sie freut sich nicht über das Unrecht,
sondern freut sich an der Wahrheit.
Sie erträgt alles, glaubt alles,
hofft alles, hält allem stand.
Die Liebe hört niemals auf.
Glaube, Hoffnung, Liebe, diese drei;
doch am größten unter ihnen ist die Liebe.

DRAGOSTEA

Dragostea indelung rabda,
Dragostea este binevoitoare
Nu se bucura de nedreptate,
Ci se bucura de adevar
Toate le sufera, Toate le crede,
Toate le nadajduieste, Toate le rabda
Dragostea nu cade niciodata.
Credinta, nadejdea, dragostea
Iar mai mare dintre acestea este dragostea.

AMOR

El amor es paciente
Es servicial; El amor no tiene envidia
No es presumido ni orgulloso;
el amor no se alegra de la injusticia;
se alegra de la verdad.
Todo lo excusa, todo lo cree,
todo lo espera, todo lo tolera.
El amor nunca falla.
Tres cosas hay que permanecen:
La fe, la esperanza y el amor.
Pero la más grande de las tres es el amor.

... Interreligiöser Besinnungsweg ...

Erstellt von Vertretern des buddhistischen Zentrums, des hinduistischen Zentrums, der jüdischen Gemeinde, der kroatischen Pfarre, der rumän.-orthodoxen Gemeinde, der Gemeinschaft der Baha'i, des Islam, der bosnisch-islamischen Gemeinschaft und der katholischen Kirche.

SCHÖPFUNG

Juden und Christen:

„Gott sah, dass es gut war."
(Genesis 1,10)

Christen:

„Betrachtet die Lilien des Feldes ...."
(Matthäus Evangelium 6, 28)

Baha`i - Religion:

Das wunderbare Gesetz der Anziehung, des Einklangs und der Einheit hält diese wundersame Schöpfung zusammen.
(Abdu´l Baha)

Islam:

Wahrlich, dein Herr - Er ist Schöpfer, der Allwissende.
(Koran 15 : 85)

Zen - Buddhismus (Haiku):

Wunderbarer Mond!
Doch die Vogelscheuche steht unbeteiligt da!
(Issa)

... Interreligiöser Besinnungsweg ...

Erstellt von Vertretern des buddhistischen Zentrums, des hinduistischen Zentrums, der jüdischen Gemeinde, der kroatischen Pfarre, der rumän.-orthodoxen Gemeinde, der Gemeinschaft der Baha'i, des Islam, der bosnisch-islamischen Gemeinschaft und der katholischen Kirche.

SINN DES LEBENS

Der Sinn des Lebens besteht darin, die Seele für das künftige Leben vorzubereiten. Das Leben in dieser Welt ist eine Folge von Prüfungen und Erfolgen, von Versagen und neuem geistigen Fortschritt. Manchmal erscheint der Weg sehr schwierig, aber man kann immer wieder erleben, dass eine Seele, die standhaft dem wahren Gesetze Gottes gehorcht, geistig wächst ...

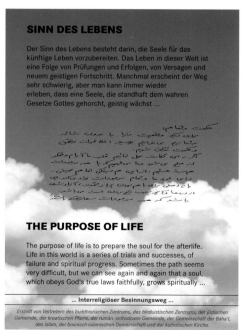

THE PURPOSE OF LIFE

The purpose of life is to prepare the soul for the afterlife. Life in this world is a series of trials and successes, of failure and spiritual progress. Sometimes the path seems very difficult, but we can see again and again that a soul, which obeys God's true laws faithfully, grows spiritually ...

... Interreligiöser Besinnungsweg ...

Erstellt von Vertretern des buddhistischen Zentrums, des hinduistischen Zentrums, der jüdischen Gemeinde, der kroatischen Pfarre, der rumän.-orthodoxen Gemeinde, der Gemeinschaft der Baha'i, des Islam, der bosnisch-islamischen Gemeinschaft und der katholischen Kirche.

TAG DER RUHE

Judentum - Sabbat

Sechs Tage kannst du arbeiten und all deine Werke verrichten,
aber der siebente Tag ist Feiertag, der Sabbat, dem Ewigen,
deinem Gott gewidmet.
Knechte, Mägde und auch dein Vieh sollen ruhen.
Denn in sechs Tagen hat der Ewige Himmel und Erde und
alles, was darin wohnt, gemacht, er hat am siebenten Tag
geruht und den Sabbat gesegnet und geheiligt.
(aus Ex XX/8-11)

Christentum - Sonntag

Das Sabbatgebot haben die Christen als Feier des Sonntags,
als den Tag der Auferstehung Jesu Christi übernommen.

Der Sonntag ermöglicht den Menschen inne zu halten
und Ruhe zu finden.
Arbeit und Ruhe gehören zusammen
und ergeben einen Lebensrhythmus.

Sonntag – Zeit für Gemeinschaft
Sonntag – Zeit zur Feier in Gemeinschaft
Sonntag – Zeit zur Feier des Glaubens an Jesu
Tod und Auferstehung
Sonntag – Zeichen für ein Leben in Fülle

... Interreligiöser Besinnungsweg ...

*Erstellt von Vertretern des buddhistischen Zentrums, des hinduistischen Zentrums, der jüdischen
Gemeinde, der kroatischen Pfarre, der rumän.-orthodoxen Gemeinde, der Gemeinschaft der Baha'i,
des Islam, der bosnisch-islamischen Gemeinschaft und der katholischen Kirche.*

WEGE UND KREUZUNGEN

Es gibt auf dieser Welt so viele Wege,
wie es Menschen gibt.
Jeder Mensch muss seinen Weg gehen.
Geht er ihn nicht, bleibt er unbegangen.
Wege geben die Richtung an, und führen zum Ziel.
Wege laden zum Gehen ein.

CAI SI RASCRUCI

In aceasta lume exista atatea cai,
cati oameni sunt.
Fiecare om trebuie sa-si urmeze calea.
Nu si-o urmeaza, no o urmeaza nimeni.
Caile arata directia si conduc la tinta.
Caile te invita sa le urmezi.

... Interreligiöser Besinnungsweg ...

*Erstellt von Vertretern des buddhistischen Zentrums, des hinduistischen Zentrums, der jüdischen
Gemeinde, der kroatischen Pfarre, der rumän.-orthodoxen Gemeinde, der Gemeinschaft der Baha'i,
des Islam, der bosnisch-islamischen Gemeinschaft und der katholischen Kirche.*

WEISHEIT

Zur ungetrübten Erkenntnis, wie die Welt wirklich ist,
gelangen wir durch sittliches Verhalten,
Meditation und Weisheit.
Üben wir dies – dann wird unser Herz ruhig und friedvoll
sein und wir verstehen dass wir mit allen Wesen
verbunden sind. Aus dieser Gemeinsamkeit erwächst
das tiefe Mitgefühl für uns selbst und alle Wesen.
Dies ist die Grundlage für ein liebevolles Miteinander,
frei von Leid und den Ursachen des Leidens.
Mögen alle Wesen glücklich sein!

... Interreligiöser Besinnungsweg ...

*Erstellt von Vertretern des buddhistischen Zentrums, des hinduistischen Zentrums, der jüdischen
Gemeinde, der kroatischen Pfarre, der rumän.-orthodoxen Gemeinde, der Gemeinschaft der Baha'i,
des Islam, der bosnisch-islamischen Gemeinschaft und der katholischen Kirche.*

FRIEDE

Der Friede ist das größte Geschenk auf Erden, das uns
vom Gott gegeben wurde. Geben wir daher der Toleranz
und Zusammenleben eine Chance. Lasst uns in göttlicher
Liebe leben – letztendlich sind wir alle Geschöpfe
unseres Herren.
Alle haben das Recht auf ein friedliches Leben - Grosse
und Kleine, Alte und Junge, Arme und Reiche. Sichern wir
unseren Kindern ein Leben in Frieden und eine schöne
Zukunft. Wir sind alle nur Gäste auf diesem Planeten und
als solche sollen wir uns benehmen.

BARIS

Baris Allahin Yeryezünde yasiyan bütün
Canlilara en büyük ikramadir.
Allahin bu ikramindan dolayi birlikte huzur
icinde yasamaya sans verelim
ve Toleransli olalim.
Allahin sevgisiyle yasiyalim, cünkü
hepimiz allahin kuluyuz.
Yasli, genc, kücük, büyük, fakir zengin herkesin
baris ve huzur icinde yasamaya hakki vardir.
Cocuklarimiza baris icinde güzel bir gelecek birakalim.
Sonucta hepimiz bu dünyada misafiriz zamani geldiginde
göcecegiz bu dünyadan.

... Interreligiöser Besinnungsweg ...

*Erstellt von Vertretern des buddhistischen Zentrums, des hinduistischen Zentrums, der jüdischen
Gemeinde, der kroatischen Pfarre, der rumän.-orthodoxen Gemeinde, der Gemeinschaft der Baha'i,
des Islam, der bosnisch-islamischen Gemeinschaft und der katholischen Kirche.*

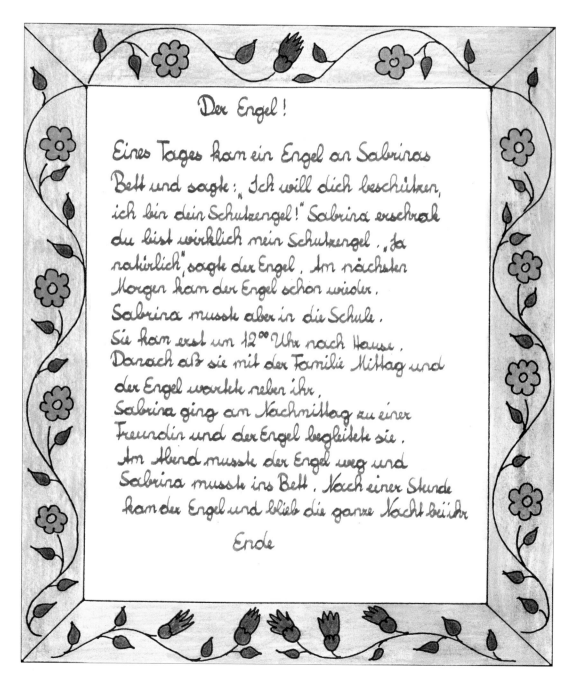

Der Engel!

Eines Tages kam ein Engel an Sabrinas Bett und sagte: „Ich will dich beschützen, ich bin dein Schutzengel!" Sabrina erschrak du bist wirklich mein Schutzengel. „Ja natürlich", sagte der Engel. Am nächsten Morgen kam der Engel schon wieder. Sabrina musste aber in die Schule. Sie kam erst um 12⁰⁰ Uhr nach Hause. Danach aß sie mit der Familie Mittag und der Engel wartete neben ihr. Sabrina ging am Nachmittag zu einer Freundin und der Engel begleitete sie. Am Abend musste der Engel weg und Sabrina musste ins Bett. Nach einer Stunde kam der Engel und blieb die ganze Nacht bei ihr.

Ende

Magdalena, Volksschule Schwarzstraße

zukunftsfähig!

Salzburg und globale Perspektiven. Verleihung des Förderpreises für soziale und sozialpolitische Initiativen.

Entscheidend für die Glaubwürdigkeit des Christseins ist die soziale Dimension. Durch das große Engagement verschiedenster Menschen werden neue hilfreiche Projekte ins Leben gerufen, die das Zusammenleben fördern und erleichtern.

Der Sozialwort-Förderpreis

2003 veröffentlichten die 14 im ökumenischen Rat vertretenen christlichen Kirchen Österreichs ihre Stellungnahme zur sozialen Situation und den damit verbundenen Herausforderungen. Das „Ökumenische Sozialwort" basierte dabei auf der Reflexion konkreter sozialer Praxis in den Kirchen.

Angeregt durch diesen Gedanken wurde 2004 von Seelsorgeamt, Caritas und Katholischer Aktion erstmals der Sozialwort-Förderpreis ausgeschrieben. Es ist die Absicht dieses Preises, einen Erfahrungsaustausch anzuregen, innovative und exemplarische Projekte unabhängig von ihrer Kirchennähe bekannt zu machen und den Kontakt zwischen solchen Initiativen zu fördern. Dabei geht es um die „kleine aber feine", alltägliche, nachvollziehbare Praxis.

Die Ausschreibung 2005 bezog sich im Rahmen des Offenen Himmels auf das Kapitel 4 des Sozialwortes, „Lebensräume: Wandel und Gestaltung – Lebensraum Stadt".

Sozialwort-Förderpreis 2005 – Stellungnahme der Jury

Jurymitglieder: Dr. Bernhard Hittenberger (Land Salzburg, Sozialmedizinischer Dienst), Mag. Renate Böhm (AK Salzburg, Lebens- und Arbeitswelt), Anton Weidinger (Sozialamtsleiter i. P.), Diakon Markus Sellner (Evang. Pfarrgemeinde Christuskirche) sowie durch schriftliche Stellungnahme P. Alois Riedelsperger SJ (Katholische Sozialakademie, Mitinitiator des Ökumenischen Sozialwortes).

Die Mitglieder der Jury möchten eingangs allen, die ein Projekt eingereicht haben, für ihren sozialen Einsatz Dank sagen und großen Respekt vor ihrem Engagement zum Ausdruck bringen. Alle eingereichten Projekte verdienen lobende Erwähnung.

- Erarbeitung eines Integrationskonzeptes für die Stadt Salzburg (Plattform für Menschenrechte, Maria Sojer-Stani)
- Veranstaltungsreihe „Solidarität" (Katholische Hochschuljugend Salzburg)
- Lieferinger Stadtteil-Homepage (Redaktion im Mesnerhaus)
- Sozialstammtisch (Kirche und Arbeitswelt, Elfriede Quehenberger)
- Frauencafe im ABZ (Hilde Schneidertauer)
- ALSO Altensorge (Katharina Slawicek)
- Christ am Arbeitsplatz (Beate Fürstauer)
- Lieferinger Kultur-Wanderweg (Verein Stadtteilmuseum Liefering, Werner Hölzl)

Eine Fördersumme von jeweils € 300,– wurde folgenden Projekten zugesprochen:

- Deutschkurs für fremdsprachige Frauen (Bewohnerservice Aigen, Talin Steinhofer, Elke-Marie Calic).

Die Jury ist beeindruckt vom persönlichen Engagement der beiden Kursleiterinnen auf diesem schwierigen Arbeitsfeld. Die Deutschkenntnisse, welche die Teilnehmerinnen dabei erlangen, eröffnen eine Fülle von Möglichkeiten zur Integration. Hier wird konkrete, direkte Hilfe geleistet, deren Nachhaltigkeit kaum hoch genug eingeschätzt werden kann.

- Cafe der Kulturen (Kirche und Arbeitswelt, ABZ, Plattform für Menschenrechte, Maria Sojer-Stani, Maria Wimmer).

Auch hier geht es um ein schwieriges Thema mit einer – wie zu erwarten ist – immer noch wachsenden Zielgruppe. Organisator/innen wie Teilnehmer/innen sind persönlich gefordert sich einzulassen, sich selbst einzubringen und zwar nicht nur einmalig sondern öfter. Auch hier sieht die Jury die Chance zur nachhaltigen Wirkung, da alle Teilnehmer/innen nach positiver Erledigung ihres Asylverfahrens für den weiteren Prozess ihrer Integration auf gewonnene Kontakte und bekannte Gesichter zurückgreifen können.

■ ArMut teilen (Pastoralassistent Max Luger)

Die Jury erachtet es als einen zukunftsträchtigen Ansatz, die Anonymität von Spender und Empfänger von Hilfeleistungen zu durchbrechen. Von beiden wird ein gewisses Bekennen verlangt: Ja, ich habe genug, ich kann etwas geben. – Ja, ich brauche Unterstützung. Es entsteht ein persönlicher Bezug, es wird möglich, nachhaltig Beziehungen aufzubauen.

■ Integriertes Wohnen (Arbeitskreis Pfarre Gneis, Mag. Maria Hausmaninger)

Mit dem integrierten Wohnprojekt ist es der Arbeitsgruppe der Pfarre Gneis gelungen, gewohnte Vergabemuster bei geförderten Mietwohnungen zu durchbrechen. Anstelle einer Ghettobildung durch die Vergabe an Personen mit sehr ähnlichen Lebensumständen wurde hier auf mutige Weise versucht, so verschiedene Personen wie möglich miteinander in eine Nachbarschaft zu bringen. Dies umfasst selbstverständlich auch eine Wohneinheit für Flüchtlinge. Die Bewohner/innen sind herausgefordert, sich gegenseitig zu unterstützen. Ein beispielhaftes Projekt für das Wohnen in der Stadt.

■ Vinzibus (Vinzenzgemeinschaft Salzburg, Frau Gertraud Scheichl)

erhält den Sonderpreis der Trägerorganisationen für die bewährte und zuverlässig geleistete Minimalversorgung von Obdachlosen, in deren Vorbereitung viele Menschen auf einfache Weise einbezogen werden.

Zusammenfassung: Wolfgang Müller

Laudatio
anlässlich der Verleihung

Das soziale Leben in dieser Stadt ist darauf angewiesen, dass Menschen hinschauen, sich persönlich herausgefordert wissen, sich entschließen, etwas gegen einen Missstand oder für ein Ziel zu tun, andere zu motivieren und Zeit und Energie zu investieren. Auch in Zeiten durchgehend hoher Professionalität ist dieser persönliche Aspekt unverzichtbar. Denn was zählt, ist der Mensch. Und Menschen, Personen sind nie nur als Teil von Systemen zu behandeln.

Soziale Systeme und Wohlfahrtseinrichtungen können noch so gut sein; sie brauchen immer die Ergänzung durch wache, aufgeschlossene und engagierte Bürgerinnen und Bürger:

■ damit Menschen Heimat finden in der Sprache ihres neuen Wohnortes wie im neuen Stadtteil,

■ damit sie Wertschätzung erfahren in der Kultur ihrer Herkunft oder als Menschen ohne bürgerliches Einkommen

■ und damit sie schließlich ein Gesicht bekommen, nicht nur als Faktoren der Armuts- oder Ausländerstatistik, sondern als Menschen wie wir.

Auf einem der Bibeltransparente ist zu lesen: „Liebe deinen Nächsten, er ist wie du". Als Christen und Christinnen wissen wir, warum wir es tun. Schlicht und einfach: um Gottes und der Menschen willen – um der Menschen und um Gottes willen. Dafür braucht es beherzte Menschen, und dass es diese gibt, dies will der „Sozialwort-Förderpreis" auszeichnen.

Gewiss, und das muss auch gesagt werden: Menschen, engagierte, beherzte Menschen ersetzen keinesfalls das staatliche Sozialsystem. Beide Aspekte ergänzen einander. Es braucht das flächendeckende soziale Netz, wie es auch die menschliche Zuwendung, die persönliche Betroffenheit und das Engagement der engagierten Einzelpersonen und Gruppen braucht.

Soziale Sicherheit ist sozial gerechter Ausgleich, ein wesentlicher Aspekt einer nachhaltigen Entwicklung. Nachhaltig und damit zukunftsfähig sind nur Entwicklungen, die sozial gerecht, wirtschaftlich sinnvoll, ökologisch verträglich sowie menschengemäß und menschenfreundlich sind. Dieser soziale Aspekt der Nachhaltigkeit ist scheinbar noch nicht sehr stark in unseren Köpfen verankert.

Wer Wirtschaft gegen die Interessen der Menschen oder die Erfordernisse des Naturhaushalts machen möchte, ist langfristig ebenso am Holzweg wie jemand, der Naturschutz gegen die Menschen durchsetzen wollte oder ein Sozialsystem erhalten will, das sich ökonomisch nicht trägt. Es ist eine große Herausforderung, Wirtschaft, Ökologie und Ökonomie als unverzichtbare Bausteine eines Systems zu betrachten und nicht gegenseitig als Feindbilder zu brandmarken. Integration ist die Herausforderung der Zeit, in mehrfacher Weise, auch die Integration der drei Nachhaltigkeitssäulen Ökologie, Ökonomie und Soziales.

Es gelingt bei vielen Prozessen der Lokalen Agenda, der Gemeinde- und Stadtteilentwicklung immer wieder in ausgezeichneter Weise, dass Menschen sich zusammensetzen, um mit ihren ganz persönlichen Anliegen tragfähige und innovative Leitbilder zu finden, Zukunftsperspektiven zu entwerfen und Entscheidungen vorzubereiten. Im Übrigen hat Salzburg bei dieser Entwicklung – wie mir scheint – durchaus noch Entwicklungspotenzial.

Die Agenda 21 der Vereinten Nationen ist ein Prozess, der alle politischen Ebenen erfassen muss, von der UNO über die Staaten bis zu den Gemeinden und Stadtteilen. Nur so ist die Herausforderung eines Umbaus unserer Lebens- und Wirtschaftsweise hin zu nachhaltigen Prozessen denkbar. Die Zeichen sind hoffnungsvoll: von der Bürgerbeteiligung auf kommunaler Ebene bis zur Rolle der NGOs auf globaler Ebene.

Die Erfahrung zeigt durchgängig, dass die Menschen neue Qualitäten entwickeln, wenn sie sich der Herausforderung einer nachhaltigen Entwicklung stellen: Bürger und Bürgerinnen nehmen die Entwicklung selbst in die Hand, übernehmen Verantwortung, ziehen Projekte durch, lernen mit Rückschlägen umzugehen und langfristige und so genannte „weiche" Faktoren zu berücksichtigen.

Genau das haben die Betreiberinnen und Betreiber der für den Sozialwort-Förderpreis eingereichten Projekte auch gemacht. So gesehen werden hier kleine Schritte in Richtung nachhaltiger Entwicklung gesetzt, die es wert sind, vor den Vorhang geholt zu werden. Christen und Christinnen von Salzburg werden das ihre gerne dazu beitragen – damit der Himmel über Salzburg offen bleibt.

Alois Kothgasser, Erzbischof

Was ist der Global Marshall Plan?

Einige aktuelle Zahlen zur Situation auf unserem Globus:

1,5 Mrd. Menschen mit weniger als 1 US$/Tag
2,8 Mrd. Menschen mit weniger als 2 US$/Tag
24.000 Menschen verhungern jeden Tag
547.500 Mrd. US$/Jahr Weltfinanztransaktionen
36.400 Mrd. US$/Jahr Welt-Bruttosozialprodukt
950 Mrd. US$/Jahr Militärausgaben
300 Mrd. US$ Vermögenszuwachs der Milliardäre 2004
116 Mrd. US$/Jahr Zinsflüsse Süd nach Nord
78 Mrd. US$/Jahr Entwicklungshilfe

Der Global Marshall Plan hat als Ziel eine „Welt in Balance". Dies erfordert eine bessere Gestaltung der Globalisierung und der weltökonomischen Prozesse: eine weltweite Ökosoziale Marktwirtschaft. Es geht um einen besseren weltweiten Ordnungsrahmen, eine nachhaltige Entwicklung, die Überwindung der Armut, den Schutz der Umwelt, Gerechtigkeit und in der Folge ein neues Weltwirtschaftswunder.

Der Global Marshall Plan umfasst insbesondere die folgenden fünf Kernziele:

- Durchsetzung der weltweit vereinbarten Millenniumsziele der Vereinten Nationen bis zum Jahr 2015
- Aufbringung der zur Erreichung der Millenniumsziele zusätzlich erforderlichen 100 Mrd. US$ jährlich zur Förderung weltweiter Entwicklung
- Faire und wettbewerbsneutrale Aufbringung der benötigten Mittel auch über Belastung globaler Transaktionen
- Schrittweise Realisierung einer weltweiten Ökosozialen Marktwirtschaft durch Etablierung eines besseren Ordnungsrahmens der Weltökonomie z. B. über eine Verknüpfung etablierter Regelwerke und vereinbarter Standards für Wirtschaft, Umwelt und Soziales (WTO, UNEP und ILO-Kernstandards)
- Neuartige Formen basisorientierter Mittelverwendung bei gleichzeitiger Bekämpfung von Korruption

Warum brauchen wir einen Global Marshall Plan?

Weil die weltweiten Verhältnisse ein Skandal sind und die heutigen Globalisierungsbedingungen das Gegenteil von dem bewirken, was ständig mit blumigen Worten gefordert wird. Armutssituation, Nord-Süd-Verteilungsfragen, Migration, Terror, Kriege, kulturelle Konflikte und Umweltkatastrophen sind Probleme, die unter den Bedingungen einer weitgehend ungeregelten Globalisierung weder national noch international gelöst werden können. Wir brauchen stattdessen ein verbessertes und verbindliches globales Rahmenwerk für die Weltwirtschaft, das die ökonomischen Prozesse mit Umwelt, Gesellschaft und Kultur in Einklang bringt.

Millenniumsentwicklungsziele und weltweite Ökosoziale Marktwirtschaft

Der Global Marshall Plan betrachtet die Erreichung der Millenniumsentwicklungsziele der Vereinten Nationen aus dem Jahr 2000, die von 191 Staaten unterzeichnet wurden, als einen wichtigen ersten Schritt. Bis zum Jahr 2015 sollen also die folgenden Ziele erreicht werden:

Die Millenniumsentwicklungsziele

1. Extreme Armut und Hunger beseitigen
2. Grundschulbildung für alle Kinder gewährleisten
3. Gleichstellung der Frauen fördern
4. Kindersterblichkeit senken
5. Gesundheit der Mütter verbessern
6. HIV/Aids, Malaria und andere Krankheiten bekämpfen
7. Ökologische Nachhaltigkeit gewährleisten
8. Eine globale Partnerschaft für Entwicklung

Zur Schaffung einer Welt in Balance wird eine weltweite Ökosoziale Marktwirtschaft mit weltweit verbindlichen sozialen, ökologischen und kulturellen Standards angestrebt. Der Global Marshall Plan kombiniert eine funktionsfähige und kohärente Global Governance Struktur, geeignete Reformen und eine intelligente Kopplung von UN-, WTO-, IWF-, Weltbank- sowie ILO- und UNEP-Regelwerken mit der Aufbringung von zusätzlich 100 Mrd. US$ pro Jahr für die Co-Finanzierung von Entwicklung. Als konzeptionelles Modell für die Verknüpfung von Co-Finanzierung mit der Einhaltung von ökosozialen Standards dienen die EU-Erweiterungsprozesse, die aber eine bessere finanzielle Ausstattung erfordern, als dies in der aktuellen Erweiterungsrunde der Fall ist.

Finanzierung

Neben der Herstellung fairer Wettbewerbsbedingungen im Agrarsektor, der Etablierung einer besseren Zusammenarbeit zwischen Nord und Süd in diesem Bereich sowie vernünftigen Methoden der Entschuldung finanziell armer und ärmster Länder setzt der Global Marshall Plan auf neue Finanzierungsquellen, die sich aus globalen Wertschöpfungsprozessen speisen und somit weder die nationalen Haushalte belasten noch Wettbewerbsverzerrungen verursachen. Mögliche Finanzierungsmechanismen sind eine Terra-Abgabe auf den Welthandel, eine Abgabe auf Welt-Finanztransaktionen, der Handel mit pro-Kopf gleichen CO_2-Emissionsrechten, eine Kerosinsteuer oder Sonderziehungsrechte beim Internationalen Währungsfonds.

Mittelverwendung

Ein effektiver Mitteleinsatz für selbstbestimmte Entwicklungswege ist der vielleicht schwierigste Aspekt eines Global Marshall Plans. Konkrete Beispiele sind Mikrofinanzierung, erneuerbare Energien oder die Zusammenarbeit mit einheimischen Entwicklungshelfern.

In Salzburg referiert von Frithjof Finkbeiner, geboren 1962, Wirtschaftswissenschaftler, Unternehmer, gründete 2002 die Global Contract Foundation Stiftung Weltvertrag und 2003 die Global Marshall Plan Foundation. Die Global Marshall Plan Initiative steuert er als organisatorischer Koordinator, stellvertretender Vorsitzender der deutschen Gesellschaft des Club of Rome.

Grenzerfahrung Leben

Leben am Limit: Salzburger Prominente diskutieren
mit Randgruppen.

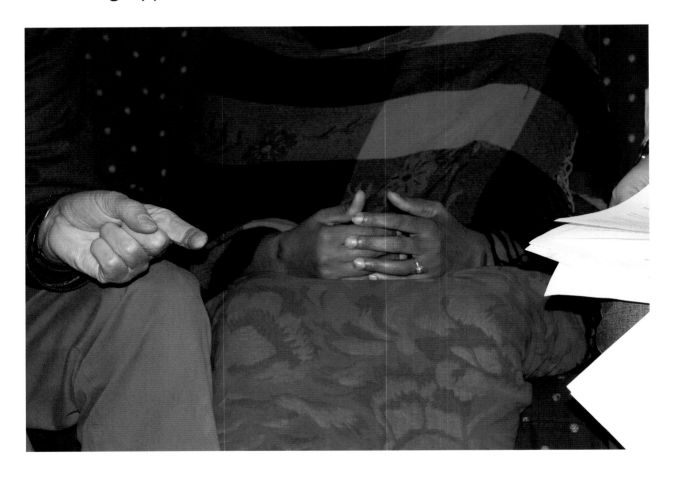

Eine ungewöhnliche Gesprächsrunde stand am
Mozartplatz unter der Leitung der Caritas auf dem
Programm. Prominente SalzburgerInnen diskutierten
mit KlientInnen der Sozialberatung über die Möglichkeiten, Rahmenbedingungen für ein besseres Über-
leben zu gestalten.

Das Leben – manchmal ein „Wurschtlwerk"

Herr K. ist einer der Diskutanten – und seine Biographie hat eigentlich nichts anderes zugelassen als ein Scheitern. Herr K. ist heute erst 40, aber seine Bilanz an Unglück würde manchem reichen für ein ganzes Leben. Geglückt war in Herrn K's Leben nicht einmal der Start. Von Familie zu Familie wurde das Pflegekind herumgereicht und bald hat der Bub das dringende Bedürfnis entwickelt „jemand zu sein", eine Identität zu finden, abseits seiner trostlosen Herkunft. Die Musikkapelle in seinem Pongauer Heimatort kam ihm da gerade recht, und auch der Alkohol, mit dem er sich in eine Welt hineinträumte, die so gar nichts mehr mit seiner Wirklichkeit zu tun hatte. Die Lehre als Maurer schaffte er gerade noch, aber mit seiner Volljährigkeit endeten die Versuche der Jugendwohlfahrt, das Leben des Burschen in gerade Bahnen zu lenken abrupt. Herr K. versuchte es allein, startete verzweifelte Versuche, so zu leben wie alle anderen, mit dem Strom mit zu schwimmen, aber er ist dennoch immer wieder abgetrieben worden. „Es hat nicht gut gehen können", weiß er heute, die Beziehung zu einer Frau – ein Heimkind auch sie – auf die er so vieles gesetzt und doch wieder nur verloren hatte. Kraftlos schlitterten die beiden hin und her auf dem Minenfeld der Beziehung, das Kind, das den beiden Halt hätte geben sollen, hat das Scheitern nur beschleunigt.

Heute ist Herr K. zu 70 Prozent invalid – ein Unfall hat die ohnehin angeschlagene Gesundheit gekostet –, aber nach schmerzhaften Entzügen und noch schlimmeren Rückfällen ist er wieder „trocken". Er lebt von 300 Euro Sozialhilfe pro Monat, das Metall in seinen zusammengeschraubten Beinen schmerzt, aber er sagt, „mir geht es so gut wie schon lange nicht mehr – ich habe immerhin ein Dach über dem Kopf".

Die 300 Euro reichen vorne und hinten nicht, da kann er sich noch so bemühen und einen weiten Bogen um die Wirtshäuser machen. Rechtzeitig zum 15. fängt Monat für Monat das an, was er „Wurschtlwerk" nennt. „Ich kann", gesteht er seine Defizite ein, „nicht billig kochen", aber der Würstelstand ist einfach nicht mehr drinnen nach der Monatsmitte, geschweige denn der Selbstbehalt, den er für seine orthopädischen Schuheinlagen braucht. Dann wird er wieder vorstellig bei der Caritas, bettelt sich die Rezeptgebühr zusammen und manchmal einen Blumenstock aus der Aktion, denn „meine Wohnung ist mir wichtig, die soll schön sein". Für das Gespräch mit den PolitikerInnen hat er sich angemeldet, denn „sie sollen aus erster Hand erfahren, wie es sich so lebt am Rand der Gesellschaft". Und eine Bitte möchte Herr K. auch noch anbringen: „Mir haben in meinem Leben schon viele geholfen, Sozialvereine, die Caritas – die Damen und Herren Politiker sollen nicht immer von Kürzungen im Sozialen reden."

Gertraud Katzlberger

Freizeit schenken

Information und Entlastung für pflegende Angehörige. Zu einem Großteil wird diese oft schwierige Aufgabe von Frauen geleistet.

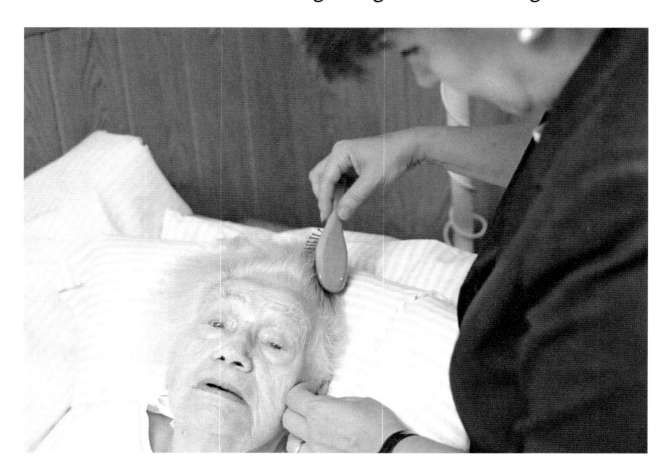

Mehr als 80 Prozent der pflegebedürftigen Menschen in Österreich werden zu Hause durch Angehörige gepflegt. Die Caritas möchte es durch ihr Projekt Angehörigen ermöglichen Freizeit in Anspruch zu nehmen – mit dem Wissen, dass ihr Patient gut versorgt ist.

Eine pflegende Angehörige berichtet: „Alle fragen, wie es meinem Mann geht, will denn niemand wissen, wie es mir geht?" „Wie geht es IHNEN Frau M.?"

Ängstliche Augen nehmen mit mir Kontakt auf, ein unsicherer Blick, und dann Tränen. „Ich habe seit einem Monat keine Nacht durchgeschlafen! Ich fühle mich so alleine gelassen in allem!"
„Manchmal bin ich so wütend auf meinen Mann! Und dann schäme ich mich, weil es ihm doch selbst so schlecht geht!"
„Warum ist uns das passiert? Gerade als wir endlich Zeit gehabt hätten, unser Leben zu genießen!"
„Wie lange wird das alles noch dauern?"
Frau M. steht vor mir, den Blick betreten auf den Boden gerichtet, beschämt über diese plötzlich an die Oberfläche getretene Emotionalität.

Vor fünf Jahren hatte Herr M. einen schweren Schlaganfall, genau einen Monat, nachdem er seine Pension angetreten hatte. Herr M. ist seither halbseitig gelähmt, er kann kaum sprechen, er hat Probleme beim Schlucken, er kann sich allein nicht waschen, auch nicht anziehen, er kann allein nicht aus dem Bett oder auf die Toilette. Zudem hat er aufgehört, irgendetwas positiv an diesem Leben zu sehen, dieses Leben hat ihn maßlos enttäuscht.
Herr M. ist einer von vielen Menschen, der von einem nahen Angehörigen gepflegt wird.

Einen Angehörigen zu pflegen, bedeutet immer eine Konfrontation mit seinen physischen und psychischen Grenzen. Pflegende Angehörige begegnen Gefühlen von Hilflosigkeit und Trauer gegenüber dem Leid, körperlicher Überforderung durch Heben und Tragen, persönlicher Überforderung durch den Verlust von Freizeit und sozialen Kontakten. Als besonders belastend wird die Unabsehbarkeit des Endes der Pflegesituation erlebt. Nicht zu wissen, wie lange diese Pflege dauern und wie sie sich entwickeln wird, macht Angst. Gleichzeitig trifft diese Angst auf den Wunsch des Pflegenden, der Angehörige möge noch lange leben, und schafft Schuldgefühle.

Diese Angst ist jedoch absolut berechtigt, ein ganzer Lebensabschnitt kann von der Pflege betroffen sein; so pflegen immerhin 20 Prozent der Angehörigen mehr als 10 Jahre.

Im Rahmen des Projekts der Caritas konnten Angehörige von Tumor- und Wachkomapatienten geschenkte Zeit in Anspruch nehmen, z. B. um einmal in Ruhe einkaufen zu können oder einen Besuch beim Friseur mit gutem Gewissen zu genießen oder bei einem lang ersehnten Urlaub Kräfte aufzutanken. Erschütternd war für MitarbeiterInnen der Caritas die zum Teil im häuslichen Bereich vorherrschende Unwissenheit über zur Verfügung stehende Hilfsmittel. Hier weiterzuarbeiten, zu informieren und Geldquellen zu erschließen ist eine Aufgabe, die weit über das Projekt hinausreicht.

Susanne Rasinger, Stadtpastoralreferentin,
Seelsorgeamt

Himmel teilen und mehr

Auf Sympathie sind wir mit den Ideen der Aktion u. a. bei Mag. Inga Horny vom Salzburger Altstadtmarketing gestoßen.

Es war uns ein Anliegen, auch die Geschäfte zumindest in der Altstadt mit dem Offenen Himmel in Verbindung zu bringen. Zu diesem Zweck hatten wir Engel zur Schaufensterdekoration und Bibelsprüche als Fensterkleber im Angebot.

Himmel teilen

Das komplexeste Projekt dabei stand aber unter dem Titel „Himmel teilen". Wir haben LehrerInnen dazu angeregt, mit ihren SchülerInnen verschiedenste Engelsfiguren zu basteln und Geschichten dazu zu schreiben. Ganz wunderbare Produkte haben wir u. a. aus Taxham, Oberndorf, der VS Schwarzstraße, ... und auch aus dem Tiroler Teil unserer Erzdiözese, nämlich aus Kufstein, Steinberg am Rofan und Going erhalten.

Die Figuren wurden dann über das Altstadtmarketing den Innenstadtgeschäften als Schaufensterdekoration angeboten und sollten für soziale Projekte zum Verkauf kommen. Ca. 30 Geschäfte haben mitgemacht, wobei die Firma Salamander an der Staatsbrücke besonders hervorzuheben ist, die in ihren Schaufenstern über 50 kleinen Engeln Quartier geboten hat.

Eine Überraschung lieferten uns die Heilstättenklassen im Kinderspital Schwarzach, die uns in Zusammenarbeit mit Elisabeth Unterluggauer vom Kunsttreffpunkt Goldegg neun wunderbare Figuren in der Höhe von ca. jeweils einem Meter schickten. Die Religionslehrerin Maria Griessmayer sammelte dazu u. a. die folgenden beiden Aussagen:
Ein Engel ist wichtig. Er kann beschützen und begleiten. Einen Engel stelle ich mir meistens mit weißen Kleidern, weißen Flügeln und einem gelb leuchtenden Heiligenschein vor. Man sagt, dass sie Boten sind ... Moritz, 11 Jahre

Ich sehe in meiner besten Freundin einen richtigen Engel. Sie ist für mich da, wenn ich sie brauche. Sie ist für mich das Licht in einer dunklen Zeit. Meine Freundin ist auch ein Engel, weil wir einfach Spaß miteinander haben ... Eva 14 Jahre

Auch die Engel aus Schwarzach fanden vorübergehend Quartier in Geschäften – hier ist vor allem die nette Aufnahme durch die Damen der Firma Augarten auf dem Alten Markt zu erwähnen. Aber es war schnell klar: Hier muss eine Versteigerung stattfinden.

Frau Viola Pöschl hat sich als Auktionatorin ehrenamtlich zur Verfügung gestellt und sich auch redlich gemüht, sodass trotz eher dünnem Besuch mehrere hundert Euro zusammengekommen sind.

Das eingenommene Geld wird an folgende Projekte verteilt:

- Aktion Leben Salzburg
  zur Unterstützung von Schwangeren in schwierigen Situationen
- Kinderhilfe Schwarzach
  zur Unterstützung von Kindern mit schweren Erkrankungen
- Prochorus Stellenbosch/Südafrika
  zur Unterstützung eine Aids-Hilfe-Projektes

Himmels-CD

Im Rahmen des Offenen Himmels haben die Salzburger LiedermacherInnen Edith Meixner, Elisabeth Escher und Rudi Tinsobin eine CD mit drei Himmelsliedern aufgenommen. Auch die Spenden für diese CD werden auf die genannten Projekte verteilt.

Wolfgang Müller, Projektleiter

Gastfreundschaft

Menschliche Begegnungen müssen gepflegt werden.
Ein freundschaftliches Gespräch am gedeckten Tisch wirkt labend.

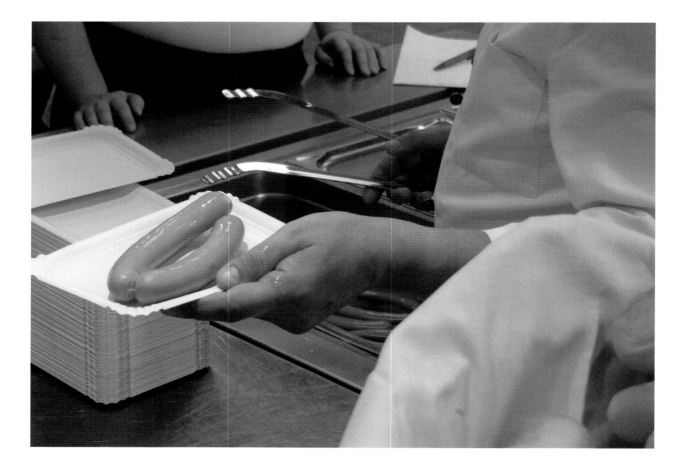

Jesus vergegenwärtigt sich im eucharistischen Mahl und lädt zur feierlichen Gemeinschaft ein. Wir Menschen können Begegnungsräume gestalten, in denen wir mit anderen gemeinsam essen, trinken und kommunizieren. So begegnen wir vielleicht Gott im menschlichen Gegenüber.

Tag der Gastfreundschaft

Gastfreundschaft – biblisch

Alle Völker des Orients, natürlich auch Israel, halten die Gastfreundschaft als heilige Pflicht ein. Als Abraham von drei unbekannten Männern besucht wird, ist es selbstverständlich, dass er als Gastgeber und Sara als Gastgeberin auftreten. Ohne es zu wissen, beherbergen sie damit Engel Gottes und erhalten in der Folge eine göttliche Zusage für eigene Nachkommenschaft.

Im Neuen Testament nehmen Marta und Maria Jesus und seine Gefolgschaft gerne und wiederholt in ihrem Haus gastlich auf: dem Gast werden die Füße gewaschen, er wird bewirtet und er kann unter dem Schutz des Hauses ruhen und schlafen. Diese heilige Pflicht versteht sich aus der Exoduserfahrung des Alten Testaments: Gott befreit und Gott sorgt für das Nötigste, also auch für Nahrung. Gott deckt reichlich den Tisch, füllt den Becher, lässt im Haus des Herrn ruhen – ein Leben lang (siehe Psalm 23).

Verwehrte Gastfreundschaft

Dennoch gibt es auch in der Bibel Zeugnisse von vorenthaltener Gastfreundschaft. Maria, hochschwanger, und Josef suchen vergeblich nach einer Wohnstatt im überfüllten und bereits unfreundlichen Bethlehem. Ihnen wird der Zutritt verwehrt – sie sind auch keine Anrainer, sondern könnten als Migranten bezeichnet werden. Die Türen bleiben verschlossen, die Herzen auch. Allein in einem leerstehenden Stall bricht Gottes Gegenwart im Neugeborenen durch.

Gewährte Gastfreundschaft

Jesus selbst wird einmal verächtlich Fresser und Säufer genannt. Er kannte die Freude am Dasein und er erkannte auch die menschliche Bindung, die über die Tischgemeinschaft entsteht. Er überschritt auch Grenzen, wenn er die so genannte Sünderin nicht vom Tisch verwies, sich mit Zöllnern an einen Tisch setzte, oder mit seinem Verräter von demselben Brot aß. Jesus klammerte nicht aus, er ließ alle zu sich kommen: selig die zum Gastmahl eingeladen sind, und die auch wirklich kommen. Beim gemeinsamen Essen wird das Herz ausgeschüttet, wird Gegenwart gelebt und Zukunft ermöglicht. Es wird beim Mahl nicht nur Wein gepredigt, sondern auch Wein in Fülle ausgeschenkt. – In Jesus zeigt sich Gott von der freigebigen Seite. Und gerade diese Seite wurde Jesus immer wieder zum Verhängnis.

Gastfreundschaft – heute

P. Johannes Pausch brachte uns auf die Idee, alle Christinnen und Christen in Salzburg dazu aufzurufen, jemanden zu sich einzuladen. Nicht zu einer religiösen Belehrung oder Bibelstunde, sondern einfach aus Freude an der Begegnung. Wenn viele das am selben Tag tun, fällt es leichter. Der „Tag der Gastfreundschaft" war geboren. Ein Telefonanruf, ein e-mail, eine Karte, ein einladendes Wort genügt. Eine Passantin meint, dass sie niemanden kennt, den sie einladen könnte. Ihre Freundin schaut sie schmunzelnd an und erwidert, dass sie schon käme, wenn sie sie einlädt. Eine Bewohnerin erinnert sich an die neu Hinzugezogene und überlegt, ob sie sie nicht auf einen Kaffee einladen könnte. Ein Chef erinnert sich einer neuen Mitarbeiterin und ein Seelsorger denkt an einen Asylanten. Es genügt ein kleiner Schritt auf beiden Seiten, damit wir uns einander annähern und das Leben zum Fest wird.

Angelika Gassner, Seelsorgeamt

Markt der Möglichkeiten

Stadtteilvernetzung in den Stadtteilen
Taxham und Itzling.

Der Bereich Gemeinde und Arbeitswelt der Katholischen Aktion (Aktion Leben, kfb, KMB und Kirche und Arbeitswelt) erstellte unter dem Titel „Markt der Möglichkeiten" gemeinsam mit Stadtteilinitiativen, Vereinen und Bewohnerservicestellen ein buntes Programm für Kinder und Erwachsene.

„Schmankerln" in Taxham

Beim Cafe der Kulturen in der Bewohnerservicestelle Bolaring war die Begegnung mit dem Erzbischof ein Highlight, vor allem, dass er spontan eine Familie besuchte und großes Interesse an der Arbeit der Bewohnerservicestelle zeigte.

Beim Fest der Begegnung am Abend gab es musikalische Leckerbissen etwa durch die „Taxhamer Sänger" oder den Belcanto-Chor. Besonders mutig waren die zwei Mädchen vom Jugendzentrum mit ihrer Tanzvorstellung. Bereits am Vormittag gab es ein himmlisches Angebot für Kinder auf dem Abenteuerspielplatz gemeinsam mit dem Jugendzentrum des Vereins Spektrum und mit Klassen von Religionslehrerin Eva Speil von der Volksschule.

„Schmankerln" in Itzling

Beim Cafe der Kulturen wurde allen Gästen von jungen AsylwerberInnen selbst gebackenes Süßes serviert, das sie nach Rezepten ihrer Heimat zubereitet hatten. Die ebenfalls von den Jugendlichen zubereiteten Tees und Kaffees mit Schuss oder mit Rosenöl – arôme de fleur – waren zum Teil gewöhnungsbedürftig!

Vitaly aus Russland wurde für die Hintergrundmusik auf seiner Gitarre mit viel Applaus belohnt. Im Rahmen des himmlischen Kinderprogramms am Veronaplatz vom Projekt Keck der Kinderfreunde und der ev. Missionsgemeinde merkten die Kinder durch den Bibelbus sehr bald, dass Beschäftigung mit der Bibel auch lustig sein kann.

Wünsche in den Himmel schicken

Die Kinder konnten am Nachmittag ihre Wünsche mit Luftballons in den Himmel schicken, am Abend beim Weinlesefest holten sich Erwachsene Bibelsprüche zum Thema Wein „vom Himmel herunter". Die Andacht beim Labyrinth am Kirchenvorplatz war nicht nur für die beteiligten Kinder ein Highlight – auch jugendliche Bläser der Eisenbahnermusik hatten ihren Auftritt!

Beim Weinlesefest im ABZ begeisterten die Frauen der Gruppe „Mambo Wada" die BesucherInnen mit ihren Liedern.

Kirchenkabarett

Unter dem Motto „Kirche macht Spaß" erfreuten in Taxham und Itzling Franz Borstner (Franziskus) und Peter Ebner (Petrus) die zum Teil durch „Engelsbier" erheiterten ZuhörerInnen.

Vernetzung

Der Erfolg für uns war dadurch gegeben, dass wir beim Markt der Möglichkeiten das machten, was wir können und gerne tun – vernetzen!

Wir wissen, dass der Markt der Möglichkeiten in beiden Stadtteilen und Pfarren viele neue Kooperationsmöglichkeiten im kirchlichen und außerkirchlichen Bereich eröffnet hat. Die Feste am Abend waren nur durch die Beteiligung vieler Einrichtungen aus den Stadtteilen möglich! Danke an alle!!!

Maria Wimmer, ABZ, Peter Ebner, KMB

Betriebsbesuch

Fünfzehn Menschen machten sich am 18. 10. um 9.00 Uhr auf den Weg nach Strasswalchen, um den Betrieb Lagermax genauer und von innen kennen zu lernen. Darunter niemand geringerer als Erzbischof Dr. Alois Kothgasser, AK-Präsident Sigi Pichler und Vorstandsmitglieder der Abteilung Kirche und Arbeitswelt der Katholischen Aktion. Nach einer Einführung in die Speditionsarbeit durch die beiden Geschäftsführer Herbert Gehring und Anton Baumgartner machten wir uns auf dem 60.000 ha großen Grundstück auf den Weg, die wichtigsten Lager- und Arbeitsplätze der Firma zu besichtigen.

Dabei kam es immer wieder zu Begegnungen mit den ArbeitnehmerInnen. Unser Herr Erzbischof ließ keine Gelegenheit aus, um mit jedem Einzelnen ins Gespräch zu kommen und eroberte im Nu die Herzen der Belegschaft.

Sigi Pichler lobte beim abschließenden Mittagessen noch die Bedeutung der guten Zusammenarbeit zwischen Geschäftsführung und Betriebsräten und dass ein so gutes Betriebsklima keine Selbstverständlichkeit in dieser Branche sei.

Ingrid Strobl, Kirche und Arbeitswelt, Katholische Aktion

Begegnungen

Wenn der Himmel weint

Was setzt nach einem (belastenden) Einsatz ein?

Die Vernetzung von Einsatzkräften und Notdiensten war bereits in den Kontaktwochen 2003 und 2004 (Raum Saalfelden und Lungau) ein fixer Bestandteil. Innerhalb der Aktionswoche „Offener Himmel" fand unter der Federführung der Telefonseelsorge ebenfalls ein konzentrierter Erfahrungsaustausch statt, zu dem VertreterInnen der Feuerwehren, der Polizei, der Rettung, der Notfallpsychologie und Notfallseelsorge kamen.

Folgende Fragen standen im Zentrum des Abends:
Wie können die Einsatzkräfte, die Helfer/innen mit den belastenden Situationen gut / besser umgehen?
Was geschieht schon (oder noch zuwenig) in den eigenen Reihen?
Was kann im Speziellen die Notfallpsychologie und die Notfallseelsorge zur Entlastung beitragen?
Was kann die Telefonseelsorge den Einsatzkräften, aber auch den betroffenen Angehörigen anbieten, wenn die Blaulichter verlöschen und die Folgeton-hörner verstummen?

Wenn der Himmel weint ...

dann haben sich Unglückswolken zusammengezogen. Wenn Menschen zu Schaden kommen, dann ist dies immer schmerzlich: für die Betroffenen, die nächsten Angehörigen, aber auch für die Einsatzkräfte selber, speziell dann, wenn eigene Freunde und Bekannte oder Kinder unter den Opfern sind. Das stellt eine enorme psychische Belastungssituation dar. Sie wirkt noch nach, auch wenn der Einsatz schon beendet ist.

Was hilft den Helfern in dieser Situation?
Einfach zusammenstehen.
Miteinander reden. Die Eindrücke mitteilen.
Sich die Erfahrungen von der Seele reden.

Diese selbstverständlichen „Hausmittel" sind immer noch die wirksamsten. Manchmal fehlt dazu aber die Zeit, wenn z. B. freiwillige Einsatzkräfte wieder an den Arbeitsplatz zurückkehren müssen.

Manchmal reicht es aber auch nicht aus, auf diese kollegiale Weise den emotionalen und psychischen Stress zu bearbeiten. Professionelle Hilfe ist dann unerlässlich.

Ein gebrochenes Bein zu schienen und zu schonen, ist das Selbstverständlichste von der Welt. Diese „Entlastungszeit" wäre auch der überbeanspruchten Seele zu wünschen. Die Notfallpsychologie zeigt auf, wie wichtig und notwendig diese Schonräume sind bzw. wären.

Wenn es um Abschied, Tod und Trauer geht, ist die Notfallseelsorge ein zunehmend wichtiger und gefragter Partner. NotfallseelsorgerInnen kommen aber nicht vom Himmel geflogen, sie spüren auch die eigene Betroffenheit. Mit der gilt es, als Mensch, als SeesorgerIn, da zu sein und das zu tun und zu unterstützen, was die Situation erfordert.

Was beispielsweise helfen kann, erzählt ein Feuer-wehrmann: „Wenn am Einsatzort jemand verstirbt, dann nehmen wir den Helm ab und beten ein Vater Unser. Wir können nachher anders weitermachen als vorher. Als ob uns das eine neue Kraft gäbe." Dieses natürliche Gespür für ein Ritual der Unter-brechung ist sehr beeindruckend.

„Reden hilft. Sprich mit wem!"

Die Telefonseelsorge rückt zwar nicht aus, sie bietet aber unter der Notrufnummer 142 das Gespräch an – bei Tag und bei Nacht. Da es noch immer mit Scham verbunden ist, ein Problem zu haben oder psychisch belastet zu sein, ist die niedrige Schwelle des Telefonnotrufs besonders entgegenkommend. Unter dem Schutz der Anonymität können auch Menschen die Telefonseelsorge anrufen, die sich schwer tun, irgendwo hinzugehen und Hilfe in Anspruch zu nehmen.

Wenn der Himmel weint ... dann weint auch die Seele mit.

Wenn die Seele weint, dann braucht sie Schutz und Schonung – gleichsam als „erste Hilfe".

Darauf zu achten, ist bedeutsam – vor allem für Menschen, die Tag für Tag außergewöhnlichen seelischen Belastungen ausgesetzt sind.

Zur Verbesserung der gegenseitigen Wahrnehmung, Wertschätzung und Unterstützung hat der Abend viel beigetragen.

Wenn wir das Weinen zulassen, vielleicht öffnet sich der Himmel.

Gerhard Darmann, Telefonseelsorge Salzburg

Das Zelt der Sinne

Die Katholische Hochschulgemeinde geht an die UNI – so das Motto dieser Aktion. Die KHG liegt zwar im Herzen der Altstadt, aber nicht im Zentrum der verschiedenen Universitätsgebäude in Salzburg. So gehört es immer mehr zu unserem Selbstverständnis, das historische Gebäude in der Philharmonikergasse zu verlassen und Studierende wie Lehrende an ihrer unmittelbaren Wirkungsstätte zu besuchen, mit ihnen ins Gespräch zu kommen oder gemeinsame Aktivitäten zu entwickeln.

Mit einem real aufgebauten Zelt der Sinne wollten wir in der naturwissenschaftlichen Fakultät Aufsehen erregen, neugierig machen, die Sinnesebene im Menschen ansprechen. Dort stehen Lehrende wie Studierende religiösen Fragen oft kritisch gegenüber. Vor dem Zelt war die Möglichkeit zum persönlichen Gespräch mit den HochschulseelsorgerInnen und Studierenden der Katholischen Hochschuljugend.

Aufsehen haben wir erregt. Der Mut das Zelt zu betreten war gering. Das persönliche Gespräch wurde begrüßt und angenommen.

Es war für das Team der Katholischen Hochschulgemeinde eine interessante Erfahrung der Passantenpastoral in einem eher kirchenkritischen Umfeld. Manche Kontakte wurden geknüpft und münden

vielleicht in zukünftige Kooperationen. Unsere Absicht, den festen Ort an der KHG in Richtung Universitätsstandorte zu verlassen, wurde bestärkt, und wird uns auch in Zukunft begleiten.

Christian Wallisch-Breitsching,
Katholische Hochschulgemeinde

Aktionstheater Theatergruppe 42a im Bahnhofsgebiet

„Schleichts eich, hauts ab, Polizei! Meine Gäste loasts in Ruah! Gsindl, verschwindts, Bande!" das war am Donnerstag Abend die stärkste Reaktion, die wir auf unsere Aufführung hin bekamen. Es war das erste Mal in meinem Pfarrerleben, dass ich aus einem Lokal geworfen wurde. Die Kellnerin drehte durch, ein anstrengender Tag und bei Lokalschluss noch so etwas, das war zuviel.

Peter hatte lautstark: „Der Himmel ist offen" gerufen. Wir, alle mit zusammengeklappten Schirmen bewaffnet, schlugen auf ihn ein, bis er am Boden lag. Bei jedem Schlag riefen wir: „Ausverkauf – Geiz ist geil – Billiger – Halbpreis ..." Dann erstarrten wir alle in Stille; er richtete sich auf mitten unter uns, spannte seinen Schirm auf und rief nochmals: „Der Himmel ist offen!"

Ein Einminutenstück, aber eindrücklich. Wir spielten es und einige andere täglich im Bahnhofsgebiet ab 18.00 Uhr. Besonders gut kamen wir bei Betrunkenen an. Kaum hörten sie die Botschaft, stimmten sie auch spontan ein; und am Freitag zogen eine Gruppe Halbwüchsiger mit uns mit und verstärkten unsere Werbesprüche, indem sie diese lautstark wiederholten.

Wir waren alle schwarz gekleidet, mit weiß bemalten Gesichtern. „Von wo satz ihr denn!" fragte ein Bundesheerler nach dem Auftritt. Auf die Antwort „von der katholischen Kirche", entfuhr es ihm: „Wau!". Es war uns in diesen Tagen bewusst geworden, wie sehr Kirche in ein Eck geschoben wird und dass wir die Straße weitgehend den Sekten überlassen hatten.

An einem Abend kam es nur zu drei Szenen. Wir wurden in intensive Gespräche verwickelt. „Die Kir-

che ist lächerlich!", „die Kirche ist frauenfeindlich!".
Das, was uns engagierten Christen ein Dorn im
Auge ist, ist für andere derart abstoßend, dass sie
nur mehr den Kopf schütteln: Die Frauenfrage, der
Ornat der Amtskirche, die Haltung zur Empfängnis-
regelung: all das kam zur Sprache.
Wir marschierten im Bahnhofsgelände herum, gingen dorthin, wo Leute aus dem Zug stiegen, auf den
Bus warteten, in Lokale hinein. Die Akzeptanz war
extrem unterschiedlich. Menschen, die sich
abwandten, an uns vorbeigingen, als wären wir Luft,
einige, die uns angriffen, wo angestaute Aggression
herausbrach, bis hin zu denen, die sehr interessiert
waren.
Es waren starke Erfahrungen, und es war eine tägliche Überwindung. Frustration und Erfolgerlebnis,
ein Wechselbad.
Es tat uns gut, dieses „an vorderster Front sein" und
es machte uns deutlich, dass wir kircheninntern noch
viel mehr auf überständige Reformen drängen müssen. Denn an der Basis gibt es kein Verständnis für
das, was wir achselzuckend ertragen. Wir machten
die starke Erfahrung, dass die sich schon verab-
schiedet haben.
Das zweite: als Kirche im ungewohnten Outfit auf-
zutreten, spricht Menschen an.
Ein bis zwei Minuten, war unsere Erfahrung, schau-
en Leute zu. Längere Szenen fanden keine Akzeptanz, alle haben es eilig, besonders die Jungen. Wir
haben uns darauf eingestellt. Es waren intensive
Erfahrungen.

Pfr. Heinrich Wagner, Bibelreferent, Seelsorgeamt

Foto mit Jesus

Bisherige Einsätze:
Bibelfest Salzburg 2003, Kontaktwoche Pinzgau:Kir-
che 2003, Kontaktwoche Lungau:Kirche 2004, Firm-
gruppen, Pfarrversammlungen, diözesaner Projekttag 2004, Aktion „Offener Himmel" Stadt Salzburg
2005.

Ausgangsfrage:
Eine Aktion für den öffentlichen Raum finden, um
Gespräche anzuknüpfen.
Verworfen: Willst du sein wie Jesus? (Fotowand)

Kriterien für die Figur:
Geworden ist es letztlich die Figur (die gar nicht
leicht zu finden war: stehend, nicht überlagert, vollständig bekleidet, gut wieder erkennbar, keine
extreme Stilisierung).

Ansprechsatz:
„Darf ich Sie einladen auf ein Foto mit Jesus" oder
„mit dem Herrn Jesus"…

Die Aktion:
Der/die Passant/in wird per Sofortbildkamera mit
der Jesusfigur abgebildet und kann das Foto gleich
mitnehmen.
- mit der Jesusfigur konfrontiere ich mit der zentralen Botschaft (prägnanter geht's nicht)
- der/die Passant/in ist angefragt, im wörtlichen
  Sinn Stellung zu beziehen zur Figur
- es bleibt viel Spielraum für die Reaktionen
- der/die Passant/in nimmt das Bild als Erinnerung
  mit
- das Bild zeigt die angesprochene Person und
  Jesus im selben Bildausschnitt

Wirkung?
Der Sinn der Aktion hat sich in der Praxis von der
sprachlichen Kommunikation auf die Bildebene
verlagert. Gespräche bleiben meist kurz. Es entstehen aber immer wieder spannende Kurzdialoge.
- „Darf ich Sie einladen auf ein Foto mit Jesus?"
- „Ich bin ja ganz schmutzig …" (war in dieser Situation ernst gemeint)

■ „Das macht dem Jesus nichts aus …"
oder
■ „Darf ich Sie einladen auf ein Foto mit Jesus?"
■ „Ich bin nicht so fotogen …" (gerne benutzte Ausrede)
■ „Neben dem Jesus schaut jeder gut aus …"

Zur eigenen Übung:

Das Ansprechen der Passanten ist eine spirituelle Übung, insofern die eigenen Vorurteile und Kategorisierungen von Menschen bewusst werden können. Ziel ist für mich, jede/n anzusprechen ohne Vorauswahl.

Ohne Humor geht gar nichts.

Wolfgang Müller, Seelsorgeamt

Interkonfessionelle Begegnung

mit Vertretern der jüdischen, orthodoxen, evangelischen, islamischen und christlich-katholischen Religion

Als Eröffnungszeremonie schritten Kinder aus allen Nationen, die in den Allgemeinen Sonderschulen I und II sind, mit ihren Fahnen im Turnsaal ein und machten in „ihrer Sprache" ein Begrüßungswort. Mit dem Lied „Von Mensch zu Mensch eine Brücke bau'n, dem andern in die Augen schaun!" und einem wunderschönen Lied über den Himmel, der auf Erden sich unter den Menschen zeigen soll, wurde die Feier musikalisch gestaltet. Die einzelnen Vertreter der Religionen brachten ihre Gedanken zum „offenen Himmel" vor. Erzbischof Dr. Alois Kothgasser nahm das Gebet Jesu und sagte, dass Gott auf alle Menschen als liebevoller Vater schaut, und das tut gut! – Dann wurde das Vaterunser von allen Christen gemeinsam gebetet! Am Ende der Feier wurde Brot geteilt und den Vertretern der Religionsgemeinschaften eine von den Schüler/innen verzierte Kerze zum Dank für das Kommen überreicht. Es war erstaunlich, dass an die 150 Schüler/innen mehr als eine Stunde so gespannt ausharrten, und es herrschte sichtliche Freude an dem „hohen Besuch" und dem liebevollen Empfang der Gäste! Herzlichen Dank den ReligionslehrerInnen Frau Christine Zuchna, Josef Flödl und Valentin Hafner!

P. Franz Lauterbacher OSB, Pfarrer von Mülln und Maxglan

Mein Glaube

Über meinen Glauben möchte ich leise sprechen. Eine Annäherung an spirituelle Lebenswirklichkeiten. Ein Video, 30 Min.

Im Film nach der Idee und dem Konzept von Barbara Huber, Christian Streng und Elisabeth Walcher soll in einer leisen Sprache der Bilder spürbar werden, was sich einem Sprechen über Gott und Spiritualität entzieht. Entlehnung: Diözesane Medienstelle.

Da der Film in einem Buch nicht wiedergegeben werden kann, hat Frau Maria Bauer von ihrem Glauben in ihrem Alltag erzählt.

Der Glaube in meinem Alltag

Mein Name ist Maria Bauer. Ich bin 45 Jahre alt, seit fast 20 Jahren verheiratet und habe mit meinem Mann vier Schulkinder im Alter von 8-18 Jahren. Außerdem habe ich eine Dreiviertelstelle als Musik- und Religionslehrerin an einer bayerischen Realschule inne und unser Haushalt ist auch nicht gerade klein.

Natürlich geht es da oft sehr hektisch zu bei uns. Wo kann ich da Spuren von Glauben in meinem Alltag finden?

Das Wichtigste, das mir täglich Kraft gibt, ist, meinen Tag mit Gott zu beginnen. Oft muss ich bis 24.00 Uhr oder 1.00 Uhr in der Nacht etwas für die Schule vorbereiten und vor 6.00 Uhr aufstehen. Da schaffe ich es einfach nicht, z. B. zu meditieren, obwohl ich weiß, dass mir gerade das gut täte. So stelle ich mich vor unsere Christusikone in unserem Schlafzimmer, breite die Arme aus und bitte IHN: „Geh Du mit mir durch diesen Tag, segne mich bitte für diesen Tag!"

Meist gehe ich in Gedanken den Tag durch und besonders Situationen, vor denen ich Angst habe. Ich stelle dann alles vor IHN hin. Anschließend „bespiele" ich die Ikone und die anderen zwei Bilder von Maria und dem Schutzengel Raphael einige Takte lang mit dem Monochord, das mein Mann Franz gebaut hat. So gerüstet kann's dann losgehen und es geht oft äußerst turbulent zu.

Wichtig ist uns auch beim gemeinsamen Essen einen Moment innezuhalten und zu danken. Eine Klangschale steht am Tisch zum Anschlagen vor einem kurzen Tischgebet. Wir glauben, dass es wichtig ist, es nicht selbstverständlich hinzunehmen, dass es uns so gut geht und wir immer genug zu essen haben.

Am Abend stellt das ritualisierte Abendgebet und kurzes Kinderbibellesen mit unserer Jüngsten einen wichtigen Ruhepunkt dar.

Dies ist ein „Raster", mit dem ich das Gefühl habe, besser durch den schnelllebigen Alltag gehen zu können.

Die zweite wichtige Säule ist für mich die Mitfeier der Eucharistie, die Danksagung, am Sonntag. Wir gehen an normalen Sonntagen eigentlich immer um halb neun Uhr früh. Da sind nur wenige Menschen und fast immer dieselbe Gottesdienstgemeinschaft. Dieser Gottesdienst ist ohne besondere Ausgestaltung wie Kirchenmusik o. ä. Da kann ich ganz bei mir bleiben und werde durch nichts abgelenkt. Das ist für mich eine ganz besonders kostbare Zeit. Für uns als Familie hat sich die frühere Gottesdienstzeit auch deshalb bewährt, weil wir anschließend in Ruhe gemeinsam frühstücken und vielleicht noch etwas unternehmen können.

Ich bin sehr dankbar, an einer kirchlichen Schule meine beiden Fächer unterrichten zu dürfen, weil sie dort noch etwas gelten, sogar wichtig sind.

Für mich ist es sehr gut, dass ich manchmal gezwungen bin, mich für den Unterricht mit religiösen Themen auseinander zu setzen. Z. B. nehme ich gerade den David durch und lese mit den Schülerinnen den Satz aus 1Sam17, 37: „Der Herr, der mich aus der Gewalt des Löwen und des Bären gerettet hat, wird mich aus der Gewalt dieses Philisters retten." Da spüre ich plötzlich, dass das auch etwas mit mir macht, mit mir zu tun hat. „Er wird mich retten ..." Da habe ich z. B. plötzlich weniger Angst vor einer unangenehmen Situation.

Wenn ich manchmal für einen Gottesdienst mit den unterschiedlichsten Klassen im pubertierenden Alter Lieder einübe, kommt mir das wie Holzhackerarbeit vor. Aber es geschieht auch gerade in mir etwas, wenn ich zum x-ten Mal „Jesus Christ, you are my Life" singe und mich diese Texte und Melodien als Ohrwurm noch lange im Alltag begleiten. Wenn so ein gemeinsam mit den Jugendlichen vorbereiteter Gottesdienst mit vielen kreativen Elementen dann gelingt und ich das Gefühl habe, es bleibt ihnen etwas für ihr Leben, dann bekomme ich viel zurück.

Maria Bauer

Gott ruft leise

Durch die pantomimische Umsetzung des „Gerufen-Seins" mitten im Alltag ließ sich so manche/r an- und aussprechen.

Gottes Ruf, wenn auch manchmal überraschend, zunächst unverständlich, kann jede/n von uns treffen – mitten im Alltag. Dies stellten drei Schauspielerinnen anhand verschiedener Szenen an belebten Plätzen der Stadt dar – und sorgten hier und dort für Aufsehen und kamen so ins Gespräch.

Möglicherweise ruft gott leise

in einer zunächst fremden,
unverständlichen sprache,
vielleicht durch andere menschen.

am anfang steht gottes ruf.
den gilt es wahrzunehmen, zu verstehen.

in jedem fall zielt sein ruf auf eine antwort.

um ihn zu hören, bedarf es der stille
und vielleicht eines menschen, der dir helfen kann
beim hören und verstehen.

Gottes Ruf stört

Schnelllebigkeit, Effektivität, Flexibilität, Effizienz … und mitten in diese Schlagworte ein leiser Ruf Gottes. Unpassend, nicht zeitgerecht, unmodern, überfordernd – lass mich in Ruh! Du störst meinen fließenden Fortgang. Ich will von A nach B und das in der kürzest möglichen Zeit und möchte so viel Ruhe wie möglich mitten im Lärm der Großstadt. Lass mich! Viele interessiert dieser Ruf nicht sonderlich. Eine Hauptschulklasse entdeckt die ausgeteilten Falter für sich, macht Flugzeuge daraus und wirft diese wild um sich. Sie haben den Ruf nicht erkannt, sind mit anderen Dingen auf einer anderen Ebene beschäftigt.

Gottes Ruf erstaunt

Und doch – mitten im Tumult – drei Frauen in naturfarbenen Leinenkleidern, die majestätisch einen griechischen Gebetstanz aufführen, einen bunten Kelch in ihrer Mitte. Einige bleiben kurz stehen, einzelne schwingen mit, es kommt zu einer momentanen Verlangsamung, um die vorbeieilende Neugier zu nähren. Und dann – geht es bei vielen weiter wie bisher. Aber eben nicht bei allen: „Ich finde es gut, dass die Kirche so auf sich aufmerksam macht!" sagt eine Passantin, die schon einige Aktionen miterlebt hat. Ein Kind reiht sich plötzlich in den Reigen der Schauspielerinnen ein und beginnt beim Flüsterkreis mitzuflüstern. Spontan, kindlich interessiert, noch kann es Spiel und Wirklichkeit nicht genau auseinander halten – es lässt sich ein.

Eine Schulklasse folgt der Pantomimegruppe einige Straßenzüge weit und will immer noch mehr sehen. Eine Schülerin gibt ein Glaubenszeugnis von sich: „Ich gehe gerne mit meinen Eltern in die Kirche. Unser Pfarrer ist sehr nett. Glaube tut mir gut und es gibt auch gute Angebote für Jugendliche." Ein anderer Schüler staunt, dass dies auch mit Kirche zu tun hat. „Das darf nicht wahr sein! So gefällt mir Kirche ja." Gespräche entstehen, manches e-mail erreicht das Seelsorgeamt als Reaktion auf die Falter.

Gott ruft manchmal in unverständlicher Sprache

„Mein Gott, die ist ja besoffen. Und jetzt ist sie hingefallen." „Keine Angst, das ist eine Schauspielerin. Die tut nur so."
„Sie taumelt ja immer noch. O je, jetzt ist sie wieder hingefallen. Das ist ja schlimm."
„Sie ist nicht betrunken, sie hat sich auch nicht weh getan, sie spielt uns vor."
Ein Passant, mitten im Gespräch mit mir, hat so nebenbei der pantomimischen Umsetzung des Gerufen-Seins zugesehen und die Situation nicht wirklich erkannt. Ich bin, obschon ich darum wusste, selbst erschrocken, als die Darstellerin zum 2. Mal auf die Straße stürzte. War das so geplant?
Eine Passantin beschimpft die ganze Aktion und will, dass die Kirche sich mehr für die obdachlosen Jugendlichen einsetzt. Trotz ihrer Kritik hat sie die Botschaft Jesu verstanden.
Staunen löst folgende Szene bei einer Frau aus, die gerade übers Handy in ein Gespräch verwickelt ist. Sie sieht eine der Schauspielerinnen mit einem uralten Telefon in der Hand und dem Telefonhörer am Ohr – sie kann ihren Augen nicht glauben.
Ähnlich unverständlich ist es für ein Kind, dass die Dame einen Regenschirm aufgespannt herumträgt, obwohl die Sonne scheint.

Gottes Rufen ist manchmal unverständlich, unglaublich, herausfordernd und bringt uns an den Rand dessen, was wir noch verarbeiten können. In jedem Fall aber zielt Gottes Ruf auf unsere Antwort.

Angelika Gassner, Seelsorgeamt

Zum Himmel?

Himmelsbilder wurden in Jungschar- und MinistrantInnen-Gruppen und in vielen Schulklassen mit Kindern gestaltet.

Viele Mädchen und Buben unserer Erzdiözese haben über den Himmel nachgedacht und ihr ganz persönliches Himmelsbild gestaltet. Das Ergebnis waren rund 900 bunte Himmels-Kunstwerke, die in der Aktionswoche die Kollegienkirche schmückten.

Der Himmel ist für mich wie …

Zahlreiche BesucherInnen bestaunten die wirkungsvoll angebrachten Kinderbilder und berichteten von schönen und bereichernden Eindrücken, die sie ein Stück „Himmel" erleben ließen und zum Nachdenken anregten. Viele der Zeichnungen waren mit kurzen Kinder-Aussagen über den Himmel ergänzt, die manchmal auch zum Schmunzeln einluden.

Der Himmel ist für mich wie …

… eine Delfinshow
… meine Mama und mein Papa und ich
… als Torwart den Ball halten
… Menschen, die miteinander teilen
… mein erster Schultag
… die Fahrt auf einem riesigen Traktor

ChristInnen in Salzburg

Ohne die verschiedenen Kirchen wären Stadt und Land ärmer.
Das bestätigt auch die gemeinsame Diskussion.

Am Podium diskutierten nach dem Vortrag von Prof. Paul M. Zulehner Erzbischof Dr. Alois Kothgasser, Pfarrer Wolfgang Del Negro, ev. Kirche, Pastorin Mag. Ester Handschin, ev.-method. Kirche, Erzpriester Dr. Dumitru Viezuianu, rum.-orth. Kirche, Pfarrer Mag. Martin Eisenbraun, altkath. Kirche.

Den Himmel offen halten

Der verschlossene Himmel. Leben als letzte Gelegenheit

Der französische Philosoph Phillipp Aries hat einmal vermerkt, dass wir heute zwar länger leben aber insgesamt kürzer, denn: Früher lebten die Leute dreißig plus ewig und wir nur noch neunzig. Leben, so schrieb Marianne Kronnemaier, gilt für viele Menschen in ganz Europa als letzte Gelegenheit. Die Menschen suchen bei dieser Gelegenheit optimal leidfreies Glück.

Wie geht es, wenn der Mensch in der minimalen Zeit von neunzig Jahren das maximale Glück haben will? Karl Marx hatte den Christinnen und Christen vorgeworfen, wir würden die Menschen wie Opiat auf das Jenseits vertrösten, von der Welt ablenken. Ist das Leben als letzte Gelegenheit nicht genau das Gegenteil davon: Eine makabre und möglicherweise noch schwerwiegendere Vertröstung des Menschen auf das Diesseits, also ein Leben unter dem – nein, nicht offenen, sondern verschlossenen Himmel? Wenn die Sehnsucht nach dem optimalen leidfreien Glück etwas mit der Sehnsucht nach dem Paradies, nach dem Himmel zu tun hat, dann würde das Konzept „Leben als letzte Gelegenheit" in die theologische Sprache rückübersetzt bedeuten: Die Menschen versuchen das Abenteuer, auf Erden den Himmel zu erzwingen.

Wie geht das praktisch? Leben als letzte Gelegenheit ist schnell. Nie war, sagen Therapeuten, Leben so schnell wie heute. Es schleudert die Menschen in Europa auch unentwegt an die Peripherie des Lebensrades. Wir haben die Mitte verloren. Wir sind buchstäblich „aus dem Haus", aus dem Lebenshaus, der eigenen Lebensgeschichte hinausgeschleudert. Die Gegenprobe machen Sie, indem Sie die Beratungsecke einer Buchhandlung aufsuchen: Man wird Ihnen Langsamkeit empfehlen, oder Entschleunigung bei der Reform von Organisationen.

Da kommt Stolz über meine katholische Kirche auf: Langsamer geht es nicht! – Sie lachen. Sie müssen das als Stärke verstehen!

Überforderung

Solches Leben ist zunehmend überfordernd, wie Buchtitel zeigen: „Wir arbeiten uns noch alle zu Tode", „Wir amüsieren uns zu Tode". Das spannendste Buch zu diesem Thema ist von Jürg Willi. Er schreibt über die Art, wie wir Beziehungen leben: Häufig stirbt die Liebe unbemerkt an religiöser Überforderung. Wir erwarten im Anderen Ewigkeit und Unendlichkeit, also Gott. Wir versprechen das und keiner kann dafür einstehen.

Als unlängst die hohen Scheidungsraten in Österreich durch die Medien gingen, haben viele mit moralischer Entrüstung reagiert. Probieren Sie einmal umgekehrt, ob das nicht ein Preis für dieses Leben als letzte Gelegenheit ist. Da feiern Sie Hochzeit, dann normalisiert sich die Hochzeit zur Normalzeit, dann kommt jemand und offeriert eine neue Hochzeit! Sie haben 90 Jahre Zeit, möchten optimales Glück in der Liebe. Haben Sie einen Grund, warum Sie nicht übersiedeln? Man zieht weiter. Es ist wichtig für unsere Kirche und unsere Seelsorge, dass es oft nicht Unmoral und Bosheit ist, sondern Unvermögen zu bleiben.

Angst und Entsolidarisierung

Das dritte, das wir beobachten, ist, dass wir immer mehr gepeinigt sind von der Angst, zu kurz zu kommen. Inmitten des Reichtums steigt das Niveau diffuser Ängste so sehr, dass jedes vierte Kind, das in Deutschland in die Grundschule eintritt, aus diffusen Ängsten therapiebedürftig ist. Wir vermuten, dass ein Gesicht der Angst heißt: Du schaffst das nicht mit dem maximalen Glück in 90 Jahren, du kommst zu kurz, also musst du selbst für dich sorgen, dass du glücklich wirst, d. h. das Jagen nach dem Glück wirft uns auf uns selbst zurück in die Enge des eigenen Ichs, in die Enge des eigenen Lebens. Der Preis, den wir für diese Art des Lebens gesellschaftlich und zwischenmenschlich bezahlen, ist gewaltig, nämlich die Entsolidarisierung. Wir haben keine Kraft mehr für solidarische Liebe übrig.

Angst entsolidarisiert. Das ist vielleicht der größte Preis, den wir zurzeit für dieses Leben als letzte Gelegenheit zahlen.

Auf der Flucht

Wenn Sie einmal hinter die veröffentlichten Kulissen schauen, werden Sie viel Nachdenklichkeit finden in der Kultur heute. Wenn Sie als Pfarrer erkennbar in der Eisenbahn sitzend ehrlich reden mit Leuten, dann wissen Sie in St. Pölten die ganze Hintergrundgeschichte des Gegenübers. Sie brauchen die große Nähe derer, mit denen man reden kann über das, worüber man sich öffentlich nicht zu reden traut. Leute sagen mir, irgendwas stimmt nicht in unserem Leben, irgendwas macht uns krank. Oder: Es ist manchmal zum Davonlaufen.

Man läuft davon in das schöne virtuelle Leben. Und wenn einen das Leben noch zu sehr von hinten her verfolgt, kann man es abdunkeln mit Alkohol, mit Drogen. Prüfen Sie einmal, wie viele Kinder und Jugendliche heute zum Alkohol greifen.

Oder die Kriminalität: Das verstehe ich gut bei Jugendlichen in einer Kultur, die dauernd sagt: Du hast deine Chance, also nütze sie! Aber die wahre Botschaft heißt: Du hast gar keine Chance mehr, also nütze sie. Dass Jugendliche diesen Zynismus bestrafen mit Zusammenschlagen, diese Aggression gegen die Welt, die viel verheißt und wenig bietet.

Die schönste Form ist psychosomatisch krank zu werden: Da kriegen Sie so viel Liebe!

Oder man geht in eine Sekte, eine Sonderwelt. – Wir haben sektoide Gruppen auch in der katholischen Kirche. – Was machen die Leute dort? Sie laufen davon vor irgendetwas, vor Stress, Oberflächlichkeit, vor fehlender Autorität. Da ist kein Baum, an dem sich das junge Wild reiben kann, das wäre Pädagogik. Wo das fehlt, laufen die jungen Menschen davon, dorthin wo sie das finden, was sie zu Hause nicht finden, wo sie keine Väter haben – ein unglaubliches Leidthema heutiger junger Menschen.

Oder Selbstmord. Warum bringen sich Kinder, Jugendliche um?

Wir sagen mit Erwin Ringel: Es ist immer eine Variation ein- und desselben: Escape – Davonlaufen. Man sucht aus diesem Leben das Weite.

Leben unter dem offenen Himmel. Respiritualisierung als Aufstand

Die einen suchen also das Weite. Und jetzt haben Sie die positive Gegenbewegung, die viele nicht sehen, dass so viele Menschen heute den Aufstand proben, dass ein Megatrend der Respiritualisierung durch unser Land geht. Das wäre jetzt die Alternative: Das Leben unter dem offenen Himmel. Sie suchen die Weite. Wie kann man die bedrängende Enge des eigenen Ichs aufbrechen? Die Enge entsteht, in dem wir unter dem Himmel das Maß unseres Glücks suchen. Schlecht ist es nicht, unser Glück zu suchen, aber dass wir den Himmel auf Erden suchen. Unter dem verschlossenen Himmel.

Wie schaut diese Respiritualisierung aus, die laut Matthias Horx ein Megatrend der späten 90er Jahre ist? Was suchen die Leute? Sie suchen die Reise zu sich selbst. Der enthäuslichte, sich selbst entfremdete Mensch sucht bei sich Heimat: „Heute abends besuch' ich mich, ich bin gespannt, ob ich daheim bin" – Karl Valentin 1941. Das ist hoch spirituell, bei sich zu Hause sein, nicht in der eigenen Enge, sondern dass sich in der Tiefe des eigenen Mysteriums Fenster auftun in die Weite Gottes hinein. Aus der Enge des Gefängnisses eines übertriebenen Ichs suchen die Leute den oikos, das Welthaus. Die ökologische Spiritualität ist davon stark geprägt, aber dieser oikos ist auch die Welt Gottes, die Weite Gottes, in die man wieder ausbricht. Wer hat nicht den schönen Psalm im Ohr „Er führte mich hinaus ins Weite, er befreite mich, weil er mich liebt!"

Suche nach Heilung

Zentral in dieser spirituellen Suche ist die Suche nach Heilung. Wenn uns die gegenwärtige Kultur krank macht, ist es gut, wenn es irgendwo Wege gibt, wo man heil werden kann. Die Menschen sagen in diesen Zirkeln auf der spirituellen Suche: Krank wirst du vor allem dann – und das ist eine starke zeitgenössische, nicht innerkirchliche spirituelle Interpretation des Krankseins – wenn du von der göttlichen Energie abgeschnitten wirst! Göttliche Energie heißt auf Chinesisch Chi. Tai chi, Quigong, Reiki – Sie sehen, was die Leute suchen!

Der Mensch verkommt, wenn er von seinem Ursprung abgeschnitten ist, wenn die Quellen des Göttlichen nicht mehr fließen in seinem Leben, wenn nicht mehr zutrifft, was die Apostelgeschichte sagt: In Ihm leben wir, bewegen wir uns und sind wir, aus Seiner Energie, aus Seinem Geist leben wir. Was soll ein Mensch, wenn er keine göttliche Kraft in sich trägt? Wenn nicht Leben, das Gott gibt, in uns fließt? Deswegen ist Heilung der Versuch, dass diese Verbindung des Menschen mit Gott wieder geheilt wird.

Da dieses Geheimnis Gottes, aus dem die Kraft kommt, nicht physisch sichtbar gemacht werden kann, ist klar, dass man Rituale braucht. Die spirituelle Bewegung liebt die Rituale und hat gar keine Freude mit dem Dogma. Man möchte Erfahrungen machen und nicht die theologischen Ganglienzellen trainiert bekommen, schon gar nicht die moralischen. Eugen Drewermann und Eugen Biser klagen darüber und ich klage mit, dass wir aus einer therapeutischen, heilenden Kirche eine moralisierende Kirche geworden sind.

Das ist der Tribut, den die Kirche Josef II. zahlen musste, denn alles was nicht dem Staat moralisch genützt hat, hat er zugesperrt, z. B. alle kontemplativen Klöster. Er hat alles ausgemistet, was nach Mystik ausgesehen hat.

Gottes Erfahrung aus erster Hand

Die Religion hat so gesehen zunächst keinen Nutzen wie die Liebe übrigens auch, sie ist einfach: „A rose is a rose is a rose" schreibt Gertrude Stein. Das ist fundamental für die Anbetung, dass man einfach vor Gott ist. Alles andere sind Konsequenzen. Wenn du Gott-voll bist, kannst du nicht mehr anders, als in dieser Art zu leben.

Die Menschen suchen wieder nach Gemeinschaft, wo es anders zugeht, wo man die Menschen kennt, wo es eine Kultur der Liebe gibt. Sie suchen Festigkeit, ja, sie suchen Meister.

Der wahre Guru in allen großen Weltreligionen ist der spirituell Erfahrene, der auf Grund seiner Erfahrung mit dem Anderen ein Stück des Weges geht, damit er auch erfahren wird, aber auf eigenen Füßen. Du kannst nie deine Erfahrung durch andere machen lassen. Das ist, glaube ich, das Entscheidende an der Kirche, dass wir wieder lernen, ein Ort von eigenen Erfahrungen zu werden, Gottes Erfahrung aus erster Hand.

Sehnsucht nach einer neuen Welt

Günther Nenning: „Die Sehnsucht boomt und die Kirchen schrumpfen". Es ist schon aufregend. Wir sind das älteste spirituelle Großunternehmen, diese Christenheit mit allen Verzweigungen und Variationen, die wir haben! Wir sind randvoll mit Erfahrungen – und in dieser Zeit suchen die Leute nicht mit uns, sondern anderswo. Die Sehnsucht boomt, sagt Nenning in seinem Buch „Gott ist verrückt" über die Zukunft der Religion. Warum schreiben die Kirchen in dieser Zeit rote Zahlen? Die Antwort ist klar: Weil wir keine gute Adresse für spirituell Suchende sind, so wie wir heute sind.

Was müsste die Kirche lernen? Z. B. die Reise ins Innere zu unterstützen, dass man, wenn man bei sich ankommt, die Hoffnung haben kann, dass Gott mir näher ist als Hemd und Halsschlagader (Kurt Marti, angeschlossen an Augustinus). Oder wenn Sie die Reise ins Weite machen, dass Sie wieder das Gefühl bekommen, was Uralt-Tradition der Kirche ist: Dass wir in Ihm leben, uns in Ihm bewegen, in Ihm sind. Dass die Kirche in der Nachfolge ihres Heilands ein Heil-Land wird – das ist der Traum von Kirche!

Da kommst du hinein auf den Boden der Kirche und gehst ein bisschen heiler heraus aus den Gottesdiensten, den Predigten, den Zusammenkünften, den Bildungsabenden, weil sie mehr Hoffnung in sich tragen und wissen, wohin der Weg geht: in der Nachfolge des Heilands, heilend zu werden. Dass wir Gott aufspüren in der Gemeinschaft, weil uns das auch hindert, wie J. B. Metz geschrieben hat, aus einem unpassenden Gott einen uns passenden zu machen. Davor schützt mich allein die Gemeinschaft. Allein gelassen mache ich mir einen maßgeschneiderten Gott, der überhaupt nichts mehr ändert. Änderung geschieht nur wenn sie die Widerspenstigkeit einer spirituellen Wandergemeinschaft hat, einer Karawane, einer Suchgemeinschaft durch die Wüste dieses Lebens.

Evangelium mit Konsequenzen

Der Wunsch nach Festigkeit. Karl Rahner sagt 1972, wir brauchen nicht nur Gurus in der katholischen Kirche, wir müssten auch wieder die Bereitschaft lernen, bei diesen Meistern Schüler zu sein. Ich glaube, das Schwierigste ist ein Schüler zu sein bei Meistern. Wir sind heute arrogant und dumm genug zu sagen: Kommt doch nicht vor, dass ich in eine spirituelle Gruppe gehe oder mich belehren lasse, das mache ich alles ganz allein, privat! Weil Sie es privat machen, ist es völlig ungefährlich. Da erleidet das Evangelium und die Sehnsucht nach einer neuen Welt einen katastrophalen Mangel an Folgen!

Das wäre das Leben unter einem offenen Himmel: Dass der Himmel jetzt schon zwischen uns ist. Ich träumte auch aufgrund der christlichen Tradition, dass wir nicht dem mainstream unserer Kultur zum Opfer fallen und den Himmel auf Erden erzwingen, sondern dass wir sagen: Nein, der Himmel steht noch aus, aber es gibt Spuren mitten unter uns, in aller Welt verstreut, aber hoffentlich vor allem auch auf dem Boden meiner, unserer Kirchen.

Wenn wir diesen Weg des Evangeliums gehen – Leben auf Erden unter einem offenen Himmel – kommt eine besondere Form von Spiritualität heraus. Wir beobachten, wenn manche Leute auf der Suche nach Spiritualität und dem Geheimnis ihres Lebens das im Kontext einer individualisierten Kultur machen, dass sie am Schluss doch nur bei sich selbst ankommen, also spirituell im Kreis gehen.

Wellness-Spiritualität

Wir nennen das ein wenig boshaft „Wellness-Spiritualität": You'll go to church and you'll feel better. Das ist das, was Helmut Schüller nach einem Besuch der Pfarrgemeinden in Wien über deren Gottesdienste geschrieben hat, ein hartes Wort: „Die Christen in dieser Stadt versammeln sich Sonntag um Sonntag zu einem religiös verschönten Konditoreibesuch!" Keine Folgen!

Wellness-Spiritualität hat nicht nur keine Folgen, sondern ist topgefährlich, weil sie den Menschen das Gefühl von Heilung gibt, während er die Heilungschance verdirbt. Es ändert sich nämlich nichts in seinem Leben, sondern über das Elend kommt spirituelle Tünche drüber. Das, was Jesus von den übertünchten Gräbern beklagt, kann man auch auf diese Spiritualität anwenden.

Spiritualität nach dem Evangelium

Spiritualität der offenen Augen: hinschauen

Was für eine Spiritualität kommt heraus, wenn ich dem Evangelium folge? Es ist eine Spiritualität der offenen Augen. Wer spirituell in Gott eintaucht, taucht neben den Armen auf und umgekehrt. Das ist die Spielregel christlicher Spiritualität immer schon gewesen! Das ist auch zutiefst jesuanisch: Gottes- und Nächstenliebe gehören zusammen. Oder das Konzil: Einheit der Menschen untereinander und Einheit der Menschen mit Gott. Man kann das nie auseinander halten, die Mystik von der Politik nicht trennen, die Kontemplation nicht von der Aktion. Wer in Gott eintaucht, taucht neben den Armen auf.

Das Eintauchen ist die eine Hälfte der Spiritualität, aber es gehört zur Spiritualität auch neben den Armen aufzutauchen und manchmal geht das umgekehrt, vor allem bei Jugendlichen. Nehmen Sie den jungen Menschen alle Katechismen weg, machen Sie Arbeit mit ihnen, dann kriegen Sie sie, über Projekte, die überschaubar sind, wo man den Kopf hinhalten muss. Ich glaube nicht, dass der Glaube durch viele Worte ins Kinderherz kommt und in das Herz der Jugendlichen schon gar nicht. Da müssen wir noch viel lernen. Da kommt dann eine Spiritualität, die von der Art Gottes ist: Von Gott heißt es: Gesehen, ja, gesehen habe ich das Elend meines Volkes in Ägypten.

Spiritualität des wachen Verstandes: analysieren

Sie lernen, wenn Sie in Gott eintauchen, mit ihm hinzuschauen statt wegzuschauen. Sie lernen auch eine Spiritualität des wachen Verstandes. Sie fragen, was sind die Ursachen des Elends, wo kommt es denn her, warum sind Leute ungerecht, Opfer des Unrechts, warum müssen wir ihnen überhaupt helfen, warum können sie nicht auf eigenen Lebensbeinen gehen?

Spiritualität der betroffenen Herzen:
mitleiden

Metz hat einmal gesagt, das wichtigste Wort für die Diakonie der Kirche ist compassion – Mitleiden. Das Wort Mitleid ist zu seicht. Da kannst du im Lehnstuhl sitzen, ein Scheckbuch ausfüllen, dann hast du Mitleid gehabt, aber es ändert sich nichts in deinem Herzen. Die Spiritualität verändert dich an deinem Herzen und du wirst einer, der unter das Kreuz Jesu tritt und nicht am Rande stehen bleibt und wie die weinenden Frauen über das Schicksal Jesu klagt.

Spiritualität der starken Hände:
optieren – einsetzen

Wir haben in der Solidaritätsstudie gesehen, dass die religiösen Netzwerke in unserem Land weithin identisch sind mit den Personen, die eine Solidarität haben, die zur Tat führt. Wenn Sie mich fragen, was das Land von uns hat, dann sage ich: Ohne unsere Netzwerke, die so solidarisch sind, wäre das Land kühler und ärmer, ich glaube das gehört auch zu unserem Gefühl von Kirche. Und was die Stärke ist, ist eben die Spiritualität der offenen Augen, die Spiritualität des wachen Verstandes, die Spiritualität des betroffenen Herzens und der starken Hände.

Ich hoffe, dass ich Ihnen jetzt eine Grundlage geliefert habe für die Diskussion, was Salzburg von den Christen hat. Sie hat auf jeden Fall etwas davon, wenn hier viele Menschen auf dem Boden der Kirche gottförmig werden. Und so lange sie Gott die Liebe nennen, so lange sie Liebende werden und das handfest in der Form praktizierter Solidarität.

Paul Michael Zulehner,
transkribierte und gekürzte Fassung
des Vortrags im Saal der
Salzburger Nachrichten.

Soziale Nachhaltigkeit

Armutskonferenz, Kirche und Wirtschaftskammer.
Ein Beginn von nachhaltiger Kooperation?

Was leisten Unternehmen, was tragen soziale Einrichtungen, Kirchen mit ihren Haupt- und Ehrenamtlichen
zu sozialer Nachhaltigkeit bei? Eine Diskussion, die
auch im Zeichen von Sparbudgets, steigenden Struk-
turkosten im Sozialbereich und gleichzeitiger Rück-
nahme von sozialen Leistungen steht.

Soziale Nachhaltigkeit in Salzburg

Nach einem Statement von Erzbischof Alois Kothgasser diskutierten am Podium Robert Buggler, Salzburger Armutskonferenz, Robert Goller, Organisationsentwicklung und CSR-ExpertInnengruppe der WKÖ, Eva Habersatter-Lindner, Wirtschaftskammer Salzburg, und Josef Mautner, Katholische Aktion und Salzburger Armutskonferenz, unter der Moderation von Sylvia Wörgetter, Salzburger Nachrichten.

In der Debatte um eine nachhaltige Entwicklung hat sich ein sog. „Drei-Säulen-Modell" herausgebildet: Nachhaltigkeit sollte demnach gleichberechtigt im Bereich der Ökologie, der Wirtschaft und des Sozialen verwirklicht werden. Trotz dieser angestrebten Gleichrangigkeit ist der Gedanke einer sozialen Nachhaltigkeit noch nicht genügend ins öffentliche Bewusstsein vorgedrungen. Soziale Nachhaltigkeit beinhaltet ein ganzheitliches Verständnis von Gesellschaft und berücksichtigt eine Vielzahl von Aspekten: Existenzsicherung (Arbeit, Wohnen, Gesundheit ...), Chancengleichheit (Bildung, Weiterbildung, Geschlechtergerechtigkeit ...) und soziale Integration (soziale Netzwerke, Familien, ehrenamtliches Engagement, Mobilität, eine solidarische Haltung z. B. MigrantInnen gegenüber ...). An diesem Abend wurden jene Faktoren diskutiert, die zu einer nachhaltigen sozialen Entwicklung in Salzburg beitragen können und müssen, im Besonderen Leistungen, Defizite und Perspektiven aus regionaler und lokaler Sicht.

In seinem Eingangsstatement hat Erzbischof Alois Kothgasser eine Verbindung zum Sozialwort der christlichen Kirchen hergestellt:

„Das Sozialwort der christlichen Kirchen ist in einem sehr umfassenden Sinne für die Verwirklichung von sozialer Nachhaltigkeit eingetreten. Einerseits haben die Kirchen im Sozialwort sich selbst die Aufgabe gestellt, intensiv und ganz konkret für den sozialen Zusammenhalt zu arbeiten. Gerade im ländlichen Raum bilden die Pfarren und Gemeinden mit ihren zahlreichen ehrenamtlichen MitarbeiterInnen einen wichtigen Träger sozialer Gemeinschaft. Die Kirchen plädieren aber auch für ein umfassendes Verständnis und eine sozial verantwortliche Praxis des Wirtschaftens. Unsere Wirtschaft soll Menschen nicht ausschließen, sondern möglichst alle am gesellschaftlichen Reichtum teilhaben lassen."

Notwendigkeit der Vernetzung

Der Vertreter der Salzburger Armutskonferenz Robert Buggler versuchte, die Indikatoren von Nachhaltigkeit auf die soziale Situation in Salzburg anzuwenden und traf die grundsätzliche Feststellung: Wirksame Armutsbekämpfung erfordert eine mehrdimensionale Betrachtungsweise und ein vernetztes Denken. In Salzburg wird dieser Gesamtblick vermisst. Soziales ist noch immer zu sehr mit „Sozialressort" verbunden, und es gibt kaum eine Kooperation und Vernetzung mit anderen Ressorts wie Gesundheit, Bildung, Wirtschaft, etc.

Die soziale Lage der Bevölkerung in Salzburg zeigt deutlich, wie notwendig Schritte in Richtung einer nachhaltigen, ganzheitlichen Sozialpolitik sind:

Soziale Lage in Salzburg

a. Die Lebensbedingungen werden zunehmend schwerer, Armutsgefährdung(~ 70.000 Personen) und akute Armut (~ 30.000 Personen) steigen an.

b. Die Sozialhilfequote war noch nie so hoch wie 2004: ~ 10.900 BezieherInnen, das bedeutet gegenüber 2003 einen Anstieg von 10 %, im Gesamten von 2 %, davon sind 14 % Haushalte mit Berufseinkommen – sog. „working poor" – betroffen, Tendenz steigend.

c. Am Arbeitsmarkt finden sich vermehrt sog. „atypische" Beschäftigungen, die eine Tendenz zur Armutsgefährdung verstärken.

d. In Salzburg lässt sich ein großes Stadt-Land-Gefälle feststellen: in Bezug auf Einkommen und Arbeitslosigkeit sowie auf soziale Leistungen und Angebote („doppelte Benachteiligung").

e. Vermehrte strukturelle Pflichtausgaben im Budget (z. B. für Pflege) führen zu erschwerten Bedingungen an den „Rändern" (weniger Geld für Obdachlosenhilfe, Schuldnerberatung, Frauenhäuser, etc.).

Bei Armutsgefährdeten denkt man v. a. an weniger qualifizierte ArbeitnehmerInnen. Von dieser allgemeinen Entwicklung bleiben aber auch UnternehmerInnen nicht ausgenommen. Die Wirtschaftskammer müsste allein schon deshalb auch großes Interesse an der sozialen Lage der Menschen in Salzburg haben.

Soziale Lage von UnternehmerInnen / Selbständigen:

a. Der Anteil von Selbständigen in der Schuldnerberatung steigt stark an. Österreichweite Untersuchung 2003: 30 % der Neuzugänge sind gescheiterte Selbständige. In Salzburg liegt der Anteil jener KlientInnen, die eine ehemalige Selbständigkeit als Ursache der Überschuldung angeben bei ca. 25 %.
b. Darüber hinaus gibt es viele Anfragen von aktuell Selbständigen in der Schuldnerberatung, diese können aber laut Statuten nicht beraten werden (Abwicklungsberatung: ca. fünf Anfragen pro Woche). Diese Personen werden auch sonst nirgends beraten.
c. Gesamtinsolvenzen in Salzburg: Die Hochrechnung 2004 auf 2005 ergibt einen Anstieg von 291 auf 391 (also von plus 34 %).
d. Die Armutsgefährdungsquote bei Selbständigen liegt bei 17%.

Beteiligung der Betroffenen

Josef Mautner geht von seinem Erfahrungshintergrund in der Arbeit einer kirchlichen Ehrenamtsorganisation (Katholische Aktion) mit einer Schwerpunktsetzung auf gesellschafts- und sozialpolitische Projekte aus.

Zur Befriedigung von Grundbedürfnissen gehört wesentlich die Erfüllung des Grundrechtes auf Arbeit. Die Kirchen können selber nur wenig Arbeitsplätze schaffen (u. a. im Rahmen des Beschäftigungsprojektes „Kirche beschäftigt"). Aber in der sozialpolitischen Debatte wird beim Beschwören politischer Ziele („Vollbeschäftigung") nicht selten auf jene Menschen sowie auf ihre Ange-

hörigen, die ebenso mit dieser äußerst belastenden Krisensituation der Arbeitslosigkeit leben müssen, vergessen. Der Arbeitslosenfonds bietet mit einer Kontaktstelle den Betroffenen eine leicht zugängliche, anonyme Beratung nach dem „One-desk-Prinzip", d. h. wir sind für Arbeitslose in jeder Problemlage da, bieten Klärungsgespräche an und vermitteln für spezifische Probleme an kompetente Stellen weiter. Dabei zeigt sich, dass wir etwas anbieten können, was Arbeitslose sonst selten oder gar nicht bekommen: Zeit und Aufmerksamkeit als wichtige Merkmale sozialer Inklusion!

Ganz wesentlich ist es, die Möglichkeiten zur Beteiligung der Betroffenen an der Gestaltung sozialer Rahmenbedingungen auszubauen. Dazu als Illustration eine Erfahrung im Rahmen der Betriebsprojekte, die die Kath. Aktion mit Salzburger Firmen durchgeführt hat: die Projekte liefen gut und die Zusammenarbeit war konstruktiv, wenn Subsidiarität ein hoher Wert in der Firmenkultur ist: d. h. wenn kleinere betriebliche Einheiten, Anwesenheit der Entscheidungsbefugten vor Ort und Ortsverbundenheit der Unternehmen gegeben waren.

Soziale Gerechtigkeit braucht – neben der gerechten Verteilung gesellschaftlichen Reichtums – ein aktives Engagement für soziale Integration. In diesem teils professionellen, teils ehrenamtlichen Engagement liegt m. E. eine große Stärke der Kirchen in Salzburg. Die Erzdiözese z. B. hat 225 Pfarren (den Tiroler Teil mitgerechnet), und in den meisten von ihnen arbeitet ein Sozialkreis von Ehrenamtlichen für die soziale Integration von Benachteiligten und Ausgegrenzten im eigenen Ort! Ein beispielhaftes Projekt ist der Verein Sozialer Hilfsdienst in Strobl mit 500 Mitgliedern, der in Kooperation mit der politischen Gemeinde ein breit gefächertes Angebot von sozialen Diensten aufgebaut hat: Haushaltsweiterführung, SeniorInnenhilfe, Essen auf Rädern, Beratung, einen Gebrauchtwarenladen.

Nachhaltiges Wirtschaften

Martin Goller versuchte in seinem Statement, die Verbindung von nachhaltigem Wirtschaften und Standortsicherung plausibel zu machen. Denn nachhaltiges Wirtschaften ist wohl die einzige

Chance, unseren Wirtschaftsstandort dauerhaft abzusichern. Was unsere Standorte stark macht, sind hoch qualifizierte und motivierte MitarbeiterInnen. Wenn ich mit globalisierten Unternehmen in Kontakt bin (Beispiel: Automobilzulieferindustrie) kommt immer wieder das gleiche Thema ins Gespräch: Wie können sich Standorte in Österreich – konkret in Salzburg – trotz höherer Personalkosten im Vergleich zu Osteuropa behaupten? Und immer wieder kommt dieselbe Antwort: In Österreich werden technisch kompliziertere, aufwändigere Produkte hergestellt, die an die MitarbeiterInnen hohe Ansprüche stellen, und genau da haben unsere Standorte ihre Stärke – weltweit.

Man kann es auch so sehen: im Marketing geht es darum, die eigenen Stärken zu definieren und darzustellen. Das wäre in unserem Fall:

- Hohes Ausbildungsniveau der MitarbeiterInnen
- Große Flexibilität der MitarbeiterInnen
- Hohe Motivation der MitarbeiterInnen

Man sieht also, dass sich unsere „Kernkompetenz" im Bereich der MitarbeiterInnen wieder findet.

Soziale Nachhaltigkeit meint aber mehr als Marketing nach außen, auch wenn das Unternehmen oft nicht wahrhaben wollen. Über die MitarbeiterInnenorientierung öffentlich zu reden ist das eine, diese wirklich zu leben, ist etwas völlig anderes. Und um die oben dargestellten Stärken österreichischer Wirtschaftsstandorte erhalten und ausbauen zu können, bedarf es einer starken Hinwendung zu den MitarbeiterInnen, etwa im Sinne der Orientierung an deren sich aus dem Berufs- und Privatleben ergebenden Bedürfnissen, also im Sinne der individuellen Personalentwicklung des professionellen „Arbeitsklimamanagements" der Aus- und Weiterbildung sowie der Vereinbarkeit von Familie und Beruf. Bei der Gestaltung der Rahmenbedingungen kann man sich als Unternehmen aber nicht auf die Politik verlassen, sondern muss selbst aktiv werden. UnternehmerInnen sollen das „Heft in die Hand nehmen" und das eigene Unternehmen dadurch auf Erfolgskurs bringen, dass man die MitarbeiterInnen-Thematik ernsthaft aufgreift und umsetzt. Schon jetzt zeigt sich, dass die mitarbeiterInnenorientierten Unternehmen deutlich erfolgreicher sind als alle anderen, weil sie über besser ausgebildete und vor allem motivierte Arbeitskräfte verfügen, die als Menschen gesehen werden mit einem individuellen Hintergrund, der in starker Wechselwirkung mit dem Arbeitsleben steht. Soziale Nachhaltigkeit ist also keine „Sozialromantik" oder Schwärmerei, sondern ein handfestes, messbares Erfolgskriterium.

Im Gespräch bleiben

In der Diskussion wurden die angesprochenen Aspekte von sozialer Nachhaltigkeit noch vertieft und zum Teil auch kontrovers diskutiert. Zum Beispiel entstand eine heftige Debatte um die ethische Berechtigung von Projekten eines „sozial verträglichen Personalabbaus", die Martin Goller ins Gespräch brachte. Bringt die Beratung von Unternehmen, die Teile ihrer Belegschaft abbauen wollen oder müssen, in Richtung „Sozialverträglichkeit" sozialethische Verbesserungen, die auch für die Betroffenen spürbar werden, oder wird eine soziale Härte des Unternehmens nicht nur „behübscht", um sie der Öffentlichkeit gut „verkaufen" zu können? Außerdem kamen in der Publikumsdiskussion die globalen Rahmenbedingungen der sozialen und wirtschaftlichen Situation in Salzburg zur Sprache: Die zunehmende Globalisierung und Kapitalisierung der Weltwirtschaft führt dazu, dass die Handlungsspielräume für Politik und Wirtschaft auf regionaler Ebene immer enger werden. Dieses Faktum sollte aber dennoch nicht als „Ausrede" dafür dienen, dass man sich um sozial nachhaltige Schwerpunktsetzungen im eigenen Verantwortungsbereich drückt: Eine ständige Kürzung der sog. „Ermessensausgaben" im Sozialbudget der Kommunen und des Landes wird über kurz oder lang die Prävention sozialer Problemlagen gänzlich zum Erliegen bringen und hohe soziale Folgekosten mit sich bringen.

Alle Beteiligten am Podium haben die Veranstaltung als positiven Anfang für einen „nachhaltigen Dialog" zwischen Wirtschaftskammer und Armutskonferenz in Salzburg betrachtet, und wir können hoffen, dass dieser Dialog im Interesse der armutsbetroffenen Menschen in diesem Land fortgeführt wird.

Josef Mautner, Katholische Aktion

Verweilen im Augenblick

Genussvolles Verweilen im Augenblick –
ein ersehntes Paradies?

Wellness scheint wie Religion Glück zu versprechen.
Doch: Welches Glück ist gemeint und wie verhält es
sich zum Glauben? Ist unser Glaube eine Quelle des
Wohlbefindens? Am diözesanen Frauentag setzte sich
die kfb kritisch mit dem Wellness-Phänomen auseinander.

Endlich – es ist soweit! Frau kann sich Gutes tun. Sie kann sich erholen und sie kann sich selbst verwöhnen. Das schlechte Gewissen, das eine immer dann befiel, wenn frau mal auf sich selbst schauen wollte, hat ausgedient. Wellness ist das Zauberwort, mit dem nun in aller Öffentlichkeit ganz ohne Scham, ohne schlechtes Gewissen und damit ganz selbstverständlich über Auszeiten, Wohlfühl-Zeiten, Erholungs- und Entspannungsmomente gesprochen werden kann.

Wellness ist aber nicht nur einfach ein schillerndes, modernes Schlagwort, sondern Wellness boomt deshalb, weil mit Wellness eine bestimmte Sehnsucht der Menschen angesprochen wird. Mit Wellness wird die Sehnsucht nach einem genussvollen Verweilen im Augenblick genährt. Einfach da sein, ohne zu denken. Einfach sich spüren, ohne sich über den nächsten Tag Sorgen zu machen.

Aufgehen im Jetzt

Das einfache Verweilen im Augenblick bezeichne ich als Nunc Stans, als Aufgehen im Jetzt. Mit dem Nunc Stans ist ein bewusstes Loslassen gemeint: Die ständige Anforderung, immer alles bedenken zu müssen, wird dabei ausgeschaltet. Die vielen sorgenvollen Gedanken finden im Nunc Stans ihre erholsame Unterbrechung. Das Eintauchen im Jetzt wird so zu einem Selbsterleben des „Ich kann und ich darf sein". Ich muss mich dabei weder gegenüber eigenen Ansprüchen noch gegenüber Fremdansprüchen rechtfertigen. D. h. indem ich meine Augen schließe, das warme Wasser der Badewanne meinen Körper umspült und ich genieße, entziehe ich mich einer ständigen Selbstrechtfertigung. Fragen wie: Was will ich, was brauch ich, was muss ich, haben im Nunc Stans keinen Platz. So wirkt das Verweilen im Augenblick regenerierend und erholsam.

Wellness ist nun ein gesellschaftlicher Trend, der die menschliche Sehnsucht nach dem Nunc Stans erkannt und zum eigenen Steckenpferd gemacht hat, denn: Wellness ist das Synonym für Erholung und Entspannung. Wellness reagiert auf die große Sehnsucht der Menschen nach einem deutlichen Selbsterleben und schafft dafür Möglichkeiten und Rahmenbedingungen, die von vielen Menschen stimulierend und stimmig empfunden werden.

Das Versinken im Augenblick kann somit als das Kapital von Wellness bezeichnet werden. Investiert wird in das fühlbare Jetzt, in das genussvolle Verweilen im Moment, das „Geld und sozialen Status im Augenblick eines dionysischen Taumels vergessen" lässt.

Ein neues Paradies?

Wellness ist jedoch ein sehr junges Phänomen und das verwundert, wo doch das Steckenpferd von Wellness, das genussvolle Verweilen im Augenblick, eine alte Sehnsucht der Menschheit darstellt. Zu denken wäre dabei beispielsweise an die Paradiesvorstellung. Ein idyllischer und friedlicher Garten, in dem Mann und Frau gleichberechtigt, ohne Sorgen, ohne Scham, ohne störende Gedanken oder soziale Zwänge frei und doch zutiefst geborgen leben können. Diese christliche Paradiesvorstellung könnte durchaus in einen Wellness-Prospekt passen. Es gibt zwar Unterfangen, die versuchen, Wellness in die Geschichte der Menschheit zurückzudatieren (z. B. Wellness bei den Römern). Doch diese Versuche verschleiern einen zentralen Kern des heutigen Wellness-Phänomens. Wellness – so wie der Trend heute begegnet – ist vor allem ein Wirtschaftsmarkt um den Körper.

Der Siegeszug von Wellness fängt im deutschsprachigen Raum erst in den 90er Jahren des 20. Jahrhunderts an. Der Hinweis auf den Beginn des Wellness-Phänomens erweist sich deswegen als wichtig, weil die bis zu diesem Zeitpunkt forcierte kommerzielle Ausbeutung des Idealkörpers und die damit einhergehende Herabsetzung des eigenen Körpers ins Stocken geriet. Schlanker konnte der ideale Körper nicht mehr gemacht werden, aufgeblasener und stärker konnte sich der Bodybuilderkörper nicht mehr zeigen und mehr Leistung und Schnelligkeit konnte dem menschlichen Körper nicht mehr abverlangt werden. Kurzum: Die Schönheits- und Freizeitindustrie brauchte zu diesem Zeitpunkt eindeutig einen neuen gewinnträchtigeren Markt. Und Wellness wurde zu diesem wirtschaftlich einträglichen Markt.

Der ideale Körper

Die Stärke von Wellness liegt innerhalb einer kopflastigen Leistungsgesellschaft im Bewusst-Machen, dass Leiblichkeit, der eigene Körper, maßgeblich für die gelingende Lebensführung von Frauen und Männern ist. Dabei kommt es aber zu einer höchst bedenkenswerten Verquickung von den marktwirtschafts- und leibfreundlichen Aspekten. Frauen werden auch auf der Suche nach Erholung, Wohlfühlen, Entspannung und Selbstbesinnung mit Bildern vom idealen, schönen, jungen und agilen Frauenkörper konfrontiert. Die Marketing-Botschaften, die tagtäglich zu hören sind, führen vor Augen, dass „der natürliche, fehlerhafte, alternde […] Körper als ein Objekt der Verachtung [… zu betrachten ist]. Er muss gebändigt, gezähmt, geformt und damit zu einem neuen, quasi re-inkarnierten Körper werden.“

Als wirtschaftlicher Markt operiert Wellness in der Vermarktung von Erholung und Entspannung mit dem – finanziell einträglichen – idealen Frauenkörpertypus. Das besondere Stilmittel in den bildlichen Wellness-Botschaften ist zumeist die ästhetische Darstellung des idealen Frauenkörpers. Anhand dieser Darstellung wird signalisiert: Frau kann sich selbst lieben und befindet sich selbst in völliger Balance und Harmonie.

Aber kann das eine Frau ohne idealen Körperbau auch? Kann sie sich selbst gut fühlen? Ja, sie kann und das ist das Besondere an Wellness. War es im Fitnesskult nicht vergönnt, sich am eigenen fehlerhaften Körper zu erfreuen, so ist es jetzt durch Wellness erlaubt. Frau kann sich verwöhnen und sich ihrer Sinnlichkeit erfreuen. Doch der Stachel, dass der eigene Körper Mängel aufweist, dass er doch nicht eine ideale Figur besitzt, ist nicht aus der Welt geschaffen und bildet – so meine Behauptung – die Grundlage für den Erfolg in der Vermarktung von Wellness. Die Differenz, der schöne, erholte ideale Körper einerseits und mein schwacher, gestresster und fehlerhafter Körper andererseits, setzt sich versteckt innerhalb von Wellness fort. Wie ist es anders erklärbar, dass ein teures Wellness-Getränk – getrunken von einer jungen, schönen und schlanken Frau – belebender und wirksamer sein soll als ein Glas frisches Wasser. Am Wellness-Markt werden sozusagen „eschatologische Verheißungen von Selbstvergewisserung, Sicherheit, Sattheit, Wärme, […] Schmerzfreiheit und Wohlbefinden“ mit dem idealen Frauenkörpertypus vermarktet. Sie sprechen Frauen und Männer in ihren Sehnsüchten an und verführen sie, als Konsumentinnen und Konsumenten viel Geld in das Erleben von Wellness zu investieren.

Marktchancen

Die Gefahr, die der Wellness-Markt mit sich bringt, liegt meiner Ansicht nach auch darin, dass er nur einer bestimmten, finanzkräftigen Gesellschaftsschicht wirklich zugänglich ist. Als wirtschaftlicher Markt erschlossen, bedeutet Wellness Konsum. Das führt jedoch zwangsläufig in eine Konsumabhängigkeit. Entspannungs- und Erholungssuchende werden abhängig von dem Wissen, der Beratung und der Hilfestellung durch so genannte Wellness-Fachleute. Tu dir etwas Gutes! oder Lass dich verwöhnen! sind gegenwärtig – meiner Ansicht nach – keine Imperative, die von Selbstbewusstsein und Selbständigkeit von Frauen zeugen, sondern es sind Imperative, die zu einem Konsum von Wellness-Artikeln anspornen. Suggeriert wird am Wellness-Markt, dass das genussvolle Verweilen im Augenblick mit Geld ganz einfach bewerkstelligt werden kann. Problematisch an diesen Versprechungen ist die Kehrseite des abhängig machenden Konsums, die sich darin zeigt, dass bereits im Moment der Wunscherfüllung die Frage nach der nächsten durchführbaren und erschwingbaren Erholungs- und Entspannungsmöglichkeit auftritt. Mitunter kommt es soweit, dass die Befriedigung sich gerade deshalb nicht mehr einstellt, weil die sofortige Suche nach einer weiteren konsumierbaren Anschlussbefriedigung das Genießen und Verweilen im Augenblick unterläuft.

Der Leib als Tempel Gottes

Der marktwirtschaftlichen Vereinnahmung des eigenen Körpers steht die Aufforderung des Paulus in 1 Kor 6,20 gegenüber: „Verherrlicht also Gott in eurem Leib!“ Es ist eine Aufforderung, den eigenen Leib ernst zu nehmen, ihn als einen Ort der Gottesgegenwart zu würdigen. Wir werden aufgefordert, unserem eigenen, natürlichen, fehlerhaften und alternden Körper Respekt und Achtung entgegen zu bringen, denn: Unser Körper ist einzigartig und er ist ein Tempel der ruach Gottes.

Eine christliche Glaubenspraxis muss der Wellness-Vermarktung entgegenhalten, dass es nicht um den Konsum eines bestimmten, speziell erstellten Wellness-Artikels geht, sondern dass das Nunc Stans aufgrund der uns geschenkten, körperlichen Verfasstheit im Alltag erlebbar ist. Das heißt, dass ein Verweilen im Augenblick und damit eigentlich auch Wellness nicht zu reduzieren sind auf ein Wochenende, auf ein bestimmtes Produkt oder eine außergewöhnliche Behandlung. Das wofür Wellness steht, findet im Alltag statt, nämlich dort, wo sich Frauen und Männer vor Gott für ihren Körper Zeit nehmen. Und dieses Zeitnehmen ist wichtig, denn: Das Respektieren des eigenen fleischlichen Körpers – als Tempel der ruach Gottes – schützt zum einen vor Selbstzerstörung durch grenzenlose Selbstausbeutung und schützt zum anderen vor Selbstverfehlung durch maßlose Selbstüberschätzung.

Karin Petter, Theologin

Glaube – Wellness für die Seele?

Noch nie waren die Menschen so auf der Suche nach Spiritualität wie heute – so sagt man über unsere Generation. Gesucht wird Glück, gelungenes Leben, Gelassenheit. Wellness stellt diesen Anspruch. Unsere Religion auch.

Mit einem geglückten Leben meinen wir meist, ein Leben, in dem Seele, Geist und Körper in Einklang sind. Wellness verheißt, wenn wir unserem Körper Gutes tun, wenn wir unseren Geist entspannen und unsere Seele baumeln lassen, dann finden wir Glück. Wellness rückt das Wohlbefinden des Körpers mit vielfältigen Angeboten in den Mittelpunkt unseres Lebens. Nun ist es ja nicht gerade so, dass wir ChristInnen uns rühmen können, dass unser Glaube sehr leibfreundlich ist.

Wir stammen alle noch aus einer Generation, in der wir nicht einmal Worte für unsere Geschlechtsteile mitbekommen haben und der Körper, wenn

schon nicht tabu oder schlecht, zumindest Nebensache war. Der Anspruch auf Lebensglück, den Wellness stellt, zwingt uns, darüber nachzudenken, ob es nicht auch im Christentum etwas gibt, was immer schon mit Gut-gehen zu tun hatte. Ich behaupte: es ist eine ganze Menge. Jesus hat uns ein Leben in Fülle zugesagt, er hat damals alle Sinne geheilt, damit die Menschen sinnen-haft – also ganzheitlich – leben können.

Wenn Wellness propagiert: Das Wichtigste ist das Eintauchen in das „Hier und Jetzt", lass alles draußen, was dich belastet, tauche ein in die Welt vollkommener Entspannung und des „Bei-dir-Seins", dann können wir Christinnen und Christen auf eine lange Tradition des Versuches, das Leben in all seinen Facetten zu genießen oder der „Heiligung des Alltags" zurückgreifen. Wir tun genau das, wenn wir den Tag bewusst beginnen, mit einem Dank, einer Bitte, einem Ritual oder einer Körperübung, oder uns einfach bewusst Zeit nehmen für ein gemeinsames Frühstück, einer Dusche (ganz für mich) oder dem Richten des Jausenbrotes für die Kinder.

Wir tun es, wenn wir den Tag bewusst unterbrechen, mit einem Mittagsgebet, einer Zeitungs-lesepause, einem Spaziergang oder dem Nachrichten hören. Wir tun es, wenn wir den Tag bewusst abschließen, mit einem Abendgebet, mit einer Tagesrückschau, in der wir uns das Gute des Tages noch einmal vor die geistigen Augen stellen. Das alles empfehlen uns schon die Kirchenväter und Mütter der ersten Jahrhunderte. Wir tun es im Kirchenjahr, in dem wir im Frühjahr uns des auferstehenden Lebens bewusst werden, im Advent, indem wir dem Dunkel das Licht entgegenhalten. Wir tun es im Herbst, in dem wir auf das schauen, was Frucht gebracht hat und dafür dankbar sind.

Wir tun es an besonderen Tagen, in denen wir bewusst aus dem Alltag aussteigen bei Besinnungstagen, Frauentagen und Wallfahrten, um wieder neu zu spüren, was wir im Alltag zu leben versuchen.

Mein Glaube an einen heilenden Gott gibt mir Gesundheit und Heil, Hoffnung und Glück, Freude an meiner Leiblichkeit und verbindet mich mit vielen Menschen, die auf der Suche nach einem geglückten Leben sind.

Gabi Treschnitzer, Vorsitzende der kfb

Der Wert der Natur

Spiritualität und Naturschutz. Nehmen Naturschützer die Schöpfung anders wahr?

Spiritualität ist nicht das Thema, über das Menschen im Naturschutz normalerweise lange diskutieren. Zu dringend erscheinen die tagesaktuellen Geschehnisse und zu verschieden sind oft auch die Standpunkte.

Nehmen Naturschützer die Schöpfung anders wahr?

Naturschützer, Nachhaltigkeitsengagierte und kirchlich Aktive: Obgleich viele Menschen aus dem Naturschutz kirchliche Wurzeln haben und die Bewahrung der Schöpfung ein wesentlicher Auftrag an die Kirchen ist, hat man sich weitgehend entfremdet. Dabei sind es bei vielen zutiefst spirituelle Wurzeln, die sie bewegen, sich für die Bewahrung der Schöpfung und eine nachhaltige Entwicklung einzusetzen. Doch eine oft gebrochene Geschichte mit der Kirche überdeckt diese.

Diesen Wurzeln nachzugehen und darüber ins Gespräch zu kommen, war Ziel des Abends, an dem Personen unterschiedlicher Provenienz teilnahmen. Aus der Vielzahl der Standpunkte, Wertorientierungen und religiösen Ausrichtungen ergaben sich zwei wesentliche Grundhaltungen, die wohl alle „Naturschützer" und Christen teilen, und die unverzichtbar für die Zukunft sein werden:

Staunen können

über die Vielfalt, den Artenreichtum, die Komplexität biologischer Muster, über ökologische Zusammenhänge und darüber, dass überhaupt „etwas ist"….

Achtsamkeit

mit den Dingen, den Pflanzen und Tieren und den Mitmenschen.

Es gäbe ein breites Feld der Kooperation und des gegenseitigen Austausches, wenn es gelingt, den Müll enttäuschter Kirchenerfahrungen und -hoffnungen wegzuräumen.

Nachhaltige Entwicklung jedenfalls wird kaum möglich sein ohne Einbeziehung der Religionsgemeinschaften und ohne dass diese sich wesentlich stärker als bisher dafür engagieren.

Johann Neumayer, Seelsorgeamt

Ein „himmlisches Fest"

Der Kapitelplatz, der Kapitelsaal und die Kollegienkirche waren an einem Nachmittag fest in Kinderhänden.

Rund 2.000 Mädchen und Buben mit ihren Begleitpersonen und Angehörigen kamen, um sich beim großen Kinder- und Familienfest bei prächtigem Wetter „himmlisch zu vergnügen". Über 40 ehrenamtlich engagierte HelferInnen der Kath. Jungschar standen dabei im Einsatz.

Kindermusical

Im überfüllten Kapitelsaal wurde von den Emaus-Kids aus Ebenau „Lilli und das unglaubliche Comeback" aufgeführt. Beim Musical geht es um das zentrale Ereignis des christlichen Glaubens: die Auferstehung von Jesus Christus. Lilli bekommt durch den Himmelsboten Samuello die Möglichkeit, eine Zeitreise zu machen und selbst mitzuerleben, dass Jesus auferstanden ist. Auf lustige und interessante Weise wird mit Kinderaugen der Auferstehung Jesu nachgespürt.

Kreative Stationen

- Vögel des Himmels, Schmetterlinge, Engel, Weltraumraketen und Flugzeuge wurden gebastelt
- gemeinsame Gestaltung einer farbenfrohen Himmelsleiter, die später die Kollegienkirche schmückte und so die Verbindung zwischen den Teilen des Festes deutlich machte
- mit einer Gruppe palästinensischer Jugendlicher wurde getanzt und musiziert
- die Kinder begegneten Menschen mit Behinderungen und bekamen durch die Sozialinitiative Salzburg einen Einblick in die Welt der Gebärdensprache und der Blindenschrift, sogar „Rollstuhlrunden" durch die Altstadt wurden gewagt
- himmlische (und natürlich auch „weltliche") Motive wurden auf Kindergesichter geschminkt
- Legotürme wurden „himmelhochhinauf" gebaut
- vom Himmel fallende Zuckerl („Zuckerlschleuder") erfreuten alle
- auf Stelzen gehend waren viele dem Himmel ein Stück näher ...
- verschiedene Bewegungs- und Geschicklichkeitsangebote

Kinder- und Familiengottesdienst

mit Erzbischof Alois Kothgasser

Unter dem Motto „Mit dem Himmelreich ist es wie mit einem Schatz" feierten die vielen Kinder und Familien mit Erzbischof Dr. Alois Kothgasser. Die kreative und lebendige Gestaltung der Kollegienkirche und des Gottesdienstes durch die Katholische Jungschar und die Volksschule Schwarzstraße hinterließ einen bunten Eindruck von Kirche und Glaube.

Einige Gedanken von Kindern aus dem Gottesdienst:

Das ist mein größter Schatz: Bärli, ein Stoffbär, mit dem schon meine Mama gespielt hat. Seine Augen erinnern mich an meinen verstorbenen Hund. Deshalb ist es für mich mit dem Himmelreich wie mit meinem Stoffbären Bärli.

Mein größter Schatz ist für mich meine Familie, weil mich hier alle mögen und niemand mit mir streitet. Der Himmel ist für mich wie meine Familie. (Leonita)

Diese Muschel erinnert mich an meinen schönsten und lustigsten Urlaub. Mit dem Himmel ist es für mich wie mit dieser Muschel. (Alice)

Ich habe zwei Hasen mit den Namen Gugi und Stupsi. Sie begrüßen mich immer, wenn ich zu ihrem Käfig komme. Ich freue mich, dass es sie gibt. Mit dem Himmelreich ist es wie mit Gugi und Stupsi. (Jacqueline)

Dieses Foto ist mein Lieblingsbild von meiner Mama und deshalb mein größter Schatz. Mit dem Himmel ist es für mich wie mit diesem Foto. (Christina)

Warum ein Kinder- und Familienfest?

Der Versuch einer Zusammenfassung unserer Zielsetzungen sowie der vielfältigen und überwältigend positiven Rückmeldungen von Mitfeiernden.

- Raum für Kinder schaffen und ihnen Zeit schenken
- mit Kindern das Leben feiern
- Kirche ist (auch) für Kinder und Familien da
- in der Öffentlichkeit feiern und sich nicht verstecken
- gemeinsam etwas „auf die Füße stellen"

- die Freude am Tun mit den Kindern spüren
- Kindern zuhören und von ihnen lernen
- gemeinsam kreativ sein und die Phantasie spielen lassen
- miteinander lachen
- offen und einladend sein, auf „andere" zugehen und sich auf sie einlassen
- spüren, dass uns etwas verbindet
- anregende Materialien zur Verfügung stellen und hilfreiche Unterstützung anbieten
- einen Altstadtplatz beleben und die eigene Stadt „in Besitz nehmen"
- spielen und feiern in einer großartigen Kulisse
- tanzen, musizieren, fröhlich sein
- aber auch: spielerisch und kindgerecht lernen, neue Erfahrungen machen sowie den eigenen Horizont erweitern
- sich von der Begeisterung der Kinder mitreißen lassen
- Spielen als wichtigen Teil des Lebens ernstnehmen
- Neugierig und offen für die „kleinen" Überraschungen sein
- den Wert von zweckfreiem und leistungsungebundenem Tun spüren
- ein aktives Miteinander erleben
- sich austoben können, ohne dass jemand dabei Schaden nimmt
- in Bewegung sein von Station zu Station und das Erlebte weitererzählen
- das Miteinander der Generationen
- als Erwachsener in das bunte Treiben eintauchen und im Zusammensein mit Kindern „das Kind in sich selbst" entdecken, Kinderspiele ausprobieren, mit den Kindern lachen und gar nicht so selten auch über sich selbst lachen
- übers Spielen und Basteln ins Gespräch kommen
- leicht und ungezwungen in Kontakt mit anderen kommen
- Jungschar- und Minigruppen aus anderen Pfarren kennenlernen

Der Gottesdienst als fixer Teil unserer Feierkultur:

- Glaube und Kirche sind fixer Bestandteil unseres Lebens und nichts „Separates"
- in einer bis an den Rand gefüllten Kirche lebendig Gottesdienst feiern
- mit anderen Kindern im Gottesdienst zusammen sein, um über sich selbst und über Gott nachzudenken
- eine junge Kirche sichtbar machen
- Kinder gestalten die Liturgiefeier mit
- Kindern Raum in der Kirche geben und sie zu Wort kommen lassen
- durch die Kinder kommen auch Erwachsene in die Kirche und lassen sich „anstecken"
- gemeinsam mit MinistrantInnen aus anderen Pfarren ministrieren

Wolfgang Hammerschmied-Rücker, Katholische Jungschar

Jugend-Nightwatch

Nacht der Kreativen. Vorurteile abbauen. Potentiale wecken. Nacht der Betenden. Begegnung schaffen. Sinn erleben. Gott erleben.

Eine Jugendgebetsnacht, in der sich 500 Jugendliche in der gastfreundlichen Atmosphäre von St. Peter versammeln, um in der ganzen Nacht in der Stiftskirche zu beten, Meditationsimpulsen zu folgen, sich in Workshops kreativ zu betätigen und um 5.00 Uhr morgens Eucharistie zu feiern.

Knocking on Heavens Door

Bittet, dann wird euch gegeben; sucht, dann wer-
det ihr finden; klopft an, dann wird euch geöffnet.
Denn wer bittet, der empfängt; wer sucht, der fin-
det; und wer anklopft, dem wird geöffnet.
(Mt 7,7-8)

Menschen brauchen Visionen.
Sie sind der Motivator ihrer Ziele.

Unser Visionen …
Wir wollen Vorurteile abbauen …
Begegnung mit anderen schaffen …
Kreativ sein …

Gemeinsam cool.trendig.glaube.leben, denn
ohne Kopf ist der Glaube blind
ohne Herz ist der Glaube blutleer
ohne Hand ist der Glaube wirkungslos

Gemeinsam an Gottes Tür klopfen,
ein Stückweit Himmel auf Erden bringen …
die Nacht zum Tage machen …
im Dunkeln sehen lernen …
Sinn erleben …
Gottes Nähe spüren …

Eine Nigthwatch ist etwas, was einen nicht unbe-
rührt lässt. Zu stark sind die Eindrücke, die Symbole
von Nacht, Licht, das hörende Schweigen, das
Gespräch, die Begegnung und manchmal auch der
Blick in die Tiefe seiner eigenen Seele oder in die
des Anderen.

Ich finde solche nächtliche Stunden wie einen
„Event ganz anderer Art", wo auf dem Hintergrund
des Schweigens Gott mit seiner leisen Stimme ganz
deutlich und hörbar spricht, und wo das Miteinan-
der-singen, -beten, -tanzen und -feiern so gipfeln
kann, das wir spüren:

„(Wo zwei oder drei … in meinem Namen versam-
melt sind,) da bin ich in ihrer Mitte." (Mt 18,20)

Matthäus Appesbacher, Bischofsvikar für Orden

Meinen Engel

Gott, du bist heilig und hast in mir heiliges Leben
geschaffen, lass mich dies täglich neu spüren und
erleben.
Ich bitte dich, lass mich meinen heiligen Engel
erkennen.
Möge mein Engel seine Flügel schützend um mich
legen.
Durch seine Flügel sollen mir zärtliche und
freundliche Blicke nicht verborgen bleiben, aber
wenn böse Blicke auf mich treffen, sollen mich die
Flügel meines Engels in Geborgenheit bergen.
Mit seinen Händen möge mein Engel mich tragen
und halten, wenn mir der Boden unter meinen
Füßen entweicht und ich die Orientierung verlie-
re.
Geheiligt, geschützt und getragen lass mich den
Weg meines Lebens an der Seite meines Engels
gehen. Amen.

Vor dem Finale dieser Nacht, dem Nightwatch-
Schlussgottesdienst, setzte das Jugendzentrum
YoCo um 4.00 Uhr einen letzten geistlichen Impuls,
um das „Himmlische" dieser Nachtwache wieder zu
„erden" und den Morgen anbrechen zu lassen:

HEAVEN ON EARTH… „Sag mir, wann es Himmel
ist?" Trotz der Müdigkeit in vielen Gesichtern lie-
ßen sich die Jugendlichen in einer Fantasiereise
via Beamer noch einmal auf die Suche nach dem
Himmel in dir und in mir ein … auf die Suche
nach einem Himmel, der zum unverzichtbaren
Schatz (Matthäus 13, 44–46) wird und der
weiterwirkt in den Alltag.

Irene Unterkofler, YoCo

Mitgewirkt haben: katholische Jugend, YoCo, Katholische Hochschuljugend Österreichs, Loretto, Franziskanerkloster Salzburg, IGLU, Halleiner Schulschwestern, Erzabtei St. Peter

Nacht der Spiritualität

In drei Kirchen wurde nach drei unterschiedlichen christlichen Traditionen gebetet: evangelisch, katholisch, ostkirchlich.

Christsein in Salzburg entfaltet sich auf verschiedene Weise. Jede Tradition hat ihren eigenen Wert. Es gilt, sich diesen zu vergegenwärtigen, gegenseitig Gast zu sein und sich untereinander wertzuschätzen. Verschiedene Spiritualitäten sind eine Bereicherung für Stadt und Land.

Die spezifischen Charakteristika der verschiedenen liturgischen Texte lassen die Eigenheiten der jeweiligen Tradition erkennen.

Evangelische Tradition:

1. Nun freut euch, lieben Christen g'mein, / und laßt uns fröhlich springen, / daß wir getrost und all in ein / mit Lust und Liebe singen, / was Gott an uns gewendet hat / und seine süße Wundertat, / gar teu'r hat er's erworben.

2. Dem Teufel ich gefangen lag, / im Tod war ich verloren; / mein Sünd mich quälte Nacht und Tag, / darin ich war geboren. / Ich fiel auch immer tiefer drein, / es war kein Guts am Leben mein, / die Sünd hatt' mich besessen.

3. Mein guten Werk, die galten nicht, / es war mit ihn' verdorben; / der frei Will haßte Gotts Gericht, / er war zum Gut'n erstorben. / Die Angst mich zu verzweifeln trieb ,/ daß nichts denn Sterben bei mir blieb; / zur Höllen mußt ich sinken.

4. Da jammert' Gott in Ewigkeit / mein Elend übermaßen; /er dacht an sein Barmherzigkeit/ er wollt mir helfen lassen. / Er wandt zu mir das Vaterherz; / es war bei ihm fürwahr kein Scherz, / er ließ's sein Bestes kosten.

5. Er sprach zu seinem lieben Sohn: / »Die Zeit ist hie zu erbarmen; / fahr hin, meins Herzens werte Kron, / und sei das Heil dem Armen / und hilf ihm aus der Sünden Not, / erwürg für ihn den bittern Tod / und laß ihn mit dir leben. Lied EG341

Katholische Tradition:

zu Taufe und Kirche, Tauferinnerung

Wie der Hirsch lechzt nach frischem Wasser, so lechzt meine Seele, Gott, nach dir. (Ps 42,2)

Wenn du durchs Wasser schreitest, bin ich bei dir, wenn durch Ströme, dann reißen sie dich nicht fort. (Jes 43,2)

Ich gieße reines Wasser über euch aus, dann werdet ihr rein. Ich reinige euch von aller Unreinheit und von allen euren Götzen. (Ez 36,25)

Petrus antwortete ihnen: Kehrt um, und jeder von euch lasse sich auf den Namen Jesu Christi taufen zur Vergebung seiner Sünden; dann werdet ihr die Gabe des Heiligen Geistes empfangen. (Apg 2,38)

Fürbitten:

1. Herr unser Gott, unsere eine Taufe in Christus ist ein Ruf an alle Kirchen, ihre Trennungen zu überwinden. Wir bitten Dich, lass uns nicht müde werden, immer wieder neu Zeichen der Einheit zu setzen und mutig zu überwinden, was uns trennt.

2. Wir bitten Dich, für die christlichen Kirchen in Salzburg und für alle die an Christus glauben, lass sie ihre Tradition bewahren, aber auch offen sein für den Reichtum, den andere Kirchen und Gemeinschaften anzubieten haben.

Schlussgebet

Gott du Schöpfer des Lebens, du hast uns in der Taufe aus Wasser und Heiligem Geist neues Leben geschenkt. Unsre gemeinsame Taufe, die uns mit Christus im Glauben vereint, ist ein grundlegendes Band der Einheit aller Christen. Lass uns im Glauben wachsen und damit die Menschheit dadurch erneuert und befreit werden kann. Darum bitten wir, durch Christus im Heiligen Geist.

Ostkirchliche Tradition:

Beweihräucherung
Alle: Abends, morgens und mittags loben wir dich, preisen wir dich, danken wir dir und bitten dich, Gebieter des Alls, menschenfreundlicher Herr, lenke unser Gebet wie Weihrauch in deine Gegenwart und lass unsere Herzen nicht abirren zu schlechtem Reden und Sinnen, sondern befreie uns von allem, was unseren Seelen schaden kann. Denn auf dich, Herr, erheben sich unsere Blicke, und auf dich haben wir unsere Hoffnung gesetzt. Beschäme uns nicht, unser Gott.

Geistliche Zentren

Wo Menschen in einer Gemeinschaft Leben teilen, entsteht ein geprägter Ort, der Interesse weckt.

Mehrere geistliche Zentren öffneten eine Woche lang ihre Tore und ließen Menschen ein, die sich innerhalb der klösterlichen Mauern orientieren wollten. Dabei begegneten sich zwei Welten, näherten sich an und inspirierten einander. Ein bereichernder Austausch prägte das Aufeinandertreffen.

Ein geistliches Zentrum ist ein geprägter Ort. Er wird verantwortet und gestaltet von Menschen, die selbst einen geistlichen Weg gehen. Sie leben als Gruppe oder Gemeinschaft zusammen und teilen ihr Leben und ihren Glauben. Sie geben ein geistliches Zeugnis und bieten den Menschen Orientierung, Hilfe und Begleitung. In einem geistlichen Zentrum finden Menschen mit ihrer je eigenen Weltanschauung, mit ihren Nöten und Fragen die Möglichkeit, ihr Leben im Licht Gottes neu und tiefer zu verstehen und neu auszurichten. Vorgänge in Gesellschaft, Kirche und Kultur werden mit den Augen des Glaubens wahrgenommen und reflektiert. (aus dem Internet: Ordensgemeinschaften in Deutschland: www.orden.de)

Gebet als Zentrum des geistlichen Lebens

Die Gebetszeiten in den Klöstern sind der Angelpunkt für den Tag und Orientierungshilfe für die Lebensgestaltung. Durch das Gebet und den Lobpreis Gottes, durch das geistliche Leben und durch die getane Arbeit soll Zeugnis für ein Leben aus dem Glauben gegeben werden. Dieses Beten geschieht zum Wohl der ganzen Menschheit und der Schöpfung.

Wallfahrt

Im Laufe der Menschheitsgeschichte finden wir Wallfahrtsorte in allen Kulturen und Religionen. Diese heiligen Stätten entstanden oft an uralten, überlieferten Kraftorten, bei heiligen Quellen, Hainen, Bergen, Bauwerken etc. Die Sehnsucht dem nahe zu sein, was als heilig oder heilsam erlebt wird, spiegelt sich im Pilgern, im Wallfahren zu diesen Stätten. Beim Pilgern ist der Weg, das Gehen, die Annäherung an das Heilige. Auf dem Weg kann sich der Mensch bereits auf die göttliche Gegenwart einstimmen, Alltägliches hinter sich lassen, und den Boden für eine heilsame Begegnung bereiten. Getragen durch das Vorhandensein einer pilgernden Gemeinde, ist diese Gottesbegegnung eingebettet in Geborgenheit und gewinnt dadurch an Bedeutung und Intensität.

Offenes Stift St. Peter

Eine so große stadtweite kirchliche Aktion ist schon grundsätzlich undenkbar ohne die Einbindung und aktive Beteiligung der Ordensgemeinschaften und Klöster. Für Salzburg von ganz besonderer Bedeutung sind dabei zweifelsohne die beiden Benediktinerstifte St. Peter und Nonnberg, die an der Wiege der nachrömischen Geschichte unserer Stadt standen.

696 vom hl. Rupert ins Leben gerufen, prägt die Erzabtei St. Peter das Antlitz der Altstadt. Mönche führen hier ein Leben des Gebetes und der Arbeit und dienen damit Gott und den Menschen. Sie verschrieben sich während der Aktionswoche verstärkt dem benediktinischen Ideal der Gastfreundschaft: In jedem Mitmenschen begegnen wir Christus. Sie öffneten sich, da dieses Öffnen erst eine echte Begegnung ermöglicht.

Der Konvent entschloss sich, den nur selten zugänglichen wunderbaren Kreuzgang in der Aktionswoche wieder einmal zu öffnen. Erfahrungsgemäß ist damit das Risiko verbunden, dass eine Masse von Salzburgern und Touristen den Ort förmlich überrennt. Gerade dazu sollte die Öffnung nicht dienen, sondern es war von vorneherein das erklärte Ziel, mit den Besucherinnen und Besuchern geistlich ins Gespräch zu kommen. Dafür standen täglich vier Mitbrüder zur Verfügung. Diese Möglichkeit des Miteinander Sprechens wurde gerne angenommen.

Aber noch viele weitere Projekte und Angebote fanden in der Erzabtei gastfreundliche Aufnahme: Die Katakomben beherbergten die beeindruckenden Pauluslesungen (siehe Seiten 40/41). Die geistlichen Konzerte mit Textmeditationen (siehe Seiten 50/51) zogen unerwartet viele BesucherInnen an. Am Tag der Gastfreundschaft kam es zu einem spannenden Aufeinandertreffen von Politik und Kloster. Bürgermeister, Stadträte und der Gemeinderat der Stadt wurden zu einem Abendessen nach dem abendlichen Konzert eingeladen. Die lockere und ungezwungene Art ließ so das eine oder andere gegenseitige Vorurteil abbauen. Den großen Abschluss der Aktionswoche im Stift bildete die Nightwatch, die Jugendgebetsnacht (siehe Seiten 108/109), die zu einem einzigartigen Erlebnis für alle

Beteiligten wurde. Dass Erzabt Edmund Wagenhofer persönlich dann um fünf Uhr früh den Jugendlichen Tee ausschenkte, hat auf viele einen positiven und bleibenden Eindruck gemacht.

Offener Nonnberg

Die Benediktinerinnen-Abtei Nonnberg ist spätestens seit der weltberühmten Musical-Verfilmung: Sound of Music zumindest den englischsprachigen AusländerInnen ein Begriff. Auf einer Terrasse des Festungsberges liegt der Klosterkomplex mit der ältesten Marienkirche Salzburgs. Seit 713 gibt es hier ein benediktinisches Frauenkloster, das älteste des Landes. Seit über tausend Jahren wurde hier das abendliche Vespergebet niemals ausgelassen. Sieben Gebetszeiten geben dem Leben auf dem Nonnberg auch heute den Rhythmus.

Der Ordensgründer, der hl. Benedikt, versuchte für alle, die sich auf die Suche nach dem geerdeten Himmel machen wollen, Wege und Möglichkeiten zu finden. „Suche nach dem geerdeten Himmel heißt immer auch Suche nach Gott, heißt beseelt sein von dem Wunsch, Ihn zu schauen, in dem die ganze Lebensfülle wohnt", erklärt Äbtissin M. Perpetua Hilgenberg.

In einer von den jungen Mitschwestern zusammengestellten Sonderausstellung im Kreuzgang des Klosters stellten sich die Benediktinerinnen vor, in dem sie Anregungen und Anstöße vermittelten, die den geerdeten Himmel entdecken helfen oder die es ermöglichen, diesen im eigenen Leben umzusetzen. Dabei wurde des Ordensgründers Benedikt gedacht, unter dem Motto „dem anderen Raum geben – einander achten". Weiteres Augenmerk wurde auf die benediktinische Spiritualität der Gottsuche und den Sinn des Schweigens gelenkt.

Ein Schwerpunkt dieser Spiritualität ist die Auseinandersetzung mit dem Wort Gottes. In dieser klösterlichen Lebensform geht es vor allem darum, in allem Gott zu verherrlichen. Das wirkt sich auch auf das gemeinschaftliche Leben und die gebotene Gastfreundschaft aus. Der letzte Hinweis der Ausstellung stellte fest, dass Gott die Liebe ist, und wir von dieser Liebe nicht lassen dürfen – dies geschieht besonders im Blick auf das Kreuz.

Daneben lud die Marienkirche die ganze Woche als Raum der Stille zum Verweilen und Mithören des Chorgebetes ein. Im Kirchenraum vorhandene Bibeltexte konnten inspirieren und die Erfahrung prägen: „Wahrhaftig, hier ist nichts anderes als das Haus Gottes und die Pforte des Himmels" (Genesis 28)

Viele Rückmeldungen der ca. 900 BesucherInnen deuten darauf hin, dass die Ausstellung ihre Wirkung zeigte: „Besinnliche Stunden im Kreuzgang des Stiftes – welche Anregung, sich über die wirklichen Werte des Lebens Gedanken zu machen. Gratulation zur gelungenen Ausstellung!" oder: „Wir haben einen tiefen Eindruck bekommen, was es heißt, Gott in der benediktinischen Gemeinschaft zu suchen und dabei glücklich zu sein."

Franziskaner

Im Zuge der geistlichen und geistigen Auseinandersetzungen in der Zeit der Reformation wurden 1583 die Franziskaner von Erzbischof Khuen-Belasy (1560–1586) nach Salzburg gerufen. Die heutige Franziskanerkirche war damals „Stadtpfarrkirche", was sie im Verständnis von so manchem Salzburger Bürger auch bis heute noch ist.

Die Franziskanerkirche stellt ein wichtiges Zentrum für Beicht- und Aussprachemöglichkeit dar. Neben dem Angebot der Franziskaner selbst ist auch das von der Stadtkirche gemeinsam getragene Beicht- und Aussprachezimmer hier angesiedelt. – Die Aktionswoche scheint auch auf diesem Feld fruchtbare Anstöße gegeben zu haben und manche/r hat die Gelegenheit ergriffen, das eigene Leben vor Gott auszubreiten und eine Neuorientierung zu erbitten.

Erzbischof Alois Kothgasser bat die Franziskaner, im Rahmen der Aktionswoche ganztägig die Möglichkeit zur eucharistischen Anbetung zu geben. Zwar besteht diese Möglichkeit in der Innenstadt ohnehin täglich in der Mariazeller Kapelle in St. Peter, in der Anbetungskapelle der Domkrypta und auch stundenweise bei den Franziskanern selbst. Es war dem Erzbischof aber ein Anliegen, dass gerade die leicht zugängliche „Stadtpfarrkirche" diese Möglichkeit bieten sollte. Wie ein junger Mitbruder der Franziskaner erzählte, war das aufgrund des touristischen Besucherstromes trotz deutlicher Kennzeichnung nicht ganz leicht, die geistliche Atmosphäre aufrecht zu erhalten. Allerdings ergaben sich gerade dadurch Gespräche über Eucharistie, Gebet usw. mit den BesucherInnen.

Die Franziskanerbrüder gestalteten auch das tägliche „Taizé-Gebet", das vor allem von den meditativen Gesängen geprägt ist. Täglich versammelte sich hier eine Gebetsgemeinde von ca. 100 Personen.

Kapuziner

Seit 1599 bewohnen die Kapuzinerbrüder das Kloster auf dem nach ihnen benannten Stadtberg gegenüber der Altstadt. Auch die zwischenzeitliche Aufhebung durch die Nationalsozialisten, die den Klosterbau zugunsten einer Heldengedenkstätte hatten schleifen wollen, haben die Kapuzinerbrüder letztlich überstanden und den privilegierten Ort ihrer Heimstatt behaupten können.

Obwohl einige der Brüder erst kurz vor der Aktionswoche in Salzburg angekommen sind, war der Gemeinschaft die Beteiligung wichtig. Konsequent war es, die Gunst des Standortes zur Geltung zu bringen und täglich eine „Zeit mit Blick auf den Himmel" anzubieten. Der sonst nicht zugängliche Garten des Klosters mit seiner Terrasse wurde geöffnet. Die Brüder standen bereit, Gäste zu begrüßen, sie durchs Kloster zu führen und mit ihnen ins Gespräch zu kommen.

Besonderen Eindruck machte dabei u. a. der Gärtner Bruder Kleophas, der den staunenden Besuchern sprachgewaltige Einblicke in eine naturverbundene Spiritualität und Lebenskunst bot.

Zum abendlichen „Gebet auf dem Berg" wurden die Besucher vom Bibeltransparent an der Klostermauer empfangen: „Mögen die Engel euch begleiten". – Es ist kein leichter Weg hinauf und kein modernes Verkehrsmittel erleichtert den Aufstieg. Dennoch fanden sich nicht wenige zusammen zum abendlichen Lob Gottes über den Dächern der Stadt.

Noch viele andere Gemeinschaften haben auf verschiedene Weise mit Aktion (z. B. bei der Jugend-Nightwatch) und vor allem Gebet zur Aktionswoche beigetragen: Die Schwestern zum Guten Hirten, St. Josef; die Missionare vom Kostbaren Blut; die Eucharistinerinnen; die Barmherzigen Schwestern; die Franziskanerinnen; die Dominikanerinnen; das Kolleg St. Benedikt, die Halleiner Schulschwestern usw.

Aus dem Kontakt mit P. Johannes Pausch von Gut Aich und der Tatsache, dass der Leiter unserer diözesanen EDV-Abteilung, Alexander Würflinger, ebenfalls diesem Konvent angehört, entstand die Idee, geistliche Zentren außerhalb des Stadtgebietes mittels Shuttlebus mit der Aktion zu verknüpfen. Bischofsvikar Appesbacher und Renate Jaksch haben dies organisiert. Vor allem Schulklassen haben das Angebot gerne genützt und fuhren mit dem Bus nach Gut Aich, Maria Kirchental oder zu den Betlehemschwestern, wo sie jeweils mit einem speziellen geistlichen Programm vor Ort empfangen wurden.

Kloster Gut Aich

Das jüngste der benediktinischen Klöster befindet sich in St. Gilgen am Wolfgangsee. Hier entstand 1999 ein eigenständiges Kloster, das derzeit sieben Mönche beherbergt. Als Europa-Kloster möchten die Brüder ein Lebensmodell für die Integration von Völkern und Staaten Europas sein. Daher stehen die Einrichtungen des Klosters allen Menschen ungeachtet des Glaubensbekenntnisses, der Weltanschauung oder Herkunft offen. Mit dem Gesamtkonzept des Europa-Friedenszentrums wollen sie geistliche und spirituelle Erfahrungsräume und Lernmöglichkeiten schaffen. Um einer wichtigen Regel Benedikts nachzukommen, fördern sie besonders die Gesundheit an Leib und Seele, bieten im Hildegardzentrum Physio- und Psychotherapie sowie Massage und die dazugehörigen Heilmittel an. Während der Aktionswoche führten sie ca. 80 BesucherInnen durchs Kloster und stellten sich deren Fragen.

Die Mönche haben während der Woche nicht nur zweimal Gruppen gastfreundlich aufgenommen, sondern waren auch auf Gegenbesuch in der Stadt, wo sie für die Kindergartenkinder des Stadtteils Lehen Kasperltheater gespielt haben.

Schwestern von Betlehem

Das zweitjüngste Salzburger Kloster wurde 1985 auf der Kinderalm nahe St. Veit eröffnet. Dort, wo früher in den Sommermonaten lungenkranke Kinder therapiert wurden, führen nun Monialen ein stilles und einsames Leben, geprägt von Gebeten und der liturgischen und geschwisterlichen Gemeinschaft. In den ersten 10 Jahren konnten die früheren Berghäuschen in zwei große Klostergebäude erweitert werden. 1999 wurde die Grundsteinlegung für die Klosterkirche auf der Kinderalm gefeiert. An Festtagen zogen immer mehr PilgerInnen zu den Schwestern und wollten gemeinsam mit ihnen feiern.

„Maria im Paradies" wird sie genannt, die Klosterkirche, die ja zwischen Himmel und Erde liegt. Die Schwestern bauten diese Kirche bewusst für Gott, damit er mitten unter uns Menschen wohnen kann. Maria wird von den Schwestern besonders verehrt. In ihr sehen sie die einzige wahre Kirche des lebendigen Gottes, weil sie sich für ihn allein öffnete. Dadurch wird Maria uns zur Pforte, zum Haus Gottes, in das wir alle eintreten können und sollen. Ihre Klosterpforten öffneten die 15 kontemplativ lebenden Schwestern während der Aktionswoche auch für interessierte Schülerinnen. Es ist möglich, einige Tage der Stille und Einsamkeit im Kloster zu erleben.

Maria Kirchental

Die Wallfahrtskirche von Maria Kirchental nahe bei Lofer zieht seit Jahrhunderten PilgerInnen in ihren Bann. Die Schwestern der Missionarinnen Christi und die Patres der Herz-Jesu-Missionare leiten gemeinsam ein Haus der Besinnung. Sie sehen ihre Aufgabe darin, Jesus Christus nachzufolgen. Sie befinden sich auf dem Weg und auf der Suche nach einem Leben in Gott, einem fruchtbaren Miteinander und einer zeitgerechten Spiritualität. Dies verfolgen sie durch einen einfachen und nachhaltigen Lebensstil. In der Aktionswoche führte Pater Unger die InteressentInnen in die Geschichte der Wallfahrt und in die große und überaus interessante Sammlung der Votivtafeln ein. Die Schwestern selbst erklärten ihr Leben im Exerzitienhaus.

Angelika Gassner und Wolfgang Müller, Seelsorgeamt

Mittagsgebet

Aufatmen und Auftanken – mitten in der Unruhe endlich Ruhe –
das Haus Gottes belebt und beheimatet.

Der Aufforderung zur Atempause wurde in den Kirchen
und im Sacellum Folge geleistet. Den Fluss unterbrechen, die Einkaufstasche abstellen, den müden Rücken
entlasten, bewusstes Durchatmen und Aufatmen:
Oasen mitten in der Stadt, Raum für eine Besinnung,
um anders den Weg fortzusetzen.

Werde still

Still werden, heim finden, bei sich selbst ankommen, in sich ruhen – sein. Es ist kaum mehr möglich in dieser Zeit, zu dieser Stunde. Wo denn gibt es noch Stille? Eine wohltuende, kreative Stille – wo ist sie zu finden? Die Reizüberflutung ist so präsent, dass uns beinahe schon Angst wird, wenn sie nicht mehr vorhanden ist, wenn wir in der Stille auf uns, auf unser Sein, geworfen sind. Da tauchen plötzlich Gedanken, Ängste, Erinnerungen auf, die uns vielleicht gar nicht gefallen, die uns aus der Bahn werfen könnten; die uns so in Frage stellen, dass wir uns gerne wieder mit dem ständigen Lärm betäuben. Es ist so eine Sache mit der Stille: sie fordert, fordert heraus, überfordert sogar. Ist es möglich, dass wir die Betäubung künstlich erschufen, um nicht der Stille ausgesetzt zu sein?

Kräfte sammeln

Viele Ansprüche strömen auf uns ein, jene, die wir uns selbst stellen, und jene, die andere für uns aufstellen. Ihnen zu genügen kostet viel, mitunter alle Kraft, die uns zur Verfügung steht. Kraftlos werden wir allzu oft auch mutlos und lustlos. Das Leben verliert seine Anziehungskraft, seine Aussagekraft. Wie können wir wieder zu unseren Ressourcen kommen? Wie können wir aus eigenen und fremden Kraftquellen schöpfen?

Jesus Christus spricht: Kommt her zu mir, alle, die ihr mühselig und beladen seid; ich will euch erquicken. Matthäus 11,28. Eine Einladung jenes Menschen, durch den die Kraft Gottes zur Wirkung kam, der immer wieder selbst zu seinen Kräften finden musste. Er selbst erquickte sich im Rückzug in die Stille, sprich Wüste, durch die Versenkung ins Gebet, der Zwiesprache mit Gott. Und er ließ es sich auch ganzheitlich gut gehen – genoss die Fülle des Lebens. So ließ sich Jesus z. B. von Maria salben, zärtlich berühren, und empfing mit dieser liebevollen Geste die Kraft, die er für das schwere Ende seines Weges benötigte. Seiner persönlichen Erfahrung können wir uns öffnen, ihm zutragen, was uns belastet – er versteht und erleichtert.

Zur Mitte kommen

Der Weg zur Mitte ist zumeist ein langer und oft mühsamer Weg. Dieser Pfad führt über (Lebens-) Wenden und Stolpersteine, vielleicht sogar über Hindernisse und Sackgassen zur Mitte. Nicht jede/r kommt an – das Vorbeiirren nervt. Wer die Mitte erreicht, kann sie als Ort der Ich- und Gottesbegegnung erfahren. Manchmal wird die Erfahrung der Mitte sogar das Erleben einer inneren Wandlung. Der Aufenthalt in ihr ist unterschiedlich lang – aber nicht unendlich lang. Die Mitte muss wieder verlassen werden, damit Fortschritt geschieht, damit Erfahrenes in die Realität umgesetzt werden kann. Ich verlasse diese Mitte, aber anders als ich zuvor war. Das Geschenk der Mitte kann eine Lebenserkenntnis, kann das Erleben einer inneren Harmonie, kann ein „Ja zum eigenen Sein" sein. Immer aber wird die Mitte-Erfahrung zum Auftrag für das Leben.

Ein heiliger Raum

Kirchen können zu Räumen werden, in denen Gott gerne unter Menschen wohnt. Kirchen können Räume sein, in denen Menschen Gott gerne Platz einräumen. Wenn dies geschieht, dann wird dieser heilige Raum zum Kraftraum – einer Kraft, die aus einer bereichernden Begegnung geboren wird; einer Kraft, die aus der Berührung von Himmel und Erde erwächst. In einem solchen Raum kann ich mich geborgen fühlen, kann ich mich loslassen, kann ich mich „nackt" zeigen. Hier bin ich die, die ich bin; der, der ich bin. Und hier hat mein Sehnen Raum, das zu werden, was noch in mir verborgen ist, was noch herausgeliebt werden möchte. Hier, im Angesicht eines liebenden Gottes, darf ich sein.

Sei still und erkenne: Ich bin da.
Sei still und erkenne: Ich bin.
Sei still und erkenne
Sei still
Sei

Angelika Gassner, Seelsorgeamt

Engelsburg

Eine Raum-Installation der HTL-Itzling als Informations-,
Kommunikations- und Verteilzentrum.

Ein Ort, wo Erfahrungen erzählt wurden, wo sich Leute
Informationen über Veranstaltugen holten, wo manche bei den Bibelsprüchen verweilten, wo diskutiert
und geplant wurde, sich aber auch Mitarbeiterinnen
und Mitarbeiter ausrasteten.

Ein offener Raum für ein offenes Projekt

Im Vorfeld haben wir so viel über Aktionen mit „Engeln" geredet, dass jemand gemeint hat, deren „Einsatzzentrale" müsse dann die „Engelsburg" sein. Schnell war klar, dass es sich dabei nicht um ein festes Gebäude handeln konnte. Die Aussicht auf etwas „Bierzeltartiges" schien aber auch nicht sehr verlockend. Also entstand die Idee, auf die Behausung moderner Nomaden zurückzugreifen und auf der Basis von Baucontainern eine bewohnbare offene Rauminstallation auf einem der Stadtplätze zu inszenieren.

Mit dem Interesse von Architekt DI Günther Marschall kam als Projektpartner die HTL Itzling ins Spiel. Die „Engelsburg" wurde zum Praxisprojekt für die SchülerInnen, die eine Reihe von kreativen Entwürfen erstellten und präsentierten, von denen sich das Projekt Schilcher/Schleicher durchsetzte.

Den vier Baustellencontainern wurden an jeweils einer Schmalseite farbige Plattenelemente in den Farben weiß, rot, gelb und braun vorgesetzt, ein Symbol für die verschiedenen Menschenrassen. Über dem zwischen den Containern entstehenden Platz „schwebt" ein gleichseitiges Dreieck aus Holzbalken, das für das Christentum mit seinem dreifaltigen Gottesbild steht. Möbliert wurde das ganze mit Biertischgarnituren.

Durch das Dreieck spannten sich schließlich Drahtseile statt einer leider nicht genehmigungsfähigen Plane. An den Drahtseilen flatterten einige Zeit auch einige flotte Engelsbilder von Schülern der Herz-Jesu-Missionare, bis sie vom Wind verblasen wurden.

Die Firma Dywidag stellte vier fabrikneue Container kostenlos zur Verfügung. SchülerInnen führten auch die Montagearbeiten unter der Leitung von Ing. Josef Ostermeier und Zimmermeister Josef Neureiter durch. Die Container dienten in der Woche als Materiallager, Verkaufsstelle für Engelsfiguren, als „Containerkino im Kinocontainer", wo die Medienstelle Kurzfilme zeigte, und als „Umver-teilungscontainer" im Rahmen des Projektes „ArMut teilen".

Der vormittags sehr schattige Mozartplatz erwies sich als Standort nicht ganz so günstig, denn die Umrahmung einer auf Baucontainern beruhenden Installation durch zwei Baustellen minderte die öffentliche Wirkung doch beträchtlich. – Kurios auch der Moment, als eine lateinamerikanische Musikgruppe bei uns aufspielte, während man nebenan feierlich per Hebebühne zur Enthüllung der restaurierten Mozartstatue aufstieg.

Die Engelsburg war Treffpunkt und Veranstaltungsort: Leben am Limit, Millenniumgoals, Malaktion des Kindergartens Marianum, Engel-Versteigerung fanden hier statt.

Für die Straßenaktionen der Passantenpastoral war die Engelsburg der Ausgangspunkt. Wenn MitarbeiterInnen anfragten: Ich habe morgen Zeit, was soll ich tun und wohin soll ich kommen? zog das fast immer die Antwort nach sich: Melde dich bei der Engelsburg!

Hier waren die blitzblauen „Dienstjacken" mit der Aufschrift „Erzdiözese Salzburg" und Ausweise zu erhalten. – Es ist erfreulich, wie viele stolz darauf waren, eine blaue Jacke anzuziehen. Die Jacken dienten der Erkennbarkeit und dem Schutz zugleich.

Es ging in erster Linie um Verteildienste, wobei das Materialverteilen auch immer als Anlass zu Gesprächen verstanden wurde. Zur Verteilung kamen unsere Freecards, Rupertusblätter mit dem Wochenprogramm, kleine Holzkreuzerl zum Umhängen, die Grundgebete im Scheckkartenformat. Auch „moSe", die mobile Seelsorge (siehe Seite 124) und das „Foto mit Jesus" (siehe Seite 81) hatten hier ihren Ausgangspunkt.

Die Reaktionen der PassantInnen sind natürlich sehr verschieden. Für die MitarbeiterInnen war vor allem der Grundsatz wichtig, nie den Humor zu verlieren und negative Reaktionen nicht persönlich zu nehmen (daher u. a. die Wichtigkeit der Dienstjacken). Spannend zu beobachten war jedoch auch, welche Kommunikationstalente sichtbar wurden. Viele, die sich hier auf den Weg machten, sind normalerweise als SachbearbeiterInnen oder SekretärInnen mit Büroaufgaben beschäftigt. Für fast alle war es das erste Mal, dass sie vor der Herausforderung standen wildfremde Menschen auf der Straße anzusprechen. Als hilfreich erwies sich der alte Grundsatz Jesu seine Leute immer wenistens zu zweit auszuschicken. Wenn man zumindest in Sichtweite eine/n Kollegen/in hat, ist einem doch leichter ums Herz. – Auf diese Weise entstanden auch ganz neue zwischenmenschliche Kontakte unter den MitarbeiterInnen der verschiedenen Abteilungen und Einrichtungen. So maches „Sie" ist einem „Du" gewichen.

Die Engelsburg machte ihrem Namen vor allem dann Ehre, wenn die SchülerInnen-Engel mit ihren Bluesbrothers/sisters zum Aufwärmen auf einen Tee vorbeischauten.

Im „Vorgarten" der Engelsburg stand zumeist unser „Bibelstellenbaum". PassantInnen konnten hier Kärtchen mit Sätzen aus der Bibel von dem stilisierten Baum herunterpflücken. Manchmal war er regelrecht umlagert von Gruppen, die einander vorschlugen, welcher Satz wohl zu wem in der Gruppe am besten passen würde.

Eine Sonderaktion für jene, die unter dem morgendlichen Stau zu leiden hatten, ging vom Bildungszentrum Borromäum aus. Hier wurden „Bibelkekse" gebacken und zur Verteilung gebracht.

Neben der „Engelsburg" und dem „Himmelsgarten", der leider kurzfristig nicht zustande gekommen ist, gab es als weitere „Installation" noch den „Raum für Gebet" vor dem Europark. Dort wurde ein Block aus fünf alten Kirchenbänken auf einer Grünfläche aufgestellt mit dem Hinweisschild „Raum für Gebet". Ursprünglich für die dortige Verkehrsinsel ausgedacht, wirkte die Installation recht verloren vor dem enormen Gebäudekomplex. Das war aber durchaus auch der Sinn: ein Kontrast, eine ungewöhnliche Begegnung, wie so viele in der Woche des Offenen Himmels.

Wolfgang Müller, Projektleiter

Mobile Seelsorge

PastoralassistentInnen waren in dieser Woche als mobile SeelsorgerInnen an verschiedenen Orten der Stadt unterwegs.

Gespräche wurden geknüpft an Orten, wo ein Verweilen möglich ist, in einem Café, auf einer Bank im Park, in einer Warteschlange. Menschen nehmen dankbar wahr, dass sich Kirche auf die Straße wagt und sich für das Leben draußen interessiert.

Erzdiözese ✚ Salzburg

Konzept einer Mobilen Seelsorge

Wie Jesus selbst können Christ/innen nicht schweigen über die Hoffnung, die sie erfüllt.

Mission, Verkündigung ist ein dialogischer Prozess ohne Herrschaftsgefälle, bei dem Gott sowohl dem/der Verkünder/in, als auch dem/der Adressaten/in im jeweils anderen begegnen will.

Der/die Verkünder/in muss Gott nicht erst zum anderen bringen, aber er/sie eröffnet einen Dialog, in dem der immer schon anwesende Gott zur Sprache kommt und sich in seiner transzendierenden Verwandlungskraft auf mehr Leben hin den Gesprächspartnern offenbart und anbietet.

Verkündigung, Mission ist daher nicht die quantitative Ausbreitung eines gegebenen Besitzstandes, die Ausweitung einer Zugehörigkeitsgrenze oder die Ausdehnung eines Einfluss- bzw. Herrschaftsbereiches. Verkündigung ist für den/die Verkündiger/in selbst Gottesbegegnung, ist Schlüssel zum Verstehen des Evangeliums, ist Schlüssel zur Wahrnehmung der Zusage Gottes.

Lernort des Dialoges, den die Verkündigung eröffnet, ist der Dialog selbst. Ort der verwandelnden Begegnung ist die Begegnung. Die kirchliche Gemeinschaft muss nicht zuerst gewandelt werden, um Verkündigung, Mission zu ermöglichen. Verkündigung, Mission sind es, welche die Verwandlung selbst bewirken.

Verkündigung basiert auf Freiheit und zielt auf Freiheit, die unverfügbar bleibt: die Freiheit Gottes, die Freiheit der Menschen. Verkündigung, Mission muss damit rechnen, dass die Wege Gottes plurale Wege sind. Die Kirche steht immer in der Versuchung, ihre Selbstausbreitung mit dem Heil gleichzusetzen. Demgegenüber ist der Gedanke der Stellvertretung festzuhalten: das Eintreten für den anderen auch angesichts bleibender – sogar menschlich unvereinbarer – Verschiedenheit.

Anliegen des Projektes „moSe"

■ Als SeelsorgerInnen im öffentlichen Raum präsent und ansprechbar sein

■ Glaube und Kirche in öffentlichen Räumen und Plätzen ins Gespräch bringen
■ Eine Erfahrung von neuen Formen von Seelsorge in einem geschützten Umfeld ermöglichen
■ Eine Kontrasterfahrung zur üblichen Arbeit in der Seelsorge ermöglichen
■ Die Chance zur Wahrnehmung der gesellschaftlichen Situation nutzen
■ Vernetzung der SeelsorgerInnen durch die gemeinsame Aktion
■ Einmal weg vom Schreibtisch an die frische Luft zu kommen

Aufgaben der mobilen Seelsorge

■ Präsent sein an Orten, wo sich viele Leute aufhalten
■ Den Dialog mit konkreten Menschen anzetteln
■ Sich als Gesprächspartner anbieten
■ Aufmerksam sein für das, was die Menschen in den konkreten Situationen bewegt
■ Die Erfahrungen reflektieren und auch der Organisation Kirche zurückmelden

Was wir auslösen können

■ Interesse, Widerstand, Nachdenklichkeit
■ Gelegenheit, über das Leben zu reden
■ Überraschung, weil Hauptamtliche offensiv werden
■ Respekt über den Mut zu solchem Handeln

Zur Durchführung

SeelsorgerInnen gehen jeweils zu zweit gekennzeichnet in öffentliche Räume. Als öffentliche Räume anzusehen sind Geschäftszentren, Lokale, Großveranstaltungen, Bahnhöfe, Straßen, Parks, Erholungsorte und Räume, wo sich viele Menschen bewegen.

Beteiligte Personen

■ Angestellte der Erzdiözese mit pastoraler Fachausbildung
■ StudentInnen der Theologie
■ Ordensleute

Für das Konzept:
Wolfgang Müller und Sebastian Schneider, Seelsorgeamt

Brücke

Der Mozartsteg unter dem „Offenen Himmel".
Lebensübergänge – eine Brücke wird zum Symbol.

Lebensübergänge prägen unser Dasein. Um auszudrücken, dass solche Übergänge wie Brücken sind, haben wir den Mozartsteg durch Texte, Bilder und einen Vorhang verfremdet. Anlass für die „Durchreisenden", das Gewohnte einmal mit anderen Augen zu sehen.

Lebensübergänge

Es ist schon erstaunlich, wie sehr Menschen von Alltäglichem überrascht sein können, wenn es sich einmal in einem andern, ungewohnten Licht präsentiert. Einige beschleunigen ihren Schritt und ihre Geschäftigkeit, um das Ungewohnte schnell hinter sich zu lassen, um dem Anderssein über die Gewohnheit möglichst wenig innere „Angriffsfläche" zu bieten. Andere hingegen folgten unserer Intention, entschleunigten ihren Schritt um innezuhalten und sich Zeit zu geben, das Neue zu entdecken und Veränderung – vielleicht auch als Bereicherung – wahrzunehmen. Was ich nicht bedacht und schon gar nicht erwartet hatte, wurde plötzlich sichtbar: so, wie der verfremdete Mozartsteg menschliche Lebensübergänge symbolisiert, versinnbildlichte das Verhalten der vorbei gehenden Menschen unsere Reaktionen auf sich ankündigende Lebensübergänge. Einige beschleunigen ihren Schritt und leugnen das Neue solange es geht. Und andere entschleunigen ihren Schritt, um sich neu zu orientieren, damit Neues weniger als Bedrohung empfunden werden muss, sondern viel mehr als Chance wahrgenommen werden kann.

Übergänge prägen und bestimmen unser Leben vom Anfang bis zum Ende. Selbst Geborenwerden und Sterben sind für uns nur als Übergänge vorstellbar. Das Kind lebt noch ganz selbstverständlich mit Übergängen, mit Veränderungen. Es wird damit konfrontiert, unentwegt, ja fast täglich Dinge zu lernen und sich anzueignen, um sich gesund entwickeln zu können. Neuwerden ist eine Grundvoraussetzung für Gesundheit, für Entwicklung aber auch für Heilung. Das Kind lernt krabbeln, sitzen, stehen, laufen, es bekommt Zähne und längere Gliedmaßen, mit denen auch seine Möglichkeiten wachsen. Mit dem Eintritt in die Schule und mehr noch mit der Pubertät beginnt ein anderes Wachstum; Lebensübergänge, bei denen wir nicht selten auch von Krisen sprechen. So kommt es nicht von ungefähr, dass sich dieses Wort vom griechischen Krino herleitet. Je nach Gebrauch beinhaltet es unterschiedliche Nuancierungen seiner Grundbedeutung scheiden; so zum Beispiel: sondern, unterscheiden, aussondern, entscheiden und beschließen, aber auch auslegen, deuten und beurteilen. Krisen sind wie Weggabelungen, an denen ich mich bewusst entscheiden muss. Sie sind Lebensübergänge, aus deren Alternativen es zu wählen gilt und die mich aufrufen, Position zu beziehen. Krisen entheben das Leben einer gewissen dahindümpelnden Beliebigkeit. Krisen und ihre Bewältigung geben uns unsere unverwechselbare Kontur und verlangen nach Deutung. Krisen, Übergänge geschehen nicht einfach. Es wohnt dem Wesen der Krise inne, dass sie zu ihrer Bewältigung bewusst durchlebt und angenommen werden muss.

Übergänge sind in der Tat wie Brücken, die uns über Abgründe, Wirrnis und über Unwägbarkeiten hinwegführen. Sie mindern nicht nur Gefahr, sondern ersparen uns noch dazu langwierige Umwege. Es mag diesem Bilde zuträglich sein zu erwähnen, dass die Brücke auch der Ort ist, an dem der Kapitän eines Schiffes seine wichtigsten Entscheidungen zu treffen hat.

Nicht selten jedoch bieten sich für unsere ganz eigenen Lebensübergänge keine fertigen Brücken an. Und so mag es bisweilen eine unserer schwierigsten Übungen sein, Krisen – welcher Art auch immer – dazu zu nutzen, um selbst Hand anzulegen und sich als Brückenbauer zu betätigen. So gesehen ist jeder kleine Stein, der der Errichtung von Brücken zwischen Menschen und Ideen zuträglich ist, alle Male besser als jedes Jammern über Abgründe und Gefahren. Dies mag auch als Ermutigung und Wunsch an unseren größten Brückenbauer, den Pontifex Maximus gerichtet sein, formuliert von den Menschen, die sich von den einander gegenüberliegenden Uferseiten aus zuwinken und sich nach Einheit sehnen.

Detlef Schwarz, Referent für Krankenpastoral und Notfallseelsorge, Seelsorgeamt

PendlerInfrühstück

Ein genüsslich vernaschtes Biofrühstück sorgte für einen guten Arbeitsbeginn nach dem oft stressigen Pendeln.

Mitten hinein in den hastigen Pendlerverkehr wird ein liebevoll verpacktes Jausenpaket gereicht. Das „Griss" ums Packerl entsteht, der Vergabestress für die MitarbeiterInnen steigt. Insgesamt 6000 Frühstückssackerl füllen leere Mägen und erzeugen frohe Gemüter bei den Beschenkten.

„Nun ist es genug"

Elija ging eine Tagereise weit in die Wüste hinein. Dort setzte er sich unter einen Ginsterstrauch und wünschte sich den Tod. Er sagte: Nun ist es genug, Herr. Nimm mein Leben; denn ich bin nicht besser als meine Väter.

Dann legte er sich unter den Ginsterstrauch und schlief ein.

Doch ein Engel rührte ihn an und sprach: Steh auf und iss!

Als er um sich blickte, sah er neben seinem Kopf Brot, das in glühender Asche gebacken war, und einen Krug mit Wasser. Er aß und trank und legte sich wieder hin.

Doch der Engel des Herrn kam zum zweiten Mal, rührte ihn an und sprach: Steh auf und iss! Sonst ist der Weg zu weit für dich.

Da stand er auf, aß und trank und wanderte, durch diese Speise gestärkt, vierzig Tage und vierzig Nächte bis zum Gottesberg Horeb. 1 Kön 19,4–8

Ähnlich wie beim Propheten Elija holt uns immer wieder im täglichen Einerlei die Müdigkeit, die Lustlosigkeit, die Sehnsucht nach Ruhe ein. Die Wüste wäre gerade ruhig genug, ein Ort ohne ständige Berieselung und Reizüberflutung. Ein Ort des Abschaltens, des Fastens und vielleicht des Sterben-Lassens von so vielem, was uns von uns selbst fernhält. So mag Elija wohl gedacht haben, und so mag es manchmal auch in uns aussehen. „Nun ist es genug!" Nimm, Gott, dieses Leben – oder hilf uns es zu verändern.

„Steh auf und iss!"

Wer unterwegs ist zu größeren Aufgaben, zur täglichen Arbeit, zu jeglicher Herausforderung, benötigt auch stärkende Nahrung. Ein Engel, ein Bote Gottes, rührt den Propheten an, holt ihn aus seinem Schlaf, aus seiner Starre. Elija soll essen und trinken. Er soll sich zunächst körperlich stärken, aufbauen, Kraft gewinnen. Er darf sich nicht hängen lassen, sinnlos zurückziehen. Es geht darum, sich auf den Weg zu machen, sich neue Lebenseinstellungen einzuverleiben. Doch Elija will noch nicht, ist noch zu müde. Er scheint noch keine neue Vision in sich zu spüren. Der Engel Gottes jedoch lässt dieses innere Davonrennen nicht zu. Noch einmal fordert er klar: „Steh auf und iss! Sonst ist der Weg zu weit für dich." Gott hat mit Elija noch einiges vor. Die Zeit sich fallen zu lassen und aufzugeben hat keinen Platz im Plan Gottes. Einen Weg gilt es zu gehen, dieses Gehen und Zupacken fordert heraus, Nahrung ist notwendig. So gestärkt kann Elija sein prophetisches Wirken annehmen, zu sich selbst finden und Gott am Gottesberg nahe sein.

Stärkung für Pendlerinnen

Die Kirche versucht Nahrung zu bieten, Stärkung für den Lebensweg zu ermöglichen. Manchmal tut sie dies im wahrsten Sinne des Wortes – in dem sie Frühstückssackerl verteilt. Es ging um ein Zeichen der Solidarität. Vielleicht soll uns dies darauf hinweisen, dass zur geistigen Nahrung auch die leibliche Nahrung dazugehört. Wer morgens sein Haus verlässt, durch die Straßen hetzt, um am Arbeitsplatz seine tägliche Leistung zu erbringen, soll hiermit gestärkt werden. Leben und Arbeiten gehört zusammen. Sich in der Arbeit zu entfalten ist unser Ziel. Um unser Ziel zu erreichen benötigen wir Nahrung. Ähnlich wie bei der wunderbaren Brotvermehrung wurden an drei Arbeitstagen 6000 PendlerInnen beschenkt. Die MitarbeiterInnen der Kirchenbeitragsstelle haben sie jeden Tag frisch vorbereitet – ab 4.00 Uhr morgens – und verteilt. Die Freude über diese Geste war bei manchen so groß, dass sie aus ihren Bussen ausstiegen, um sich ein Sackerl zu holen. In einer Welt des Überflusses freuen wir uns immer noch über ein Geschenk, über eine gute Speise. Ein kleines, mit Freude verschenktes Paket, dessen Inhalt wir nicht täglich am Frühstückstisch empfangen. Eine kleine unerwartete Überraschung, die unseren gewohnten Alltag durchbricht und ein Aufatmen ermöglicht. Vielleicht ist dies die Aufgabe der Kirche: den Alltag unterbrechen, das Unerwartete schenken und Freude verbreiten, damit wir und alle, die hin- und herpendeln in dieser Zeit, einen Augenblick des Seins erfahren dürfen – mitten im angestauten, überfüllten Tag.

Angelika Gassner, Seelsorgeamt

Hearer's Corner

Das große Ohr wanderte über Mozartplatz, Alter Markt, Platzl, zur Salzburger Schranne und bis zum Veronaplatz in Itzling.

Der Hearer's Corner besteht aus einer „Teppich-Insel" und zwei bequemen roten Fauteuils, die zum Hinsetzen und „Plaudern" einladen. Weithin sichtbares Symbol ist ein großes weißes Ohr. Es lockte zahlreiche Fotografen an und speziell japanischen Touristen hatte es das Riesenohr angetan.

Ich bin ganz Ohr!

Die Idee einer „Zuhör-Station" entwickelte sich nach einer Diskussion, deren Inhalt die geplante Aktionswoche Offener Himmel war. Ein Gesprächspartner meinte: „Das ist alles gut und schön, ich habe aber den Eindruck, dass die Kirche oft gar nicht richtig hinhört, was die Menschen bewegt. Bevor man noch ausgeredet hat, sind schon Belehrungen oder Vorhaltungen am Tisch …"

Passanten sind eingeladen, Platz zu nehmen und
- … über ihren offenen Himmel
- … über ihren Glauben, ihre Hoffnung
- … über die Kirche

zu sprechen. Nicht erwarten kann die Person, die Platz genommen hat
- aktive Widerrede oder gut gemeinte Klarstellungen
- Ratschläge, Belehrungen und Aufforderungen
- theologische Lektionen oder Lebensberatung

Praktiziert wird das „aktive Zuhören", das höchste Konzentration verlangt und nur einzelne weiterführende Orientierungsfragen zulässt. Es erzeugt die so notwendige gleiche „Wellenlänge" mit den GesprächspartnerInnen, weil es sie spüren lässt, dass ihnen die ZuhörerInnen emotional intensiv folgen.

Was wurde – anonym – den ZuhörerInnen anvertraut? – Die Liste ist vielfältig, hier einige Beispiele:

- „Für die wirklich Armen tut letzlich nur die Kirche etwas. Viele wissen das gar nicht. Es würde nicht viel brauchen und die Kirche wäre wieder mehr bei den Menschen."

- Ein Mann, der nicht auf die Sonnenseite des Lebens gefallen ist, schildert seine Lebensgeschichte, die von Enttäuschungen und Krankheit geprägt ist und im Glauben Halt findet.

- Eine Frau aus Belgrad, die schon 30 Jahre in Österreich ist, erzählt von ihren Berufserfahrungen in der Gastronomie und von ihrem missmutigem Chef, den sie jahrelang ertragen hat. Jetzt ist sie in Pension.

- Lob, dass die Kirche auf die Menschen zugeht und so zahlreich interessante Veranstaltungen bietet; spontane Freude über die Paulus-Lesungen in den Katakomben, über das Erlebnis des Lichterlabyrinths im Dom, über die exzellenten und kostenlosen Konzerte wird kundgetan.

- Eine Frau erzählt von ihrem Mann, der seit sieben Jahren an Alzheimer leidet, in einem Heim lebt und sie nicht mehr erkennt. Sie besucht ihn jeden Tag. Sie sucht Trost bei der Gottesmutter.

- Itzlinger Kinder erzählen, dass die Oma und der Opa im Himmel sind. Ein Bub berichtet, dass auch der Papa schon dort ist. Dann mutmaßt die fröhliche Schar, wie es wohl im Himmel zuginge, was es zu essen gäbe, ob man früh aufstehen müsse, ob nur Fußball gespielt oder auch anderer Sport betrieben würde …

- „Als ich einen Vortrag halten sollte, besuchte ich vorher die Pfarre, um den Saal kennen zu lernen. Begrüßt wurde ich vom Pfarrer mit den Worten: ‚Sie sind aber nicht aus der Pfarre!' Ich erwiderte: ‚Ich sage immer als erstes zu jemandem, den ich nicht kenne: Grüß Gott! …"

- Eine Gruppe Jugendlicher bekannte, zwar katholisch zu sein, aber „nicht so richtig". Wieso nur die kath. Kirche die Wahrheit verkünden soll und nicht auch die friedlichen Buddhisten, fragen sie sich. Den Dingen auf den Grund zu gehen, wäre schon interessant. Ein „gescheiter" Firmunterricht – bei den meisten noch ausständig – „wär' voll super" …

- Aufforderung, dass die Kirche bei allgemeinen Themen viel aktiver ins Gespräch treten soll. Warum immer so lax? – Mitmischen! Jeden Tag spreche ich das Gebet „Herrgott, ändere diese Kirche, aber fang bei mir an."

Herzlichen Dank allen ehren- und hauptamtlichen MitarbeiterInnen der Katholischen Aktion und den KollegInnen von der Telefonseelsorge, die den Menschen mitten im Salzburger Alltagstrubel ihr Ohr zugewendet haben. Für viele wurde dadurch ein Stück „Offener Himmel" spürbar.

Hannes Schneilinger, Generalsekretär der Katholischen Aktion

Viele junge Gesichter

Schulen beteiligen sich und nützen die Aktionswoche.

Die Mitgestaltung und Teilnahme von Schulen und
Schulklassen an der Aktionswoche hat dem Offenen
Himmel ein junges Gesicht gegeben.

Am Anfang:

Passanten und Touristen bleiben stehen, schauen mit offenem Mund: Samstag auf dem Domplatz, Soundcheck für SalzBurgLicht, auf der Bühne der gemeinsame Chor der Bildungsanstalt für Kindergartenpädagogik und des Erzbischöflichen Gymnasiums Borromäum unter der Leitung von Mag. Moritz Guttmann. Schon das Einsingen reißt die Zuhörer mit in die Rhythmen von „Ever smiling liberty", mit denen der dann folgende wunderbare Abend auf dem Domplatz auch ausklingt.

Am Schluss:

Ein gemischter Chor der Privatgymnasien der Ursulinen und Herz-Jesu-Missionare gestaltet die Eucharistiefeier im Dom zum Sonntag der Weltkirche mit Gesängen aus aller Welt bis hin zu den Beatles.

Dazwischen:

SchülerInnen der BAKiP sind die ganze Woche als Engel und Bluesbrothers/sisters unterwegs. In der Franziskanerkirche führen sie ein Franziskusspiel auf und nehmen am Fest der Kulturen teil.

Schüler des Borromäums helfen beim Bühnenaufbau und verteilen Freecards.

Eine Klasse aus dem Annahof verkauft „Engel für Afrika" – kleine gestrickte Fingerpuppen. Der Erlös kommt der Partnerdiözese im Kongo zugute.

Schülerinnen der Wirtschaftsfachschule St. Josef haben ein Jahr lang Mitbringsel gebastelt, die sie mit einer Dankeskarte an das Personal von Krankenhäusern und Pflegeeinrichtungen verschenken.

SchülerInnen der Caritasschule halfen tatkräftig mit bei der Dialogveranstaltung „Leben am Limit" auf dem Mozartplatz.

Schüler der Herz-Jesu-Missionare verteilen selbstgebastelte Papierschiffchen mit Bibelsprüchen und kicken bei der Engelsburg auf zwei kleine Fußballtore bzw. laden Passanten dazu ein. Zu treffen gilt es unter dem Motto „Kick die Armut aus der Welt" die „Millenniumgoals". Man kann Fußbälle erwerben, die über diese „Millenniumgoals", die Jahrtausend-Entwicklungsziele der UNO Auskunft geben (www.millenniumgoals.at):

1. Weniger Armut und Hunger
2. Bildung für alle Kinder
3. Gleichstellung der Frauen fördern
4. Kindersterblichkeit senken
5. Krankheiten bekämpfen
6. Müttersterblichkeit senken
7. Nachhaltige Umwelt sichern
8. Globale Partnerschaften schaffen

Schülerinnen der Ursulinen feiern im Dom einen Wortgottesdienst. Sie bringen selbstgestaltete „himmlische" Transparente mit. Einige Ursulinen-Engel und Bluesbrothers/sisters sind dabei.

Anschließend bilden sie zusammen mit Schülern der Herz-Jesu-Missionare eine beeindruckende Menschenkette rund um den Dom, die zeigt, dass Kirche eben nicht nur aus Gebäuden besteht, sondern aus der lebendigen Gemeinschaft von Menschen, die sich die Hände reichen.

In Gnigl veranstaltete die Volksschule ein multikulturelles Fest. In Aigen und Itzling waren beim Tag der Gastfreundschaft die Großeltern in die Schule eingeladen. In Itzling wurde ein „Sorgenberg" aus bemalten Steinen aufgetürmt und dann in ein Lebenslabyrinth verwandelt. Die Übungshauptschule Herrnau bemalte Teile der Klostermauer der Eucharistinerinnen. Volksschüler aus Mülln unterstützten die Barmherzigen Schwestern bei der Versorgung Obdachloser in der Vinzenzstube. Und vermutlich war das noch lange nicht alles …

Angebote wahrgenommen

SchülerInnen und Schulklassen haben das Bibellesezelt auf dem Mirabellplatz besucht, die Entspannungsinsel des Jugendzentrums Iglu entdeckt, die Familien- und Partnerberatungsstelle am Mirabellplatz besichtigt, den Shuttlebus zu den Geistlichen Zentren Gut Aich, Maria Kirchental und Betlehemschwestern ausgebucht, ebenso die Schülervorstellung des Videoprojektes „Über meinen Glauben möchte ich leise sprechen" in Das Kino.

Schön war das und es zeigt, dass Kinder und Jugendliche durchaus zu begeistern sind – auch für kirchliche Aktionen. Man muss sie nur lassen!

Wolfgang Müller, Projektleiter

Ein Fest der Kinder

Kinderlachen und Kindergeschrei war auch dabei!
So öffnet sich der Himmel.

700 Kinder aus kirchlichen Kindergärten, alle in blaue Jacken gekleidet, malen, tanzen, essen gemeinsam und haben eine Gaudi. Mamas, Omas und Kindergartenpädagoginnen machen mit, ermuntern, zügeln, singen und lachen. So viel Leben belebt kirchliche Strukturen.

Lasst die Kinder!

Schon zu biblischen Zeiten wurden Kinder an den Rand gedrängt; und heute ist es nicht anders: sie sind laut, lebendig, unberechenbar, überschwänglich, unfolgsam, unkonventionell, gehen über Grenzen, kosten Nerven … also – Störenfriede. Aus dem Weg mit ihnen. Sie poltern herum, springen, schreien, fahren Skateboard, zerstören … also – Unruhestifter. Aus dem Weg mit ihnen. Stopp!

> *Da brachte man Kinder zu ihm, damit er ihnen die Hände auflegte und für sie betete. Die Jünger aber wiesen die Leute schroff ab. Doch Jesus sagte: Lasst die Kinder zu mir kommen; hindert sie nicht daran! Denn Menschen wie ihnen gehört das Himmelreich. Dann legte er ihnen die Hände auf und zog weiter. Matthäus 19,13–15*

Was sieht Jesus in den Kindern? Er sieht ursprüngliche Wesen, die mit Staunen und Offenheit in die Welt sehen; die sich öffnen für Neues; die erste Schritte wagen; die ihre Emotionen ausleben und noch nicht verdrängen; die ihre Grenzen ausprobieren, um an ihnen zu wachsen; die kompromisslos ehrlich sind; die noch schreien, wenn ihnen was weh tut oder wenn ihnen was gut tut; die unzensuriert ihrer Kreativität Ausdruck verleihen; die sich des Lebens freuen; die manchmal sehr laut von ihrer Anwesenheit erzählen; die dem Leben noch trauen; die an das Christkind und den Osterhasen glauben, obwohl sie die Eltern dahinter erleben; die lieben, auch wenn sie geschlagen werden; die noch voller Zukunft und ungelebter Möglichkeiten sind … die von Gott bejaht und geliebt sind.

Kreativität pur

Da waren Kinder, die lustvoll mit dicken Pinseln große Blätter bemalten. Da wurde der Bischof, den sie zuvor erlebt haben, mit dem sie getanzt haben, auf Papier festgehalten. Da wurden Blumen gemalt, Himmel und vieles, was nicht wirklich erkennbar war. Aber – es wurde mit Freude und mit Hingabe gepinselt. Manch ein Kind war am Ende beinahe bunter als das Papier. Die „Werke" standen noch herum als es langsam dunkelte und die Kinder längst die Heimreise angetreten haben. Ein Ehepaar wandert vorbei. Sie fängt lautstark an, diese moderne, nichts sagende Kunst von heute zu kritisieren. Ich rufe ihr zu, dass Kinder gemalt haben. Sie schlängelt sich heraus und erwidert schnell, dass Kinderkunst etwas schönes ist. Habe ich sie doch glatt ertappt. Ehrlich gefragt – hätten Sie anders reagiert?

Alles tanzt

700 Kinder tanzen und singen, machen Gebärden zu einem Lied. Im Kreis stehen sie und diese Fülle wirkt dadurch verstärkt. Dahinter der Dom – groß, grau, fest, beinahe eintönig. Die hüpfenden, munteren Farbtupfer machen sich aus der Ferne gut aus. Wie ein Sack Flöhe, den es zu bändigen gilt. Das Lied, der Tanz vereint eine Kindergarten-Gruppe mit der anderen, einen Kindergarten mit dem nächsten. Die Lebenslust, die freudige Nervosität steckt an. Alles tanzt und freut sich, auch ein kleiner Junge, der kein blaues Jäckchen trägt. Er gehört einem evangelischen Kindergarten an. Seine Oma hat ihn zum Kinderfest begleitet und er integriert sich hier, indem er die Gebärden einfach mitmacht. Ja – so einfach ist das.

Auf zur Jause!

Und dann plötzlich, der Zeitpunkt der Jause. Was wäre ein Fest ohne Jausensackerl: biologisch – logisch! Apfel, Saft, Wurst, Salzstangerl und Schoki. Innerhalb von Sekunden sind die Packerl verteilt, aufgerissen und beinahe so schnell verzehrt wie geöffnet. Die Augen leuchten, die Zähne arbeiten, der Magen knurrt nicht mehr. Mütter und Kinder sind glücklich und brechen allmählich nach Hause auf. Nur ein Kind ist traurig. Es hat an diesem Tag kein Packerl erhalten, weil es kein blaues Leiberl trug. Seine Oma konnte dies nicht verschmerzen. Am kommenden Tag, als es wiederum Jausen – dieses Mal für die SchülerInnen gab – kam sie, bat um ein Packerl für ihren Enkel, damit er wieder ganz glücklich ist. Wenn sich mancher Kinderschmerz doch immer so schnell trösten ließe!

Angelika Gassner, Seelsorgeamt

Engelsbier Anstich

Kontakte werden auf unkonventionellen Wegen gesucht. Glaube hat auch mit Fröhlichkeit und vor allem Kommunikation zu tun.

Im Vorfeld der Aktionswoche füllte sich der Saal im Augustinerbräu, um das Engelbier zu verkosten. Fritz Egger gab dem Umfeld entsprechend heitere Gedanken zu recht irdisch geprägten und himmlisch motivierten Engeln. Vor allem die Medien sollten auf den Geschmack des Himmels kommen.

Monolog eines Engels nahe am Absturz

Grüß Gott, mein Name ist Engel. Sie schaun a bissal ungläubig. Das mag ich gar nicht.
Sie kennen uns Engel wahrscheinlich nur aus der Kunst,
Rubens, Rembrandt, Lüpertz und Co,
wie sie halt alle so heißen,
– mir kommen die in den letzten 1000 Jahren ja schon ein bisserl durcheinander –,
und in der Kunst sind wir ja immer sehr, sehr ernst dargestellt,
weil da sind wir ja quasi im Dienst,
und es ist ja auch ein stressiger Job,
immer am Rande des Nervenzusammenbruches,
wenn wir Nerven hätten, Gott sei Dank ja nicht,
aber manche Menschen stressen ihren Schutzengel ja permanent,
die fahren mit 130 durch die Fußgängerzone
oder mit dem Mountainbike auf den Untersberg
oder sie wählen ständig die falsche Partei.
Und darum ist uns bei der Arbeit selten lustig zumute,
wie Sie sich denken können. Und drum sind uns so Anlässe wie der heutige eine willkommene Abwechslung. Und bitte ich bin ja heute ganz privat da.
Weil bei der Arbeit trinken wir ja auch nicht,
zumindest die meisten von uns,
wir müssen ja immer einen Flugsicherheits-Check machen,
jedenfalls im Dienst, das kann man so sagen, sind wir ziemlich nüchtern,
und darum schaun wir auf den Bildern von diesen Malern auch so verdammt – Entschuldigung – so furchtbar ernst aus.

Wir Engel trinken natürlich auch nicht aus therapeutischen Gründen,
schon gar nicht aus Kummer oder seelischem Notstand,
auch nicht wegen eventueller Energieblockaden, nein,
wir brauchen nix, was uns Flügel verleiht,
kein komisches pickertes Safterl, das schmeckt wie wenn man Gummibärli auspresst,
aber zurück zum Bier, wir Engel sind reine Genusstrinker,
völlig nüchtern betrachtet, denn wir sind ja immer high,
unser Karma ist in Ordnung,
die Chakren auch,
unser Boss redet uns nix drein,
und politisiert wird bei uns ja überhaupt nicht,
wissens eh, wegen der Äquidistanz,
wir Engel sind ja eher unpolitische Wesen, keine Politik,
weil das ja an und für sich ein Grund zum Trinken wäre,
wenn man nämlich draufkommt, dass man als intelligenter Mensch von Idioten regiert wird,
weil intelligente Menschen ja die Politik meiden wie der Teufel das Weihwasser,
ich weiß nicht, wie das hier in Salzburg ist,
aber ich komm ja viel herum, das stell ich mir schon schlimm vor,
dass man intelligent ist und wählen muss,
bei der Auswahl ist das immer quasi eine demokratische Resteverwertung,
ein politisches Noagal, würde man bei uns sagen, wenn …
das was halt übrigbleibt, wählen bis zur bitteren Neige,
da lob ich unsere klaren himmlischen Hierarchien
da gibt's keine Diskussion, so wie beim Bier auch nicht,
obergärig, untergärig, hell, dunkel, da ist alles klar.
Ham Sie schon einmal einen betrunkenen Engel gsehn?
Heut ist die Chance groß, nützen Sie sie!
Prost!

Aus der Bierrede von Fritz Egger
nach einem Text von Fritz Popp

Übers Kreuz sein

Gehen Leute, die mit Kirche gebrochen haben oder zumindest übers Kreuz sind, wallfahren? Sind sie überhaupt religiös?

Fast jeder kennt Menschen, die mit ihrer Kirchenmitgliedschaft nicht gleichzeitig ihren persönlichen Glauben abgelegt haben. Gründe genug also, Menschen mit einer schwierigen Kirchengeschichte einmal dezidiert religiös anzusprechen und sie zu einer Wallfahrt einzuladen.

„Mit der Kirche übers Kreuz"

Ich habe ein Bild aus unserem Speisesaal vor Augen, das ich tagtäglich betrachten kann. Leider kann ich es Ihnen nicht zeigen, denn das Bild ist acht Meter lang und vier Meter breit. Der Künstler, der berühmte Kremser Schmidt, brauchte aber eine so große Fläche, um darstellen zu können, was er uns damit sagen wollte: die Größe und die viele Menschen umfassende Kirche. Das Bild von der Speisung der 5000 Menschen ist für ihn nicht nur ein Bild für das Brot des Lebens, das uns in der Eucharistie gereicht wird, sondern vor allem ein Bild der Kirche. Klar hebt er die Bedeutung Jesu hervor, er sitzt auf einem Hügel, einzusehen von den Menschen, die sich am Fuße dieses Hügels befinden. Jesus nimmt die vorhandenen Brote aus dem Korb und reicht sie weiter. Da sind die Helfer um Jesus. Sie nehmen das Brot entgegen und geben es weiter, ohne Angst, dass dieses Weitergeben durch den Egoismus einzelner unterbrochen werden könnte. Die Masse der 5000 wird vom Künstler nicht ungegliedert dargestellt, in Gruppen haben sie sich nieder gelassen und empfangen das Brot. Da gibt es Gruppen, die ihren Blick noch ganz erwartungsvoll auf Jesus richten und ihn als den Quell des Wunders dieser Speisung bestaunen. Da gibt es Gruppen, die sich hinter einem Hügel befinden und keinen Sichtkontakt mehr mit Jesus haben.

Auch sie nehmen das Brot entgegen und sind nur mehr durch das gereichte Brot mit Jesus in Verbindung. So aber gehören auch sie noch zur Gemeinschaft derer, die Anteil haben am Wirken Jesu und an der Gemeinschaft derer, die durch Jesus gesättigt worden sind. Die Kirche muss damit leben, dass nicht alle die gewünschte Nähe zu Jesus finden und vielen die Sicht auf Jesus verstellt ist. So wie die Kirche einen engen Kreis um Jesus braucht, der voll von dieser Nähe zu ihm lebt, so muss die Kirche auch hinnehmen, dass es andere Menschen gibt, denen der Weg zu dieser Nähe zu Jesus nicht möglich oder versperrt ist.

Wo können Gründe für eine solche Blockade liegen? Worin können wir Ursachen sehen, dass Menschen, auch wenn sie getauft sind und somit Glieder der Kirche geworden sind, mit der Kirche übers Kreuz kommen?

Intellektuelle Gründe

Der Mensch ist mit einem freien Willen ausgestattet. Wie uns die Bibel lehrt, ging Gott beim Menschen das Risiko ein, dass dieser seinen freien Willen auch gegen ihn ausrichten kann. Das Ziel wäre, dass eine Harmonie besteht zwischen der Verwirklichung menschlichen Lebens nach der Intention Gottes und der persönlichen Freiheit. Gott legt aber dem Menschen keine Fesseln an, so dass der Mensch nicht mehr anders denken könnte. Er schenkt dem Menschen Freiheit.

- Ablehnung Gottes: ein Mensch kann, das zeigt uns die Realität der Gegebenheiten, ganz bewusst die Existenz Gottes leugnen. Wer zwar getauft wurde, aber später zur Erkenntnis kommt, es gibt keinen Gott, der muss mit der Kirche übers Kreuz kommen, denn ohne die Existenz Gottes gibt es keine Kirche.
- Welcher Gott ist der wahre Gott: auch ein Getaufter kann in seinem Leben in eine Situation kommen, in welcher er zu einer besonderen Nähe zu einer anderen Religion kommt, die ihn anspricht, so dass er ihr Folge leisten will. Die Unvereinbarkeit, zwei verschiedenen Religionen anzugehören, führt ihn in eine Situation, dass er mit seiner Kirche übers Kreuz kommt.
- Einzelne theologische Fragen: es kann sein, dass jemand in einer bestimmten Frage die von seiner Kirche vertretene Meinung und Regelung nicht verstehen und annehmen kann. Unweigerlich wird dies zu einer Krise im Verhältnis zu seiner Kirche führen. Manch einer wird sich von der Kirche verabschieden, manch einer wird darunter schwer leiden, manch einer mag sich dabei nicht viele Gedanken machen und weiter am Leben der Kirche Anteil nehmen.

Spirituelle Gründe

Wenn in den Reaktionen eines Menschen nicht mehr spürbar ist, dass diese von seinem Geist geführt werden, entstehen unverständliche Handlungen eines Menschen. Wenn die Kirche nicht mehr vom Geist Gottes, sondern von Menschengeistern geleitet wird, fehlt das einende Band dieses Geistes Gottes und vieles wird zu menschlich und deshalb auch einseitig.

Hier haben wir es mit einer grundlegenden Sache zu tun. Jesus hat sein Werk, das was er für uns Menschen getan hat, in die Hände von Menschen gelegt. So wie er bei Erschaffung des Menschen Gott durch den freien Willen, mit welchem er den Menschen ausgestattet hat, das Risiko auf sich genommen hat, dass dieser gegen ihn gebraucht wird, so hat er auch sein Werk der Erlösung Menschen anvertraut, auch auf die Gefahr hin, dass so sein Werk vermenschlicht werden könnte. Dieses Risiko einzugehen hat Gott gewagt. So ist auch das in die Hand von Menschen legen der Kirche die konsequente Fortsetzung der Menschwerdung des Sohnes Gottes geworden.

- ▪ Wenn im Leben und Handeln der Kirche Menschliches – darunter verstehe ich Arroganz, Fehlverhalten zu einzelnen Fragen der Menschheit, Machtdenken – allzu sehr im Vordergrund steht, kann dies zu persönlichen Konflikten mit der Kirche führen.
- ▪ Wenn die Offenheit für das Wirken des Heiligen Geistes in der Kirche nicht mehr spürbar wird, werden sich Menschen anderen Gruppierungen zuwenden, wo sie das Wirken des Geistes spürbarer erleben können.
- ▪ Wenn durch Verfehlungen einzelner kirchlicher Führungspersönlichkeiten die Glaubwürdigkeit der Kirche in Frage gestellt wird, kann dies ein Anlass für eine Verabschiedung von der Kirche werden.

Persönliche Gründe

Es darf nicht übersehen werden, dass es neben diesen allgemeinen, oft mit der Veränderung des Zeitgeistes verbundenen Gründen, auch ganz persönliche Gründe geben kann, wodurch jemand mit der Kirche übers Kreuz kommen kann.

- ▪ Persönlich kommt jemand in die Situation, dass er durch eine entscheidende Veränderung in seinem Leben mit gegebenen kirchlichen Vorschriften und Gesetzen in Konflikt kommt. Der häufigste Fall ist wohl die Situation Geschiedener und Wiederverheirateter. Ein fast unlösbares Problem. Die Situation von Priestern und Ordensleuten, die das gegebene Versprechen der Ehelosigkeit nicht mehr leben können. Konflikte, die mit unterschiedlichen Auffassungen des Umgangs mit der Sexualität verbunden sind, können zu gewaltigen Spannungen mit der Kirche führen und viele Jugendliche kommen so mit der Kirche übers Kreuz.
- ▪ Persönlich kann jemand eine tiefe Verletzung durch die Kirche oder ihrer Vertreter erfahren haben. Solche Verletzungen sitzen oft sehr tief. Wenn es zu keinen Aussprachen und zur Vergebung kommt, ist Verhärtung nicht selten die Folge.

Liebe Brüder und Schwestern, Nach so vielen Gedanken über Gründe, die es geben kann mit der Kirche übers Kreuz zu sein, kann ich mich nicht drücken auch überzeugende Gründe für ein Leben mit der Kirche anzuführen auch für Menschen, die mit der Kirche Probleme haben.

Gefahr der Selbsttäuschung

Die menschliche Erfahrung der Selbsttäuschung zeigt uns, dass jemand, der im Glauben auf sich allein gestellt ist und meint, alles persönlich mit Gott regeln zu können, auch Gefahr laufen kann, sich etwas vorzumachen, sich zu täuschen. Das Leben in der Gemeinschaft der Kirche bildet dafür ein Korrektiv. Sich vereint zu wissen im Glauben mit anderen, kann eine große Hilfe sein, sich zu orientieren.

Leben mit der Kirche als Quelle göttlicher Kraft

Die Sakramente vermitteln uns durch die Kirche in der Form von äußeren Zeichen göttliche Gaben, eine Heilsvermittlung, die es außerhalb der Kirche nicht gibt.

Das Wirken des Heiligen Geistes in der Kirche

Hier möchte ich ein persönliches Zeugnis ablegen als jemand, der zwar noch nicht ernstlich mit der Kirche wirklich übers Kreuz gekommen ist, aber auch Situationen erlebt hat, in welchen auch für mich die Gefahr bestand, mit der Kirche übers Kreuz zu kommen. In solchen Situationen habe ich immer inständig um die Gabe Gottes, den Heiligen Geist gebetet. Dabei konnte ich mehrmals die einende Kraft dieses Geistes Gottes spüren, der mich und andere Beteiligte geführt hat, so dass ein Problem nicht zu einem Kreuz geworden ist.

Signale in der Kirche für eine bisher nicht wahrnehmbare Offenheit in der Behandlung vieler Fragen, die angesprochen worden sind, sehe ich in der laufenden Bischofssynode in Rom. Die Offenheit der Aussprache, die brüderliche Diskussion bekräftigen mich in der Hoffnung, dass in einzelnen Fragen Lösungen gefunden werden können, die Auswirkungen für Menschen, die mit der Kirche übers Kreuz gekommen sind, haben werden.

Die Tage des „Offenen Himmels" in Salzburg waren ein solches Signal und werden, so hoffen wir, eine nachhaltige Resonanz finden. Vielleicht kann durch die geplante Schaffung eines Kontaktcenters an einem zentralen Platz in der Altstadt Nachhaltigkeit erzielt werden,

- wo jemand, der mit der Kirche übers Kreuz ist, unkompliziert eine Ansprechstelle findet,
- wo jemand sein Problem artikulieren kann,
- wo Anliegen in das Gebet vorhandener geistlicher Gemeinschaften einfließen können,
- wo jemand an eine entsprechende kompetente Stelle weitergeleitet werden kann.

Kehren wir noch einmal kurz zurück zur Aussagekraft des Bildes von Kremser Schmidt:

- der Wunsch: dass Menschen, die mit der Kirche übers Kreuz geraten sind und im Schatten eines den Blick auf Jesus verdeckenden Hügels leben, bereit sind aus dem Schatten herauszutreten und Jesu Wirken durch helfende Hände der Kirche wieder neu entdecken;
- dass nicht mit der Kirche übers Kreuz gekommene ihre Bereitschaft verstärken, auch einmal hinter den Berg zu schauen und den dort lebenden Menschen das Brot der Botschaft Jesu zu bringen.

Erzabt Edmund Wagenhofer OSB;
Ansprache bei der Wallfahrt in Maria Plain

Ein Nachgedanke

Entgegen den ersten Erwartungen waren viele sehr loyale Kirchenmitglieder bei der Wallfahrt nach Maria Plain dabei, was die Frage offen lässt: Haben sich die, die wirklich mit der Kirche übers Kreuz sind, nicht getraut oder nicht bewegen lassen, zu kommen? oder:

Haben auch treue KatholikInnen ihre Punkte, wo sie mit der Kirche übers Kreuz sind?

Beide Punkte dürften wohl stimmen: Es war ein erstmaliger Versuch und die Schwelle, an einer Wallfahrt nach Maria Plain teilzunehmen, ist ziemlich hoch. Möglichkeiten, niederschwellig mit Kirche in Kontakt zu kommen, müssen dringend geschaffen werden.

Andererseits wurde deutlich, dass Menschen, die ihr Christsein durchaus ernsthaft leben, massive Probleme mit Standpunkten der Katholischen Kirche haben. Das muss zu denken geben, auch wenn die Probleme sich manchmal so darstellen, dass die Kirche der einen viel zu langsam ist, während sie dem anderen schon die Traditionen preisgegeben zu haben scheint.

Hans Neumayer, Seelsorgeamt

Ein Engel geht vorüber

Himmelsboten – Engel. Wie aus Schülerinnen Engel werden – (k)ein Märchen.

Hatten Sie auch das Glück, während der Aktionswoche einem himmlischen Wesen begegnen zu dürfen? In zarten, kunstvoll geschneiderten, wehenden Kleidern kamen diese Botinnen auf uns zu – lächelnd, hilfreich, tänzerisch, verspielt – engelsgleich.

Einander Engel sein

Ich möchte dir Engel sein
damit du wieder wagst
zu hören
zu spüren
zu sprechen

damit du wieder ganz sein kannst:
uneingeschränkt
offen und ehrlich
ganz
glücklich

Max Feigenwinter

Biblischer Hintergrund

Engel sind Boten Gottes und begegnen uns in biblischen Erzählungen auf verschiedene Weisen. Sie verkünden zumeist etwas Bedeutsames, sie begleiten, schützen, tragen Sorge, fordern auf, warnen, setzen Grenzen. Ihr Auftreten ist der Eintritt in das Geheimnisvolle, durchbricht die Oberflächlichkeit. Anselm Grün spricht von „Engelsspuren, heilsamen und heilenden Spuren, die in jedem Leben zu finden sind". In der kirchlichen Überlieferung wird von Engeln als Geschöpfen Gottes geredet. Sie stehen im Dienste Gottes, sind Geschöpfe, die mit dem menschlichen Erkenntnisvermögen erkannt werden können. Der Engel kann in einem Menschen zu uns kommen, im Traum oder in unserer Seele. Gott zeigt in ihnen seine Nähe und wirkt durch sie. Sie stellen die Verbindung her zwischen Himmel und Erde, zwischen Gott und Mensch. Biblische Erzählungen mit Engeln finden sich z. B. in Erzählungen über Abraham, Hagar, Jakob, Daniel, Tobit, Bileam, Maria u. a. (nach Anselm Grün)

Ein Engel geht vorüber …
(„Unterwegs im Auftrag des Herrn")

Engeln konnte man in dieser Woche an vielen Orten zu allen möglichen und unmöglichen Zeiten begegnen. SchülerInnen der Bildungsanstalt für Kindergartenpädagogik unter Leitung von Mag. Christine Schlechter wandelten als EngelsbotInnen durch die Straßen. Meist waren sie in Begleitung von zwei Bluesbrothers/sisters – „unterwegs im Auftrag des Herrn" (Sie erinnern sich an den Film?) – die auf das „himmlische Wesen" hinwiesen, dem Engel den Weg bereiteten, den Menschen auf der Straße ein liebevoll gestaltetes Kärtchen mit Engel-Motiv (hundertfach angefertigt in Handarbeit von BAKIP-SchülerInnen) überreichten. Sie waren sozusagen tätig als Engel in spe: ein Lächeln schenken, jemandem über die Straße helfen, den Sitzplatz im Bus anbieten, ein Gepäcksstück tragen helfen.

24 BAKIP-SchülerInnen pro Tag, also acht Engel mit Gefolge, waren die ganze Woche in der Stadt im Einsatz, am Flughafen, Bahnhof, in der Innenstadt, im Bus, in Außenbezirken, und ermöglichten „die Begegnung" mit jenen „Himmelsboten", die zum Innehalten in der Hektik des Alltags einluden, das Herz anrührten, bloß durch ihr Dasein – und natürlich durch „ihren Flügelschlag".

Man muss ehrlich zugeben, dass diese Engel sehr schön waren. Die besondere Machart der Flügel unterstrich die natürliche Bewegung der Mädchen, sodass sie keine weißen Federn brauchten, um als Engel erkannt zu werden. Die Kleider sind auch „in einem andern Land" genäht worden, wo Stoffe in liebevoller Handarbeit in einer engen „Ein-Zimmer-Schneiderei" von Mutter und Tochter für eine Freundin genäht werden. Aber das Entstehen der Engel-Kostüme ist eine andere, lange Geschichte.

Es ist nicht immer leicht, ein Engel zu sein

Die SchülerInnen mussten aber auch erfahren, dass es nicht immer leicht ist, ein Engel zu sein: „Viele haben uns einfach abgewiesen, weil sie gemeint haben, wir wollen etwas verkaufen" (Tamara Leitner, 1B), „Viele Menschen wollen nichts geschenkt bekommen" (Lisa Eidenhammer, 1B). Da gab es schmerzende Füße, kalte Hände, abweisende Blicke und Beschimpfungen. Auf der anderen Seite: „Bei dieser Aktion lernte ich, dass man mit jedem Lächeln Freude schenken kann" (Tamara Leitner, 1B), oder: „Eine fremde Frau erzählte mir von ihrem

Sturz über die Treppen und ihre Verletzungen. Diese Begegnung war sehr aufregend für mich, denn ich freute mich, dass mich eine fremde Frau an ihrem Leben teilnehmen ließ." (Magdalena Fuchsberger, 1B)

Die Liste der „Engel-Erlebnisse" ließe sich lange fortsetzen. Für die „Engel auf Zeit" wurde es wichtig, beim täglichen Mitarbeiter-Gespräch und Erfahrungsaustausch im Kapitelsaal dabei zu sein und über ihre Erfahrungen („Baum der Erkenntnis"), ihre „Highlights" und Mühen („Klagemauer") zu berichten, und so ganz nebenbei den Erzbischof von Salzburg zu treffen, der sich über diese Begegnung besonders freute.

Das Interesse an der Engel-Aktion war insgesamt sehr groß. Unvergessen bleiben sicher der Gang der Engel von der Schule zum Domplatz am Samstag abends: „Jetzt sind sie da ...! Schau! ... Die Engel!" und das getanzte „Vater Unser" vor dem fünf Meter hohen Kreuz bei der Ökumenischen Auftaktveranstaltung oder die „tänzerische Wegbegleitung" der Eröffnung des Lichter-Labyrinths unter der Domkuppel und die vielen Begegnungen mitten im Alltag der Stadt.

Auch Engel sind verletzlich

Nichts aber hat die Menschen so sehr bewegt, wie der Sturz eines Engels (mit Namen Vanessa Rehrl) und seine Einlieferung ins Unfallkrankenhaus. Am Ende des Franziskusspiels in der Franziskanerkirche kippte das Mädchen plötzlich um und stürzte über eine Steinstufe, schlug mit der linken Schulter so unglücklich auf, dass sie operiert werden musste.

Vanessa hatte einen Schutzengel – trotz allem – und sie erhielt von einer ganzen Engelschar inclusive Bluesbrothers/sisters „himmlischen Besuch" am Krankenbett. Die Salzburger Nachrichten haben über diesen Vorfall berichtet: „Engel landet im Spitalsbett". Die Nachfrage nach dem Befinden des „gefallenen Engels" war enorm. Die SchülerInnen wurden am Freitag ständig auf der Straße angesprochen, wie es denn ihrer Kollegin im Krankenhaus ginge.

Vanessa geht es wieder gut, allerdings muss sie den Verband noch lange tragen und ist in vielen Bewegungen eingeschränkt; aber ihre Freundinnen werden sie sicher unterstützen, so ganz nach dem Motto: „Würden wir etwas mehr Engel sein, so müssten die Engel nicht alles machen allein." (Agnes Czifra, 3B)

Zugeflogen

Christine Schlechter ist das Engel-Projekt – eine Idee von Wolfgang Müller – quasi „zugeflogen". Sie hat es mit ihren SchülerInnen kreativ weiterentwickelt und sich um die konkrete, mit sehr viel „Irdischem" verbundene Umsetzung, bemüht. So kommt es, dass eine Schülerin auf die Frage des SN-Reporters, wie man zum Engel wird, antwortet: „Über die Frau Schlechter. Sie hat die Connections, sie macht das ..."

Angelika Gassner, Spiritualitätsreferentin, Seelsorgeamt
Christine Schlechter, Lehrerin, BAKiP

Mit dem Himmelreich ist es wie mit einem Mann, der guten Samen auf seinen Acker säte.......

Gott freie Zone

Eine Sprayaktion löst Diskussionen aus. An zwanzig belebten Punkten in Salzburg wurde auf dem Asphalt gesprayt.

„Erst verschwinden die Bibeltransparente und dann sprüht jemand Gott-freie-Zonen" räsonierte ein hoher geistlicher Würdenträger, was bei seinem Gesprächspartner Heiterkeit auslöste, denn dieser hatte die Sprayaktion im Auftrag des Projektteams organisiert.

Wohnt Gott auf dieser Erde?

Natürlich war die Aktion mit den zuständigen Stellen abgesprochen. Dennoch machten die Jugendlichen der Sprayerteams aus Maxglan, angeleitet von Gerhard Glück, in der Nacht Bekanntschaft mit der Polizei. Aber es konnte alles geklärt werden.

Die „Gott-freie-Zone" hat nicht wenig Erstaunen und Nachfragen ausgelöst. Allein aufgrund des Antrages erhielten wir den Anruf eines Beamten, der sich zunächst versicherte, dass wirklich die Erzdiözese diesen Antrag gestellt hatte. Die Bestätigung dieser Tatsache minderte seine Verwirrung allerdings nicht. Er meinte: „Also, Gott-freie-Zone, das kann man doch allenfalls vor einem Bordell … aber eigentlich nicht einmal dort, denn Gott ist doch überall!" – Damit hat er aus unserer Sicht den Nagel auf den Kopf getroffen. Genau dieses Nachdenken wollten wir mit der kleinen Provokation auslösen.

Im Vorfeld setzten wir uns in einer Klausur des Seelsorgeamtes mit der Geschichte von der Jakobsleiter auseinander (Gen 28). Die Geschichte mündet in der Erkenntnis Jakobs: „Wirklich, der Herr ist an diesem Ort, und ich wusste es nicht."
Da es in der Absicht der Aktion Offener Himmel lag, auf die Anwesenheit Gottes mitten im Alltag aufmerksam zu machen, probierten wir aus, wie es wirkt, wenn man den Satz „Gott ist an diesem Ort" an verschiedensten Stellen plakatiert. Das Ergebnis wirkte auf uns banal bis peinlich. So konnte es nicht gehen. Vorerst blieb der Satz als biblisches Zitat damit den großen Bibeltransparenten vorbehalten.

Später kam mir die Idee zu einem kleinen doppelbödigen Spiel mit der Negation:
- Es besteht erstens aus der Provokation durch die Verneinung. Es ging – wie schon gesagt – um das Auslösen von Diskussionen. Es ist gut, zum eigenen Tun auch die Gegenposition mitzudenken.
- Zweitens kann der Text auch ganz anders aufgefasst werden, nämlich als „GOTT = freie Zone", also in Anlehnung an den Apostel Paulus, der in 2 Kor 3,17 schreibt: „Wo der Geist des Herrn ist, da ist Freiheit."

- Und drittens haben wir gedacht, wenn viele kirchliche MitarbeiterInnen auf der Straße sind und Leute ansprechen, sollten wir so etwas wie einen „neutralen Ort" schaffen, wohin man sich flüchten könnte, wenn man nicht angesprochen werden will.

Viele haben sich also gewundert, den Kopf geschüttelt – ich hoffe, wir haben niemand zu sehr verärgert. Eine interessante Reaktion war u. a. das Durchstreichen des Wortes „frei" mit Leuchtfarbe, sodass auf dem Karajan-Platz nur noch eine „GOTT-Zone" geblieben ist. Dies scheint mir sehr bedenkenswert, redete doch Gottfried Bachl nicht weit von diesem Ort entfernt im Hörsaal der theologischen Fakultät von einem offenen Himmel mit einem offenen Gott im Gegensatz zu Gottesdefinitionen, die vorgeben, über Gott ganz genau Bescheid zu wissen und ihn gewissermaßen in einen „Gottesknast" sperren. – Aber ich denke, das war nicht die Absicht der „GOTT-Zone": Gott wegzusperren auf diesen halben Quadratmeter auf dem Asphalt.

„Wohnt denn Gott wirklich auf der Erde? Siehe, selbst der Himmel und die Himmel der Himmel fassen dich nicht, wie viel weniger dieses Haus, das ich gebaut habe", sagt König Salomon im 1. Buch der Könige 8, 27. – Wir können Gott niemals ganz fassen, verstehen – und damit in unseren Griff bekommen.

Bereits 1215 definierte das 4. Laterankonzil, dass man zwar in irdischen Worten analog-vergleichend von Gott reden kann, denn Gott ist ja der Schöpfer des Irdischen. Aber keine dabei zum Ausdruck gebrachte Ähnlichkeit ist so groß, dass die Unähnlichkeit nicht noch größer wäre. Das heißt, wenn ich sage, Gott ist gut, dann ist das, was ich mir menschlich unter „gut" vorzustellen vermag, nur ein schwacher Abglanz davon, wie „gut" Gott wirklich ist. Gott entzieht sich – Gott sei Dank – unserem Zugriff. Jeder weiß heute, dass man sich besser hütet vor denen, die allzu genau Bescheid zu wissen vorgeben, wer Gott und was sein Wille ist. In Freiheit kommt Gott auf uns zu, um uns zu begegnen und uns seine Liebe anzubieten. Er wartet auf unsere freie Antwort, in- und außerhalb der „GOTT-freien-Zone".

Wolfgang Müller, Projektleiter, Seelsorgeamt

Endlich Sonntag

Der katholische Familienverband hat sich im Rahmen der Aktionswoche – gemeinsam mit KAB und kfb – für den arbeitsfreien Sonntag stark gemacht.

Die Aktion nannte sich „Free Sunday – für einen arbeitsfreien Sonntag". Ziel war die Bewusstseinsbildung zur Bedeutung des Sonntags für das Gemeinwesen.

Die Verteilung von Freecards mit der Aufschrift: „Wollen Sie am Sonntag arbeiten? – Warum gehen Sie dann am Sonntag einkaufen?" verdeutlichten die Chance des freien Sonntags. Damit sollten Salzburgerinnen und Salzburger auf die Problematik der Sonntagsöffnung von Geschäften aufmerksam gemacht werden. Darüber hinaus erhielten Innenstadtkaufleute, die Materialien für die Aktionswoche bestellt hatten, eine Infotafel für ihr Geschäft mit der Aufschrift: „Wir haben am Sonntag geschlossen, weil …" mit mehreren teils lustigen Antworten zum Ankreuzen.

Zum gesellschaftspolitischen Hintergrund unserer Aktion ist noch zu sagen, dass die ÖBB einen massiven Vorstoß gegen Sonntagsruhe plant. Die ÖBB will zahlreiche neue Supermärkte an Bahnhöfen errichten. Bis zu 50 neue Bahnhofsmärkte sollen dann auch sonntags geöffnet sein. Die ÖBB will auch, dass die gesetzliche Begrenzung von 80 m² fällt, um mit einem größeren Warenangebot auch Kundschaft anzulocken, die gar nicht mit der Bahn fährt. Vor einigen Monaten hatte die Supermarktkette SPAR am Linzer Bahnhof einen neuen Supermarkt mit Sonntagsöffnung aufgesperrt und damit das geltende Öffnungszeitengesetz gebrochen. Nach Protesten der Allianz für den freien Sonntag reagierte das Land Oberösterreich mit einer Verordnung und begrenzte die Verkaufsfläche des Supermarktes auf die gesetzlich vorgeschriebenen 80 Quadratmeter. Jede andere Entscheidung hätte Gleichstellungsklagen anderer Firmen zur Folge gehabt und würde einen Dammbruch in Richtung Sonntagsöffnung darstellen.

Rudolf Gruber, Katholischer Familienverband

Wir haben heute

GESCHLOSSEN

- Wir spielen gerade „Mensch ärgere dich nicht"
- Wir beten in der Kirche
- Wir radeln heute alle an der Salzach
- Wir schauen bei den „Maiers" vorbei
- Wir baden unseren Hund „Bello"
- Wir üben soeben den Tangoschritt
- Wir planen unseren Urlaub

- Wir feiern heute Omas 70-er
- Wir fahren zu Tante Olga und gehen in den Zoo
- Wir machen heute beim Fotoalbum weiter
- Wir liegen im Bett und kuscheln
- Wir bauen eben die Modelleisenbahn auf
- Wir gehen gerade zum Straßenfest
- ………………………………………………

Wir brauchen den gemeinsamen

freien SONNTAG

Im Rahmen der Aktionswoche „Offener Himmel", Impressum: Katholischer Familienverband, Katholische Frauenbewegung, Kirche und Arbeitswelt der Erzdiözese Salzburg und der katholischen Aktion

Buntes aus den Pfarren

Die vielen Begegnungen, Gespräche, Veranstaltungen können hier nur bruchstückhaft aufgezeigt werden ...

Für die Pfarren stellte die Aktion zweifellos eine Herausforderung dar. Gerade die gemeinsamen lokalen Elemente des Programmes konnten nur funktionieren, wenn sich wirklich (fast) alle daran beteiligten: Sonntagsfrühstück, Mittagsgebet, Tag der Begegnung, Tag der Gastfreundschaft und mehr.

Nicht nur die Stadtpfarren, sondern auch die Umlandgemeinden waren herzlich zur Beteiligung eingeladen. Am eindrücklichsten war diese Beteiligung durch die von Anton Wintersteller angeregte Sternwallfahrt zur Auftaktveranstaltung SalzBurg-Licht, wobei mehrere hundert Personen sich zu Fuß auf den Weg in die Stadt machten.

Sonntagsfrühstück

Nach dem gemeinsamen Auftakt SalzBurgLicht auf dem zentralen Domplatz am Samstag dem 15. Oktober sollte es am folgenden Sonntag dezentral in den Pfarren weitergehen. Da die Pfarrcafes in vielen Pfarren in unterschiedlichen Abständen ohnehin zum Programm gehören, lag der Gedanke nahe, diese Pfarrcafes unter dem Slogan „Sonntagsfrühstück für Salzburg" zusammenzufassen und auf diese Weise ein erstes starkes Signal der Gastfreundschaft zu setzen.

Über den Impuls hinaus, Frauen zu Wort kommen zu lassen, hatten viele Gottesdienste an diesem Sonntag ein ganz besonderes Gepräge: Es gab Familienliturgien in St. Blasius, wo die pfarrlichen Räume für die anschließende Begegnung fast zu eng wurden, und im Treffpunkt Bildung in Elsbethen.

Während in Gnigl und St. Severin Menschen mit Behinderung in besonderer Weise einbezogen wurden, feierte man in Gneis die 25- und 50-jährigen Ehejubiläen. In Maxglan stand das Kirchweihfest mit Abt Nicolaus Wagner auf dem Programm. Und in der Herrnau haben Kinder ihre Wünsche mit 100 Luftballons zum Himmel geschickt, versehen mit Name und Adresse, damit sich die Engel im Himmel auch auskennen, wer sich nun was gewünscht hat. – Ein Kind erhielt zwar nicht Antwort vom Himmel, aber immerhin flog sein Ballon bis ins Gasteinertal.

Tag der Begegnung

Der Tag der Begegnung sollte dazu dienen, Kontakte zwischen kirchlichen und außerkirchlichen Einrichtungen auf Organisationsebene zu fördern. Daraus entwickelte sich eine Reihe von spannenden Ideen und Begegnungen:
So existiert gegenüber dem Pfarrzentrum Leopolds-kron-Moos seit drei Jahrzehnten die Internationale Schule. Beide Einrichtungen sind nur durch die Moosstraße getrennt. In der Aktionswoche kam es erstmals zu einer offiziellen Kontaktaufnahme und freundlichen Begegnung.

Gnigl und St. Severin hatten sich als Themenschwerpunkt den Kontakt zu Menschen mit Behinderung und ihren Einrichtungen vorgenommen. Der behinderte Künstler Gerhard Mauer gestaltete daher das Christusbild, das die Seelsorgestelle St. Severin für das große gemeinsame Kreuz bei Salz-BurgLicht mitbrachte. Es gab Kontakte mit den Geschützten Werkstätten und der Lebenshilfe. – Mit der Lebenshilfe suchte auch die Pfarre Nonntal die Begegnung.

In der Lehener Pfarrkirche spielte zum Tag der Begegnung die Blasmusikkapelle der Handelsakademie auf. Ein gemeinsamer Abend von SchülerInnen und Pfarrmitgliedern schloss sich an.

Die Pfarrer des Dekanates Salzburg Ost (St. Andrä, St. Elisabeth, Itzling, Gnigl, Parsch und Aigen) nutzten die Aktionswoche für ein Kontaktgespräch mit Bürgermeister und Vizebürgermeistern über die Situation in den jeweiligen Stadtteilen.

Beim Pfarrgemeinderat der Dompfarre waren am Tag der Begegnung die Fremdenführerinnen zu Gast.

In der Pfarre Aigen ging es ebenso wie in Walserfeld um das Zusammentreffen mit Neuzugezogenen aus einer neuen Siedlung. Im Albertus-Magnus-Haus kamen Schwestern, Heimbewohner, Pfarrmitglieder zusammen. In St. Martin wurde zum „Alphafest" eingeladen.

Tag der Gastfreundschaft

Der Tag der Begegnung (Montag) und der Tag der Gastfreundschaft (Mittwoch) hatten ähnliche Zielsetzungen, der Tag der Gastfreundschaft sollte aber weniger den organisationellen Kontakten als vielmehr persönlichen Einladungen gewidmet sein. Selbstverständlich fanden auch nicht alle Kontakte genau an dem vorgesehenen Tag statt. Wichtig war ja der grundsätzliche Impuls.

In Gneis wurde z. B. von der Pfarre die Nachbarschaft eingeladen. Auch die Gemeinschaft der Eucharistinerinnen in der Herrnau lud ihre Nachbarn ein und es kamen u. a. Mitarbeiter von Sparkasse und Volksbank sowie als prominentester Nachbar der Bürgermeister.

Die Franziskanerbrüder hatten ihre Mieter zu Gast. Teile des Klosters sind ja u. a. an die Kulturabteilung des Landes vermietet. Mit über fünfzig Personen ergab sich im Refektorium eine so große Tafel wie schon lange nicht.

Erzabt Edmund Wagenhofer wiederum lud Bürgermeister, Stadträte und Gemeinderat ins Stift St. Peter zum Konzert und anschließendem Essen ein, was gerne angenommen wurde.

Pfarrliche Projekte – sogar in der Hölle

Darüber hinaus ließen sich die Pfarren noch weitere Projekte einfallen. Schon zum Anstich des Engelsbieres bot die Pfarre Mülln als Einstimmung einen Besinnungsweg bei Kerzenlicht vom Schifferkreuz bis in die Pfarrkirche an. In der Aktionswoche selbst war die Hauptattraktion neben besonderen Kirchenführungen mit Dr. Adolf Hahnl und Dr. Franz Padinger die Möglichkeit, den Müllner Kirchturm zu besteigen und diese seltene Gelegenheit zum Fotografieren zu nutzen. Bei einer Jugendmesse stellten die Müllner Pfadfinder die Frage: Was gibt dir Energie – abseits der blau-roten Dosen?

Maxglan bot für SeniorInnen nach der wöchentlichen Seniorenmesse einen Diavortrag über berühmte Wallfahrtsorte in Österreich. Ein weiterer Abend organisiert von den Pfadfindern Maxglan stand unter dem Thema „Wein und Bibel", während in der Nachbarpfarre St. Paul das Thema vom anderen Ende her beleuchtet und verkostet wurde, nämlich „Bibel und Wein".

Großen Anklang fand das vom Dekanat Ost gemeinsam vorbereitete Mittagsgebet auf der Schranne, das um die 300 Personen anlockte.

In Leopoldskron-Moos feierten Jungscharkinder ein Abendlob mit Lichtertanz. In Gnigl kam es zur Segnung der bronzenen Virgil-Statue am Pfarrhof, die von der in den USA bekannten und heute 92-jährigen Künstlerin Meta Mettig geschaffen wurde.

Im Pfarrgebiet von Gneis schließlich liegt der ultimative Ort für einen Event zum Thema „Offener Himmel", nämlich der Gasthof Hölle. Pfarrer Peter Zeiner lud dort zum Gespräch ein mit anschließendem Ripperlessen.

In St. Blasius fand ein Loretto-Jugendgebetskreis mit über 300 Jugendlichen sowie ein „Abend der Barmherzigkeit" statt. Die Loretto-Gemeinschaft brachte zudem mit „Mysterium Fidei" ein Musical über die Eucharistie zur Aufführung. Die ganze Woche über waren Mitglieder der Gemeinschaft mit hohem Einsatz und hoher Motivation zur Straßenevangelisation unterwegs.

Tage der offenen Tür

Nicht nur die Barmherzigen Schwestern im Salzachgässchen wurden von vielen Menschen besucht, auch die Gemeinschaft der Franziskanerinnen in der Schwarzstraße öffnete ihre Türen.

Wer wollte, konnte das umgestaltete Bildungszentrum Borromäum kennen lernen, ebenso wie die diözesane Partner- und Familienberatung auf dem Mirabellplatz oder das Eltern-Kind-Zentrum im Treffpunkt Bildung.

Das Lilien-Herz

Besonderen Grund zum Feiern hatte die Pfarre St. Vitalis, die am Donnerstag in der Aktionswoche das Fest ihre Pfarrpatrones beging. Die Pfarre war ja erstaunlicherweise 1967 die erste in der Geschichte der Erzdiözese, die den hl. Vitalis als Patron wählte. Dies ist umso bemerkenswerter, als die Wallfahrt zu seinem Grab in St. Peter bis ins 19. Jahrhundert weit verbreitet war.

Vitalis, der „Lebensvolle", war ein Schüler des hl. Rupert und folgte ihm als Abt von St. Peter und Bischof von Salzburg nach. Er starb 730.

Da er sich sehr um die Christianisierung des Pinzgaues bemühte, ist er bis heute der Patron dieser Region. Zudem gilt er als Schutzheiliger der Schwangeren und der Kinder – wohl ein wesentlicher Grund für viele Wallfahrer zu seinem Grab zu kommen. Der Heiligsprechungsprozess für Vitalis wurde formell nie abgeschlossen. Die Legende erzählt aber, aus der Brust des Toten sei durch dessen Grabstein hindurch eine Lilie gewachsen, als die Heiligmäßigkeit seines Lebens bezweifelt worden war.

Wirtschaft und Spiritualiät

Trotz Ausfalls des vorgesehenen Referenten gelang der Pfarre St. Paul und dem Initiator Hannes Schneilinger ein wichtiger Beitrag zum Verhältnis von Wirtschaft und christlicher Spiritualität.

Martin Felhofer, der Abt des Stiftes Schlägl im Mühlviertel und damit verantwortlich für ein breit gefächertes Bündel von stiftseigenen Betrieben, zeigte auf, wie sehr das oft belächelte kirchliche „Denken in Jahrhunderten" sich auch heute für verantwortungsvolle Unternehmensführung als wesentlich erweist: „Es ist uns etwas anvertraut worden, das wir nachhaltig bewirtschaften, auch in ökologischer und sozialer Sicht." Das Stift bemüht sich daher in Verantwortung gegenüber den Menschen und der Region, seinen Beitrag zur „Sozialen Marktwirtschaft" zu leisten.

Ethik in einem Wirtschaftsbetrieb zahle sich jedenfalls aus: „Wenn die Leute merken, dass ethisch gewirtschaftet wird, hat das wesentliche Auswirkungen auf den Erfolg." Wer etwa Verantwortung für die Region zeigt, kann davon ausgehen, dass die Menschen positiv reagieren. Derzeit werde der „überschaubare Raum" wieder entdeckt, die Menschen kaufen verstärkt Produkte aus der Region. „Bei unserer Art des Wirtschaftens bleibt die gesamte Wertschöpfung ebenfalls in der Region." Das erzeugt eine Wechselwirkung: „Der Kundendialog ist entscheidend, das ist in der Wirtschaft und in der Kirche so."

Vertrauen in gute Mitarbeiter und deren Selbständigkeit, gute Vorbereitung auf jedes Treffen, jedes Fest und die regelmäßige Unterbrechung des Arbeitens zugunsten des eigenen Wohlergehens, legte Abt Felhofer des Anwesenden nahe. Und: „Wenn jemand zu mir kommt, bete ich vorher für ihn. Dadurch kann ich auch ganz anders auf ihn zugehen."

Zusammenfassung: Wolfgang Müller,
Projektleiter, Seelsorgeamt

Abschlussgottesdienst

Sonntag der Weltkirche. Der offene Himmel soll über unsere Diözesangrenzen hinaus erfahrbar werden.

Unterstützt durch die Schulchöre der Herz-Jesu-Missionare und der Ursulinen wird die Aktionswoche am Schluss im Dom bunt und kräftig gefeiert, Dank gesagt und darum gebetet, dass Vieles auch weiterhin wirkt und immer darauf hinweist, dass Gott für uns den Himmel offen hält und uns einlädt.

Predigt zum Abschluss von Erzbischof Dr. Alois Kothgasser

Mit dem „SalzBurgLicht" haben wir am vorigen Samstag vor dem Dom begonnen und eine Woche lang unser „Christsein in Salzburg" zu leben und zu bezeugen versucht. Heute am Sonntag der Weltkirche weiten wir den Blick auf die ganze Menschheit.

Unsere Erzdiözese hat sich in der Aktionswoche „Offener Himmel" auf den Weg gemacht hin zu den Menschen in unserer Stadt. An die 150 Veranstaltungen in einer Woche sollten viele Möglichkeiten schaffen, mit den Menschen ins Gespräch zu kommen; einerseits hinzuhören auf ihre Sorgen und Nöte, andererseits aber auch von Seiten der Kirche zu signalisieren: Wir sind für euch da, wir haben eine Frohe Botschaft, die neue Perspektiven für unser Leben auftut.

Das Thema „Offener Himmel" hat viel Anklang gefunden. Etwas von Froher Botschaft, von Offenheit und Weite des Christseins, erfasste und berührte viele Menschen in unserer Stadt. „Christsein" wurde an vielen Orten, in vielen Zeichen, in vielen Begegnungen und Ereignissen erfahrbar.

Was können wir tun, dass „Christsein" lebendig bleibt und noch lebendiger wird in Salzburg und in der Welt von heute und morgen? Was können, müssen, dürfen wir tun, dass „der Himmel offen" bleibt in unserer und in der künftigen Zeit? Wir sind übrigens sehr dankbar, dass der Himmel wettermäßig die ganze Woche hindurch schön war und offen geblieben ist. Heiden würden sagen, der Wettergott hat es mit uns gut gemeint. So reden wir Christen nicht, und wir brauchen nicht einmal Petrus zu bemühen, denn wir wissen, Gott ist es, der alles richtig fügt und begleitet.

Der Blick auf das Evangelium gibt für den weiteren Weg klare Auskunft. Es geht um die Frage, was für das Leben und das Handeln das wichtigste ist. Jesus selber gibt die eindeutige Antwort:

„Du sollst den Herrn, deinen Gott, lieben mit ganzem Herzen, mit ganzer Seele und mit all deinen Gedanken. Das ist das wichtigste und erste Gebot. Ebenso wichtig ist das zweite: Du sollst deinen

Nächsten lieben wie dich selbst. An diesen beiden Geboten hängt das ganze Gesetz samt den Propheten." (Lk 10,27)

Gott lieben

Den Herrn, deinen Gott, lieben – und zwar mit ganzem Herzen, mit ganzer Seele und mit all deinen Gedanken. Das bedeutet zunächst einmal Umkehr. Die Reinigung des Gedächtnisses ist nicht nur für die Kirche als Ganzes, sie ist auch für jeden Einzelnen von uns unabdingbar. Wir haben zu Beginn dieser Woche Gott um Vergebung gebeten für Sünden, Fehler und Unterlassungen der Kirche, der Christen in der Vergangenheit und Gegenwart. Man hätte noch manches aufzählen können, was der Barmherzigkeit Gottes und der Menschen bedarf. Jeder Einzelne von uns sowie die Kirche in all ihren Gliedern bedarf des Erbarmens Gottes. Jede und jeder von uns ist im eigenen Leben schon einmal oder auch öfter Gott untreu geworden. Durch unsere Treulosigkeit haben wir für andere den Blick auf Christus verstellt.

Umkehr bleibt eine der Grundhaltungen christlichen Daseins. Wie oft sollen wir vergeben? Sieben Mal? Sieben mal siebzig Mal! Immer wieder! Dankbar dürfen wir darum wissen, dass Gott unserem Elend entgegen kommt und uns die Last der Sünden abnimmt im Sakrament der Versöhnung. Ich hoffe, dass die Aussprache- und Beichtzimmer in unseren Kirchen und Pfarrgemeinden wieder mehr benützt werden, denn die Umkehr, die Versöhnung, die Vergebung sind die Voraussetzung, damit wir Gemeinschaft mit Gott und den Menschen haben. Darin erfahren wir Befreiung, Heilung und Heil, den offenen Himmel.

Christsein braucht darum aber auch die lebendige Beziehung mit Gott, den Umgang mit Gott im Gebet. Leben ist Beziehung, christliches Leben umso mehr. Gott ist die Beziehung mit uns Menschen, mit jedem von uns ganz persönlich eingegangen. Das Gebet ist das Echo unseres Lebens auf die Zuwendung Gottes. Im Gebet bringen wir unser Leben, so wie es ist, vor Gott und sprechen es in Worten oder auch im Schweigen vor ihm aus. Wir brauchen, wie der verstorbene Papst Johannes Paul

II. es formulierte, „Schulen des Gebetes" in den Familien, in den Pfarrgemeinden, in den Ordens- und Bildungshäusern. Der Herr hat uns die Verheißung gegeben: „Wo zwei oder drei in meinem Namen versammelt sind, da bin ich mitten unter ihnen." Gemeinsames Gebet führt die Menschen zusammen in der Begegnung mit Gott. Im Gebet wird der Glaube lebendig. Dies kann in vielen Formen geschehen, ist aber immer Sache der Beziehung zu Gott und untereinander. Meditation, Rosenkranz, Anbetung können im Leben des Einzelnen und der Gemeinschaft viel verändern: das Gebet in und für die Familien, das Gebet um kirchliche und geistliche Berufungen, das inständige Gebet um den Frieden in der Welt. Darum sollten auch unsere Kirchen, unsere Gotteshäuser so weit wie möglich offen und Häuser des Gebetes sein.

Das Gebet, in dem die Grundbeziehung zu Gott zum Ausdruck kommt, lebt vom Worte Gottes. Darum ist das Wort Gottes unabdingbar für gelebtes Christsein. Heute werden 77 Bibeln über Heißluftballon unter die Menschen gebracht. Die Bibel lesen, hören, miteinander teilen und leben, erneuert das Christsein Tag für Tag. Hier begegnet uns Gottes Zusage und Verheißung, sein Gericht und seine Aufrichtung. Hier wird uns frohe Botschaft für die vielen unterschiedlichen Situationen unseres Lebens zuteil. „Die Schrift nicht kennen heißt: Christus nicht kennen" sagt der bibelkundige Kirchenvater Hieronymus. Oft schon habe ich eingeladen und aufgefordert, sich persönlich eine ganze Heilige Schrift zu leisten, denn ohne Bibel können wir Christen unser Christsein nicht leben und erleben. Im Umgang mit dem Wort Gottes sehe ich eine große Verheißung für die Zukunft der Kirche im neuen Jahrtausend in allen Völkern der Erde.

Mit dem heutigen Tag endet nicht nur in Rom die Bischofssynode zum Thema „Eucharistie", sondern auch das „Jahr der Eucharistie". Die Eucharistie ist und bleibt Quelle, Mittel- und Höhepunkt des Heilsgeschehens im christlichen Leben. Es wäre wünschenswert, dass wir auch in Zukunft in jeder Pfarrgemeinde am Tag des Herrn – am Sonntag – oder am Vorabend eine Eucharistiefeier begehen können. Das erfordert eine gute Einteilung der Gottesdienstzeiten, eine größtmöglichste Verteilung der Aushilfen und vor allem ein langfristiges Bemühen in der Berufungspastoral.

Die Kirche lebt von der Eucharistie, von der Gemeinschaft, vom Brot des Lebens, vom Frieden, der von jeder Eucharistiefeier, vor allem der sonntäglichen, ausgeht und von der Sendung, die ihr vom Herrn anvertraut ist.

Natürlich wird die Beziehung mit Gott, den wir mit ganzem Herzen, mit ganzer Seele und mit allen unseren Kräften lieben sollen, auch in den anderen Sakramenten und sakramentlichen Feiern gestärkt und vertieft, aber die Eucharistie ist und bleibt die Mitte. Möge uns das Bewusstsein nie verloren gehen, dass wir hier wahrhaftig die Quelle des Lebens finden und uns das „höchste Gut" anvertraut ist.

Das alles und manches andere mehr gehört zum wichtigsten und ersten Gebot. Ebenso wichtig ist das zweite: „Du sollst deinen Nächsten lieben wie dich selbst."

Mich selbst lieben

Die wahre Selbstliebe ist Grundlage und Voraussetzung für die Nächstenliebe. Nicht immer war uns das in unserer Christengeschichte bewusst. Manches Mal haben wir das eigene Ich sehr weit hintan gestellt. Manches Mal haben wir es in der Ichsucht zum Maß aller Dinge gemacht.

Mich selbst lieben heißt, mich dankbar in meiner Einmaligkeit als Abbild Gottes, als von Christus erlösten Menschen, als im Heiligen Geist selbständige Person anzunehmen. Mich selbst lieben heißt, die Würde meines Lebens erkennen und achten. Das bedeutet auch, sich der Aufgabe des umfassenden Lebensschutzes bewusst zu werden. Christsein bedeutet unbedingten Einsatz für das menschliche Leben in jeder Phase des menschlichen Daseins. Dies müssen wir auch in unserem Land weiterhin ernst nehmen und tun, was wir schon auf vielen Ebenen zu tun begonnen haben. Gott wird uns darin mit seinem Lebensgeist begleiten.

Mich selbst lieben heißt, dankbar die eigenen Gaben und Fähigkeiten erkennen, ausfalten und in den Dienst stellen. Nur so finden Begabungen ihre Gestaltung und Erfüllung. Mich selbst lieben heißt, meine eigenen Grenzen, Schwächen, Unzulänglichkeiten wahrnehmen, annehmen, ertragen und – soweit es geht – auch verändern. Gott nimmt mich an noch vor allen meinen Leistungen. Sein Abbild bleibt immer Adressat seiner Liebe.

Wo die Grundpfeiler der Gottesliebe und der echten Selbstliebe stehen, kann die Brücke der Liebe zum Nächsten gebaut werden.

Nächstenliebe

Die Nächsten-, Fernsten- und Feindesliebe ist die Bewahrheitung und Bewährung der Gottesliebe. Wir haben in dieser Woche intensiv versucht, auf die Menschen zuzugehen. Wir haben uns nicht nur im Binnenbereich aufgehalten, sondern sind hinausgegangen über unsere gewohnten Lebensbereiche und Horizonte. Wir werden auch in Zukunft versuchen, intensiv füreinander und miteinander da zu sein, in der Familie, in der Nachbarschaft, in den Pfarrgemeinden, in den Stadtvierteln, in der Ökumene, in den interkulturellen und interreligiösen Begegnungen, auf der Suche nach versöhntem und friedvollen mitmenschlichem Dasein. Konflikte werden nicht ausbleiben, Spannungen wird es allzumal geben, aber wo Achtung voreinander, Einsatz füreinander und Leben miteinander ermöglicht wird, kann menschliche Gesellschaft Zukunft haben.

Wir haben in der vergangenen Woche an den Stammtischen und in der Wallfahrt „Mit der Kirche übers Kreuz" gesprochen. Wir haben über das „Christsein in Salzburg" in ökumenischer Zusammen- und Auseinandersetzung nachgedacht und überhaupt danach gefragt, ob Salzburg Christinnen und Christen braucht. Es gab am Platz vor dem Hauptbahnhof, wo junge Menschen von der Holztechnik Bänke mit der Aufschrift „glauben", „hoffen", „lieben" aufgestellt hatten, interreligiöse und interkulturelle Begegnungen, die für das neue Jahrtausend für ein friedliches Miteinander der Menschen unabdingbar sein werden. Wir haben zusammen mit der Caritas, der Armutskonferenz, der Wirtschaftskammer intensiv über die Nachhaltigkeit in der Ökologie, in der Ökonomie und im Sozialen gesprochen.

All das und vieles andere mehr hat uns erneut bewusst gemacht, Gottesdienst und Menschendienst, Gottesliebe, Selbstliebe und Nächstenliebe gehören zusammen, wobei die Feindesliebe – wie sie Christus selbst gelebt hat – die äußerste Bewährung der Liebe bleibt.

Was wir in dieser Woche gelebt und erfahren haben, wird seine Spuren in Salzburg hinterlassen. Wenn wir auf den Spuren Jesu bleiben und in seinem Geiste leben, wird er uns Wege zeigen, auf denen wir als Christen und Christinnen in Salzburg mit und für die Menschen unter offenem Himmel gehen können.

Alois Kothgasser, Erzbischof

Über die Grenzen

Die Aktion „Offener Himmel" als Projekt der Grenzüberschreitung.

Der Offene Himmel ist ein Projekt der Grenzüberschreitung. Neue Begegnungen initiieren, Gesprächs- und Erfahrungsräume öffnen für Menschen, mit denen kirchlich wenig Kommunikationszusammenhänge bestehen, die Öffnung kirchlicher Räume und Kreise im Zeichen der Gastfreundschaft erreichen, kirchliche Einrichtungen und Gruppen zusammenbringen und in Kooperation treten lassen – all das hängt zusammen mit dem Überschreiten von Grenzen. Als prägende „main task" verstanden, findet sich dieses Überschreiten auf verschiedensten Ebenen des Projektes wieder. Dazu hier einige Beobachtungen und Interpretationen.

Grenzen zu überschreiten ist ein Risiko verbunden mit Unsicherheit, Ängsten, Aggressionen, Macht- und Eroberungsfantasien und Vereinnahmungswünschen. Das Überschreiten von Grenzen eröffnet aber auch neue Horizonte, ermöglicht neue Begegnungen und Erfahrungen. Entwicklung, Zukunft sind ohne das Überschreiten von Grenzen – vor allem Grenzen in unseren Köpfen – undenkbar.

Grenzen nach außen überschreiten: Begegnungen in Freiheit suchen

Viele, die sich darauf eingelassen haben, ihren normalen Arbeitsplatz zu verlassen und auf verschiedenste Weise Kontakt zu bislang fremden Menschen zu suchen, kamen mit sehr positiven Erfahrungen zurück. Manches Kommunikationstalent trat ans Tageslicht, es kamen offene Begegnungen und gute Gespräche zustande. Dennoch bleibt es oft genug beim Aufeinandertreffen vorgefasster Meinungen. Veränderbar ist die eigene Einstellung. Es bedarf einer sorgfältigen Vorbereitung, den Kontakt über Grenzen hinweg als Begegnung freier Personen zu gestalten. Und nur so verstanden macht die Grenzüberschreitung im Rahmen unseres Projektes überhaupt Sinn.

Es ist eine zutiefst spirituelle Übung, sich die eigenen Vorurteile bewusst zu machen, wenn man beabsichtigt, Menschen anzusprechen. Wer „passt" mir? Von wem erwarte ich was? – Die eigenen Gedankenfilter enthalten geheime Vor-Exkommunikationen. Ich verpasse die Chance mich überraschen zu lassen, selbst zur Überraschung zu werden. Ich setze dem umfassenden Wohlwollen Gottes allen Menschen gegenüber die Grenzen meiner eigenen Vorurteile.

Wenn wir das Evangelium tiefer verstehen, wenn wir Gott begegnen wollen, der mitten unter uns anwesend und wirksam ist, dann in der Begegnung mit anderen Menschen. Das braucht Geduld, Gelassenheit, Toleranz. Je größer die Differenz, desto unangenehmer auch die Reibung, die entsteht, desto interessanter und erkenntnisstiftender aber auch die Begegnung.

Grenzen nach innen überschreiten: Der Widerstand des Gewohnten

Das Projekt hat Grenzen zwischen kirchlichen Teilorganisationen überschritten. Entgegen dem Eindruck einer strengen hierarchischen Ordnung stellt Kirche ein wesentlich komplexeres System von Freiheiten und Teilautonomien dar. Kirche verfügt im Inneren über eine beachtliche Widerstandskultur. Interne Koordination und Kooperation sind keine Selbstverständlichkeit.

Das Projekt zeigt, welche Energien frei werden können, wenn Kirche ihre Kräfte bündelt und auf ein gemeinsames Ziel richtet, aber auch den nötigen internen Kommunikationsaufwand.

Das Überschreiten dieser Binnengrenzen ruft Reaktionen hervor, die das alte Gleichgewicht wieder herzustellen versuchen. Dazu gehören u. a. eine fehlerzentrierte Rückmeldungskultur und die nachträgliche Verschärfung der Erfolgsmaßstäbe: wenn z. B. Teilnehmerzahlen nachträglich an der Gesamtzahl der Katholik/innen gemessen werden. Sichtbar wird eine depressive Grundgestimmtheit von Kirche, der es schwer zu fallen scheint, Erfolgserfahrungen wahrzunehmen und zu integrieren.

Die Grenzen der Aufmerksamkeit: Die Karten neu mischen

Überschritten werden sollten auch Wahrnehmungsgewohnheiten. Kirche ist heute öffentlich weithin unsichtbar. Kirchliche Bauten und Zeichen werden nicht mehr wahrgenommen als Auftritt von Kirche im heutigen öffentlichen Raum.

Die Elemente der Überlieferung haben aber durchaus nicht ihre Wirkkraft verloren. Sie müssen aus der Anonymisierung des vermeintlich Bekannten gehoben werden und entwickeln plötzlich neue Frische. Es wird ihnen Heutigkeit tatsächlich zugetraut und sie werden in einen neuen Kontext gesetzt: z. B. die Texte des Apostels Paulus gelesen bei Kerzenlicht in den Katakomben – und zwar nicht in der Anonymisierung der ritualisierten Lesungsform, sondern quasi personalisiert durch den Schauspieler, der in die Rolle des Paulus schlüpft.

Grenzen der Bewahrung mittels Ritualisierung werden deutlich. Die Umbuchstabierung der tradierten Inhalte rührt natürlich auch an die – subjektiv so verletzlichen – Grenzen des Heiligen.

Die Grenzen der Behaglichkeit: Hinaus ins Weite

Die Kirche hat sich wohl behaust und pflegt diese Behausung wie ein guter Verwalter. Sie stimmt damit ein in die Verwahrung des Religiösen in wohl definierten Reservaten. Das Projekt probte daher die „Enthausung" und die Annäherung an ein jesuanisches Nomadisieren.

„Enthausung" soll nicht romantisiert werden. Gemeint ist nicht die vereinfachende Flucht vor der Komplexität heutiger Gesellschaft.

Sie beinhaltet nicht nur das Ansprechen von Menschen auf der Straße, sondern ebenso Veranstaltungen mit außerkirchlichen Partnern an außerkirchlichen Orten oder die Suche nach Projektpartnerschaften über die kirchlichen Grenzen hinaus. Die Kehrseite der „Enthausung" bildet das bewusste Einüben von Gastfreundschaft im eigenen Bereich.

Eine Erfahrung von Befreiung wird möglich, der das Ausgesetztsein jedoch immer nahe bleiben wird.

Die Grenzen des guten Geschmacks: Was ist peinlich?

Das Überschreiten von Milieugrenzen ist schwierig. Hier wird u. a. die Grenze des „guten Geschmacks" berührt, was in der Projektvorbereitung zur „Peinlichkeitsdebatte" führte.

Die ausgefeilte kirchliche Binnensprache enthält feine Differenzierungen und Konnotationen. Bei Insidern werden umso mehr Nerven getroffen, je knapper und allgemeinverständlicher Aussagen formuliert und in mediengerechte Aktionen umgesetzt werden müssen ohne in Überlieferungsformeln zu verfallen.

Die Grenzen der Kraft und der Kontrolle: Konflikte und Burn-out

Das Projekt ging auch bezüglich seines Umfangs und der Anforderungen an die Mitarbeiter/innen an die Grenzen und darüber hinaus. Dies liegt mit in seiner Konsequenz. Der offene Himmel wird dargestellt in einer Fülle von Möglichkeiten. Die Beteiligung am Projekt wird möglich über seine Offenheit für die verschiedensten Ideen und Einzelanliegen.

Bis zuletzt bewegt und entwickelt sich das Projekt weiter. Dadurch und aufgrund der Überschreitung üblicher Ablaufsroutinen werden Kompetenzen unklar. Der zunehmende Problemdruck legt die Überschreitung von Kompetenzen nahe, Konflikte sind die Folge.

Die Über-Beanspruchung bringt es mit sich, dass nicht nur das organisationale „Sonntags-Gesicht" sichtbar wird, wie man gerne möchte, sondern es kommt ans Licht, „wie es ist".

Verbunden mit dem persönlichen Engagement, das erst glaubwürdig macht, ergibt sich ein hohes Risiko für persönliche Verletzungen.

Die Grenzen der Zeitbedingheit: Was wird bleiben?

Von Anfang an wurde das Projekt auf seine „Nachhaltigkeit", d. h. die Weiterwirkung über seine zeitliche Grenze hinaus befragt. – Zusammen mit dem „Aktionismusverdacht" kann die „Nachhaltigkeitsfrage" auch als Widerstands- bzw. Verhinderungsstrategie aufgefasst werden. – Dennoch bleibt die Frage berechtigt. Hilfsmittel wurden beschafft, die weiter zum Einsatz kommen werden. Wie in einem Experimentierraum wurden alternative Formen von Seelsorge erprobt (z. B. „moSe" – mobile Seelsorge) und das Projekt diente als Katalysator für schon länger angedachte Maßnahmen (z. B. Citypastoral).

Die nachhaltigsten Wirkungen sind aber von Erfahrungen und Erlebnissen zu erhoffen. Ermutigend ist das Aufkeimen verschiedenster Fantasien, wie es weitergehen könnte.

Konturen des Neuen sind sichtbar geworden: Die Schwere kirchlicher Systemerhaltungswünsche hinter sich zu lassen zu Gunsten der Neugier auf die Begegnung von Menschen mit dem Evangelium auf ungewohnten Wegen.

Die Grenzen des Projektes: Loslassen

Als Projektleiter habe ich zwei Jahre an der Aktion „Offener Himmel" gearbeitet. Je innerkirchlicher der Kreis war, desto größer anfangs die Vorbehalte und die Skepsis. Am wichtigsten war es, vom „offenen Himmel" zu erzählen und die Fantasien davon mit einer Prise Humor, Leichtigkeit und Poesie zu verknüpfen, Ideen ins Spiel zu bringen (und bis zu ihrer Umsetzung ihre völlige Verwandlung auszuhalten). Das „Kind" ist groß geworden. Viele haben es sich zu eigen gemacht und ihre Kräfte investiert. Ohne das Projektteam wäre das nicht möglich gewesen. Ich bin froh und wehmütig zugleich. Entscheidend aber war der Glaube: an das Gelingen des Projektes; vor allem aber, dass dieses Gelingen ein Geschenk Gottes ist. In seinem Namen haben wir es gewagt über die Grenzen aufzubrechen. Was gelungen ist, sei Ihm zur Ehre.

Wolfgang Müller, Projektleiter, Seelsorgeamt

Offener Himmel
und jemand
der mir sagt:
Du bist geliebt.
Es weht
ein neuer Wind.
Steh auf,
jetzt ist die Zeit
für Neuigkeiten
und Wohltun
und neue Freunde.
Ein Engel geht vorbei.
Jetzt wirst du lachen.
Du bist es.
Fürchte dich nicht.

Den Himmel
findest du
an jeder Ecke
offen,
wenn du sie
aufmachst,
die Augen deines Herzens
für
die Anwesenheit der Wunder.
Gott ist
an diesem Ort
und du
wusstest es
nicht?

Wolfgang Müller

Kurznachlese zur Aktionswoche „Offener Himmel"

Einleitende Bemerkungen

In der folgenden „Nachlese" zum „Offenen Himmel" sollen nicht die einzelnen Veranstaltungen, Begegnungen oder Erlebnisse dokumentiert, sondern es soll ein Rückblick aus der Perspektive zweier TheologInnen gegeben werden, deren Aufgabe es war, die Personen zu begleiten, die organisatorisch bzw. aktiv durchführend an der Aktionswoche beteiligt waren. Als „Datenmaterial" dieser Nachlese dienen drei Informationsquellen. Zum einen stützt sie sich auf die Rückmeldungen der aktiv beteiligten Personen, zum anderen auf Interviews, die mit PassantInnen geführt wurden und drittens auf eine kleine empirisch-quantitative Studie, die zwei Wochen nach Abschluss der Studie von Statten ging. Die Überlegungen nehmen Bezug auf die Zielsetzungen, die für die Aktionswoche formuliert wurden: Durch diese Woche sollten Menschen über Glauben ins Gespräch kommen, es sollte eine Grundatmosphäre geschaffen werden, in der eine religiöse Auseinandersetzung und Glaubenserfahrung ermöglicht wird. Weiters war es Ziel der Aktionswoche „Offener Himmel" Christsein und Kirche in Salzburg sichtbar zu machen. Kirche wollte sich als offen und gastfreundlich präsentieren, wie es auch die Absicht war, darzulegen was die Handlungsfelder der Kirche sind. Zu und in dieser Woche sollten zahlreiche MitarbeiterInnen und deren Einrichtungen aktiviert werden, weiters war ein Ziel im kirchlichen Binnenbereich den Glauben und das Wir-Gefühl zu stärken.

Die gerade dargelegten Zielbereiche wurden in umformulierter Form durch einen kurzen Fragebogen untersucht. Dabei richtet sich die Vorstellung der Ergebnisse nicht genau nach der oben beschriebenen Zusammenstellung, sondern die Fragenbereiche werden so strukturiert, wie sie in den Augen der Befragten zusammengehören. Dazu wurde ein statistisches Verfahren angewandt (Faktorenanalyse), das die Strukturen eines Datenmaterials erkennt. Dadurch wird es möglich, zusammengehörende Fragen zusammenzustellen. Zu den Daten der Fragebogenuntersuchung ist anzumerken, dass es sich um keine repräsentative Umfrage handelt. In der kurzen Zeit zwischen Ende der Aktionswoche und Redaktionsschluss für diese Publikation wurden lediglich 110 Fragebögen retourniert, wobei die meisten Bögen (87 an der Zahl) von SchülerInnen derselben Schule stammen.

Sympathisches Sichtbarwerden der Kirche von Salzburg

In Gesprächen mit SalzburgerInnen zeigte sich, dass die aufgehängten Plakate und Stoffbahnen sehr positive Resonanz hervorriefen. So sagte ein bekennender Atheist: „So einen Spruch, der da an einer Mauer hing, hat mich zum Nachdenken gebracht." Ein Gespräch dreier älterer Frauen während eines Mittagessens weist ebenso auf die Wahrnehmung der Aktionswoche in der Öffentlichkeit hin, wenn sie sich gegenseitig erzählen, welche Angebote sie bereits genützt haben. Auch Personen, die an Kiosken oder im Fremdenverkehr tätig sind, wussten meist auf die Frage, was denn da los sei, kundig Auskunft zu geben. Diese Gegebenheiten spiegeln sich auch in der Befragung mittels Fragebögen wider. Drei Viertel der Befragten attestiert der Veranstaltung, dass durch sie das Christsein in der Stadt sichtbar wurde und knapp 80 % fühlten sich in der Kirche willkommen.

Es ist der Kirche (durch die VeranstalterInnen) gelungen, sich in der Öffentlichkeit auf sympathische Weise zu präsentieren. Hier ist jedoch ein Unterschied festzustellen zwischen Personen, die der Kirche nahe stehen (N = 50) und jenen, die sich als kirchenfern bezeichnen. Kirchennahe Leute beantworten die vorgestellten Fragen signifikant positiver. So hat sich die Kirche in den Augen der kirchenfernen Personen bei über der Hälfte nicht als sympathisch präsentiert. Da in keinem der geführten Gespräche zur Sprache kam, dass sich Kirche unsympathisch dargestellt hätte, lässt sich hier nur spekulieren, was die Gründe für diese Einschätzungen sind. Dies mag an einer grundlegenden Ablehnung der Kirche liegen und so wäre es aus kohärenztheoretischen Überlegungen schlüssig, dass – um kognitive Dissonanzen zu vermeiden – grundsätzlich alles Kirchliche abgelehnt werden muss. Ähnliches zeigte sich auch in Berichten von Mitarbeitern in der Aktionswoche, die besonders am Anfang der Veranstaltung bisweilen mit Aggressionen von PassantInnen konfrontiert waren.

Über Glauben ins Gespräch gekommen

Ein weiteres Ziel war, dass Leute über ihren Glauben ins Gespräch kommen sollten. Ca. ein Drittel der Befragten gibt an, dass dies für sie der Fall gewesen sei. Dabei handelt es sich jedoch wiederum vorwiegend um Personen, die sich selbst als kirchennah und auch als gläubig sehen. Zu diesem Bereich wird von den befragten Personen auch das Empfinden gezählt, dass sie religiöse Erfahrungen gemacht haben, dabei wird in Gesprächen des Öfteren das abendliche Lichterlabyrinth im Dom erwähnt, bei dem eine eindrucksvolle Stimmung herrschte. Hier sei nur an Rande erwähnt, dass eine Aufregung um eine Tänzerin bei der Eröffnungsfeier völlig unnötig war und nicht dazu beitrug die Akteure zu motivieren. Über die Nachhaltigkeit des Projektes lässt sich so kurz danach selbstverständlich noch kaum etwas aussagen, aber es gibt immerhin Leute, die gut zwei Wochen nach der Aktionswoche noch von dieser zähren (in der Ansicht, ob die Aktionswoche nur punktuell oder langfristigere Wirkung hat, halten sich die Meinungen die Waage). Dabei ist zu berücksichtigen, dass sich in Zahlen ohnehin nicht ermessen lässt, welche Früchte der Umstand trägt, dass sich immerhin über 40 % der Befragten in dieser Woche mehr mit religiösen Dingen auseinandergesetzt haben als sonst.

Jene Fragen, die eine Vertiefung des Glaubens und Annäherung an die Kirche zum Ausdruck bringen, werden besonders von kirchenfernen Personen negativ beurteilt, jedoch sprechen die Daten dafür, dass es durchaus eine Stärkung des Zugehörigkeitsgefühles und der Bestärkung im Glauben für kirchennahe Personen gegeben hat.

Abschließendes Resümee

Betrachtet man die Aktionswoche „Offener Himmel" als Experiment, so wie dies Pater Johannes Pausch bei einer Veranstaltung im Vorfeld vorgeschlagen hat, so kann dieses in den meisten Punkten als gelungen angesehen werden. Kirche hat sich positiv in der Öffentlichkeit präsentiert, sie hat nachgehende Seelsorge betrieben und – wie es ein 30-jähriger Interviewpartner ausdrückte – „sie hat sich nicht hinter ihren Mauern verschanzt".
Eine intensive Analyse der Abläufe und Verbesserungsmöglichkeiten sind sicherlich noch zu leisten. Festzuhalten ist, dass die überwältigende Mehrheit der Befragten der Aktion gegenüber positiv eingestellt ist und dass von fünf Personen vier der Meinung sind, dass eine derartige Aktion wieder einmal durchgeführt werden sollte.

Georg Ritzer, Theologische Fakultät Salzburg
Angelika Pressler, Theologin, Supervisorin

Die Kirche bei den Menschen
Persönliche Eindrücke zur Aktion „Offener Himmel"

Samstag, 15. Oktober 2005. Auftakt der „Aktion Offener Himmel" mit dem „SalzBurgLicht". Beim Weg über den Alten Markt zum Domplatz tritt ein junger Mann an mich heran und will wissen, wofür oder wogegen hier demonstriert werde. Ich versuche, ihm in wenigen Worten den Sinn der Veranstaltung der beginnenden Aktionswoche zu erklären: die (Salzburger) Kirche als offene Einrichtung für alle Menschen zeigen. Er geht weg mit der Bemerkung „Dann werde ich da auch mitgehen". Ob dieser Mann während der Woche tatsächlich bei einer der über 150 Veranstaltungen zum „Offenen Himmel" dabei war? Ob ihn der Lichterzug, die vielen Menschen, die verbindende Stimmung dieses Oktoberabends, die drei gewechselten Sätze „mitnehmen" konnten?

Jedenfalls hat ihn die Veranstaltung zu Fragen animiert – wenn auch flüchtig und angesichts der Umstände ohne Chance auf eine erschöpfende Antwort.

Über den Glauben ins Gespräch kommen, Christsein und Kirche – insbesondere in Salzburg – sichtbar machen und die Engagierten bestärken und ihre Zusammengehörigkeit bewusst machen. Das waren die deklarierten Ziele dieser Aktionswoche, die in vielen Monaten intensiv vorbereitet wurde. In anderen Regionen des Landes waren Schwerpunktaktionen mit ähnlichen Zielsetzungen voraus gegangen.

Es war wohl vor allem das Bild vom Christ(entum) als Salz der Erde, das während der ganzen Woche stark im Vordergrund stand – und das vom Licht der Welt. Erzbischof Dr. Alois Kothgasser zeichnete beide in eindrucksvoller Weise zum Auftakt auf dem Domplatz. Mit einer Zusammen-Schau aller Pfarren, anderer Religionsgemeinschaften und wichtiger Gruppierungen in der Salzburger Kirche in Kreuzform wurde ein einprägsames Zeichen der Verbindung der „kleinen Einheiten" mit dem Gesamten der diözesanen Kirche gesetzt. Die Verge-

bungsbitten am Ende: der Versuch, die geschwisterliche Basis mit allen in der Vergangenheit Verachteten, Misshandelten und Ausgestoßenen wieder herzustellen. Der ökumenische Segen mit der evangelischen Superintendentin. Ein positives und ein bewegendes Zeichen in die Zukunft für die Salzburger Christen.

Mit Leben zu erfüllen versucht hatte man diese vielfache Symbolik des Auftaktes und die Ziele der gesamten Woche in einem äußerst umfangreichen Veranstaltungs-Paket. Der Herr Erzbischof, andere wichtige Vertreter des diözesanen Klerus und der diözesanen Gruppierungen stellten sich z. B. den Sorgen, Fragen und Zweifeln der Glaubenden und Nicht-Glaubenden, etwa in den Gesprächen „Mit der Kirche übers Kreuz". Bibelzitate auf Transparenten an den Wänden, Zäunen und Mauern kirchlicher Einrichtungen begleiteten Stadtbesucher und Autofahrer. An mancher Hecke und an manchem Strauch gab es dazu noch Bibelsprüche zum „Pflücken".

Mit dem – an diesem Ort nahe liegenden – Thema „Übergänge" wurde der auf unkonventionelle Weise konfrontiert, der in der Aktionswoche den Mozartsteg zu überqueren hatte. Und für nicht wenige gerieten die knapp 50 Meter zum kurzen, überraschenden meditativen Gesprächs-, Schau- und Lese-Ereignis. Vor allem die zahlreichen Besinnungstexte in den Entnahme-Boxen waren mehrfach vergriffen.

In die Ausstellung „Wo geht's hier zum Himmel?" mit Kinder-Himmelsbildern in der Kollegienkirche hätte ich wahrscheinlich nicht hineingeschaut, wenn mir nicht ein Bekannter ganz begeistert davon erzählt hätte. Rund 900 Kinder aus der gesamten Diözese hatten ihr ganz persönliches Himmelsbild gemalt: Dokumente eines zumeist frohen, positiv-emotionalen Zugangs von Kindern zu diesem Thema. Auch das „Himmelsfest" für Kinder (und Erwachsene) auf dem Kapitelplatz und im Kapitelsaal war nicht nur bestens besucht, sondern bewegte durch die Fröhlichkeit und Buntheit. Beide Veranstaltungen waren – wie mehrere andere auch – hervorragend von der Jungschar organisiert und betreut, wie übrigens auch zahlreiche andere Angebote und Ideen aus der „Werkstatt" von Organisationen der Katholischen Aktion stammten, die diese Woche übrigens führend mit geformt und mit getragen hat.

Ausstellungen, ein Lyrik-Wettbewerb mit erstaunlich qualitätvollen Einreichungen, ein Foto-Wettbewerb, Kunstobjekte an öffentlichen Räumen und Straßentheater „deckten" u. a. den kreativ-kulturellen Bereich ab. Oasen der Stille und Entspannungsinseln luden zu Ruhe und Einkehr. In vielfach geformten Einladungen für Menschen am und um den „Tag der Gastfreundschaft" – vom Pfarrkaffee über Aktionen in Betrieben, Tage der offenen Tür, Begegnungen, bis zur ganz persönlichen Einladung für Menschen von der „Straße" – wollte man dem Bild einer offenen, einladenden Kirche gerecht werden, und oft wird dies wohl auch gelungen sein.

Es wäre ganz unmöglich gewesen, sich als Einzelner auch nur einen punktuellen Überblick über alle Veranstaltungen zu verschaffen. Hatten doch zusätzlich zu den stadt-weiten Angeboten die einzelnen Pfarren auch noch Abwechslungsreiches und Einladendes anzubieten.

Was war diese Aktionswoche? Was hat sie bewirkt? Was kann sie bewegen?

Ohne Frage wurde mit einigem Erfolg versucht, die große Breite des kirchlichen Angebotes für alle Menschen zu demonstrieren, die Botschaft des menschenfreundlichen Gottes in vielfacher und vielfältiger Weise und häufig auch durch unkonventionelle Methoden mit Leben zu füllen, eine gegenwartsbewusste und menschennahe – aber keine sich billig anbiedernde – Kirche zu zeigen. Persönliche Rückmeldungen zeigen, dass dies von vielen registriert wurde. Das durchwegs gute mediale Echo hat den Erfolg verstärkt.

Im Vordergrund stand das Bemühen, Räume zu schaffen für Gespräch und Widerspruch (etwa auch in der „Engelsburg" auf dem Mozartplatz), Hören und Sehen und Begegnung mit möglichst vielen Sinnen zu ermöglichen. Es wurden Möglichkeiten geboten, aber nicht mit der Tür ins Haus gefallen.

Was bleibt von dieser Aktionswoche? Es wäre eine durchaus begründbare Ansicht, dass das Meiste von dem, was hier geboten wurde, „verpufft" und nicht länger im Gedächtnis der Menschen – zumindest der kirchenferneren – haftet. Wahrscheinlich werden die Kirchenbeitritte wegen dieser Aktionswoche nicht erkennbar zunehmen und die Kirchenaustritte nicht markant sinken. So einfach und schnell sind Trends nicht umzukehren. Und ganz sicher ist es so, dass Kirche in Salzburg (und auch anderswo) sich nicht allein auf derartige Events als Erfolgsfaktor verlassen sollte, was übrigens ja auch nicht geschieht.

Kirche lebt von Kontinuität ebenso wie vom Wandel; Kirche aber hat – ebenso wie viele andere gesellschaftliche Aufgaben und Felder - ein „Image" und ein Profil, das ganz wesentlich auch durch Signale, konkrete Taten und Ereignisse und Eindrücke geformt wird.

An diesem Bild immer wieder zu arbeiten ist eine bedeutsame Aufgabe, der durch die Aktion „Offener Himmel" ein hervorragender, weil glaubwürdiger, Dienst erwiesen wurde.
Glaubwürdig durch die Authentizität vieler Personen, die daran beteiligt waren, allen voran Erzbischof Dr. Alois Kothgasser; glaubwürdig durch die vermittelten Inhalte und glaubwürdig durch die Methode des Tuns.

Wenn das, was in dieser Aktionswoche an- und aufgerissen wurde, nachhaltig werden sollte, wird es notwendig sein, das mit dem „Offenen Himmel" abgegebene Neu-Versprechen einer stark an den Fragen, Sorgen und Nöten der Menschen orientierten, lebendigen, lebensnahen und spirituellen Kirche mit allen damit geweckten Erwartungen konsequent weiter zu verfolgen. Es gilt, den Sauerteig permanent zu durchmischen. Die Aktion ist vorderhand abgeschlossen. Viel Arbeit wartet.

Martin Wiedemair,
Vizepräsident der Katholischen Aktion

Was heißt schon ...

Liebesgebot. Beten. Annehmen. Gemeinsam. Die zentralen
Glaubensinhalte. Auf sie soll aufmerksam gemacht werden.

An von Menschen belebten Orten wurden die Karten
verteilt. Zentrale Inhalte unseres Glaubens wurden in
einer Sprache unserer Zeit unter die Leute gebracht.
Vielleicht eine Spur für das Christsein in Salzburg. Die
Gedanken, die ausgelöst wurden, sind nicht mehr in
unserer Hand.

Was heisst schon annehmen?

Vielleicht
- erst einmal ja sagen

oder
- das Leben vorsichtig wie ein Päckchen öffnen

oder
- Danke sagen. Ganz altmodisch

Christina Repolust

Was heisst schon annehmen?

Vielleicht
- ist halt so und morgen ist ein neuer Tag

oder
- ich mache das Beste draus

vielleicht auch
- als gebranntes Kind das Feuer beobachten

Christina Repolust

Was heisst schon annehmen?

Vielleicht
- den heiligen Zorn anheizen

oder
- das Unsagbare aussprechen

vielleicht auch
- nach dem Warum später einmal fragen

Christina Repolust

Was heißt schon annehmen?

Annahme verweigert – retour; da ist er wieder, mein Brief. Es ist ein dicker Brief, den ich mir förmlich von der Seele gerungen habe. Annahme verweigert höhnt der blaue Poststempel vom Kuvert. Jahre hindurch waren wir befreundet gewesen. Wir haben viel miteinander erlebt, viel Lustiges, an das ich heute noch gerne schmunzelnd zurückdenke und so manch Spannendes, wenn wir stundenlang über all das sprachen, was uns innerlich umtrieb und die Herzen bewegte. So manches hatten wir aber auch miteinander durchgestanden. Zum Beispiel als ich im dritten Semester zum zweiten Mal durch die Lateinprüfung gerauscht war und ich vor Verzweiflung dachte, der Boden müsse sich unter mir öffnen und mich verschlingen. Da spürte ich, dass du vieles aushalten kannst, mit einem Freund an deiner Seite. Annahme verweigert; im Streit haben wir unseren Gefühlen gegenseitig Verletzungen zugefügt als es um eine andere Person ging, Verletzungen, die nie mehr geheilt sind. Damals schrieb ich diesen Brief. Es war ein dicker Brief. Möglicherweise wollte ich in gewisser Weise auch meine verletzte Eitelkeit rechtfertigen. Vor allem aber wollte ich aufrichtig um Vergebung bitten, wenngleich ich schon damals spürte, dass unsere Freundschaft nie mehr dieselbe sein würde.

Nach einer Woche kam der Brief zu mir zurück, Versöhnung hat nicht stattgefunden – Annahme verweigert! Mehr als 15 Jahre ist das schon her. Jahre danach haben wir uns wieder getroffen. Dieses Wiedersehen war überraschend herzlich, zu herzlich. Wenn ich auch versuchte das Gespräch auf das Gewesene zu lenken, um unsere alte Freundschaft zu reanimieren; er hatte es einfach gelöscht. Für ihn hat das, was vor 15 Jahren geschehen war, nicht stattgefunden. Seine jetzige Gegenwart und Zukunft formulierte nach und nach auch seine Vergangenheit neu. Wir haben nicht mehr zueinander gefunden, nicht einmal mehr in der Gegenwart. So kann Versöhnung nicht stattfinden – Annahme verweigert!

Ich hatte ihn längst vergessen, meinen Brief. Beim Ausmisten alter Studienunterlagen ist er mir unlängst wieder in die Hände gefallen. Ungeöffnet war er. Minutenlang saß ich so da und starrte ihn ob der aufkommenden Erinnerungen einfach nur an. Es kostete mich Überwindung, meinen eigenen Brief zu öffnen, um ihn zu lesen. Schließlich habe ich es nicht übers Herz gebracht, ihn wegzuwerfen. Für mich ist diese Geschichte nicht zu Ende, denn in meinem Herzen schreibt die Hoffnung eine letzte Zeile: Fortsetzung folgt …

Was heißt schon annehmen?

Es mag auffallen, dass wir schon in unserem Sprachgebrauch mit dem Wort Annehmen nicht leichtfertig umgehen. Annehmen sagen wir dann, wenn die Folgen dieses Annehmens unser Leben nachhaltig verändern. Annehmen bedeutet Konsequenzen und es geht diesem Annehmen immer eine prozesshafte Entwicklung voraus.

Wenn ein kinderloses Ehepaar sich dazu entscheidet, ein Kind aufzunehmen, dann sprechen wir davon, ein Kind anzunehmen. Die Entscheidung dazu fängt aber schon lange vorher an zu wachsen.

Wenn zwei Liebende heiraten, dann geloben sie öffentlich und feierlich, einander anzunehmen als Mann oder als Frau. Und dieses Annehmen wird zu einer Verbindlichkeit, die nicht nur diesen glücklichen Moment meint, sondern die ganze gemeinsame Zukunft; die guten und die bösen Tage, in Gesundheit und Krankheit… Annehmen stiftet Gemeinschaft.

Die Annahme im christlichen Kontext ist eine Frucht des doppelten Liebesgebotes Gottes, nämlich Gott zu lieben und seinen Nächsten wie sich selbst. In diesem „wie sich selbst" finden wir einen Schlüssel, der uns einen Zugang eröffnet, wenn es uns schwer fällt, andere anzunehmen, sie zu akzeptieren wie sie sind. Ein Bischof formulierte es vor Jugendlichen einmal etwas hemdsärmelig, aber nicht minder eindringlich mit den Worten: „Wer sich selbst nicht riechen kann, der stinkt auch anderen." Annehmen beginnt bei mir. Solange ich es nicht gelernt habe, mich und mein Leben selbst anzunehmen, also zu einer grundsätzlichen Bejahung meiner selbst zu kommen, solange brauche ich mich auch nicht zu wundern, wenn ich Schwierigkeiten dabei habe, andere Menschen anzunehmen und zu lieben. Das hat Jesus selbst schon seinen Jüngern als Auftrag ins Stammbuch geschrieben und so ermutigt Paulus sie:

Darum nehmt einander an, wie auch Christus uns angenommen hat. (Röm 15,7)

Was heißt schon annehmen?

Annehmen heißt nicht resigniertes Hinnehmen oder ein halbherziges Überredet-werden. Und das ist es, was Annehmen oft so schwierig sein lässt; entweder ganz oder gar nicht. Es gibt nicht ein bisschen schwanger, ein bisschen tot oder ein bisschen lebendig – es gibt nicht ein bisschen annehmen. Annehmen ist am Ende vielleicht nicht immer ein glückliches Annehmen, aber es ist immer ein versöhntes Annehmen.

Annehmen heißt ja sagen. Der Schriftsteller und ehemalige tschechische Präsident Vaclav Havel prägte den Satz: „Der Glaube ist nicht die Gewissheit, dass alles immer gut ausgehen wird, sondern die Hoffnung, dass etwas einen Sinn hat, egal wie es ausgeht." Annehmen heißt nicht unbedingt ein verstehendes Bejahen, sondern zumeist ein gläubig vertrauensvolles Annehmen einer auch ungewissen oder gar schweren Zukunft.

In der Trauerforschung fand schon vor vielen Jahren die amerikanische Ärztin Elisabeth Kübler-Ross heraus, das die Trauer eines jeden Menschen im Wesentlichen immer in vier Phasen abläuft. Dabei ist es gleich, ob es sich zum Beispiel um den Verlust beim Tod eines geliebten Menschen handelt oder vielleicht um die Trauer um das eigene Schicksal bei der Eröffnung der Diagnose einer lebensbedrohlichen oder unheilbaren Krankheit. Auf die Phasen des Verleugnens, des Protestes und der Verzweiflung folgt im Idealfall die der Annahme, in der ich allmählich lerne, mich in mein Schicksal einzufinden und im Vertrauen auf Gott das Unabänderbare anzunehmen. Jene Kraft, die ich aufbringe, mich über das Schlechte zu ärgern, das ich ohnehin nicht ändern kann, ist eigentlich vergeudete Kraft, auch, wenn es seine Zeit braucht und es schwer fällt das zu lernen.

Was heißt schon annehmen?

Es bleibt die zuweilen unerträgliche Unbegreiflichkeit Gottes, die uns, solange es Menschen auf dieser Welt gibt, klagen lässt über das Leid der Unschuldigen, über den Schmerz und den Tod von Kindern. Wie Jesus selbst schreien wir in Todesnot zum scheinbar sich ausschweigenden Vater im Himmel: „Vater, wenn du willst, nimm diesen Kelch von mir!", bis wir voll Vertrauen genauso annehmend sagen können: „Aber nicht mein, sondern dein Wille soll geschehen!", denn weiter heißt es auch: „Da erschien ihm ein Engel vom Himmel und gab ihm neue Kraft." (Lk 22,42 f.)

Und so heißt annehmen vielleicht auch den offenen Himmel sehen und entgegen aller Vernunft darauf vertrauen, dass Gott mir am Ende meiner Kraft einen Boten, einen Engel sendet, der mir neue Kraft gibt, damit ich unwissend begreife, dass ich angenommen und beim Vater immer gut aufgehoben bin.

Detlev Schwarz, Referent für Krankenpastoral und Notfallseelsorge, Seelsorgeamt

Ich nehme an, Sie wissen, wovon Sie reden?

Was Sie mir da zumuten?
Dieses Angebot kann ich jedenfalls nicht annehmen.
Das ist zu viel: Ich übernehme mich damit.
Das nimmt mich auseinander:
gefühlsmäßig kräftemäßig geldmäßig
Annahme verweigert!
Nicht mit mir!
Aber
angenommen
alles wäre auch ganz anders…

Gregor Maria Hoff, Katholische Theologische Fakultät Salzburg

Ja – Was heißt schon annehmen?

Meine Nackenhaare sträuben sich bedenklich, wenn ich annehmen höre und nichts dazu. Widerstand regt sich und Assoziationen kommen mir in den Sinn wie hinnehmen, sich fügen, fraglos akzeptieren, sich hilflos fühlen, sich „drein" schicken. Erinnerungen steigen auf an schmerzliche Situationen in meinem Leben und die ganz sicher bestens gemeinten Ratschläge, sie doch anzunehmen. Als Herausforderung, als Prüfung, als neue Chance, als nicht zu verändernde Tatsache eben. Ja schon – sie hatten alle recht damals – nur, ich fühlte mich entsetzlich allein und unverstanden. Und das Schlimmste daran war, dass ich anfing, mich selbst zu verachten, weil ich es eben nicht zustande brachte, dieses Annehmen dessen, was so schmerzte.

Und doch – im Christentum und auch anderen spirituellen Traditionen tauchen dieses Annehmen und Angenommensein immer wieder als Schlüsselbegriffe auf – guter Grund also, eine Annäherung zu versuchen.

Meine sich sträubenden Nackenhaare mahnen mich zur Differenzierung: Was also annehmen? Wen annehmen? Wann und wie? Und – überhaupt – warum?

> *Gott gebe mir die Gelassenheit, Dinge anzunehmen, die ich nicht ändern kann, den Mut, Dinge zu ändern, die ich ändern kann, und die Weisheit, das eine vom anderen zu unterscheiden.*

Dieses Gebet verknüpft Annehmen untrennbar mit Mut und Unterscheidungsfähigkeit. Was kann geändert werden? Ist es wirklich unvermeidbar, dass ökonomische Gesetzmäßigkeiten bestimmen, was und wen wir uns leisten oder nicht leisten können (die Alten, die Kranken, die Kinder, die AsylantInnen, die Arbeitslosen)? Haben wir da nicht viel zu früh akzeptiert, dass es keine Alternative gibt zu einer Gesellschaftsform, in der durch wirtschaftliche Zwänge jede Menge Leid entsteht?

Ich glaube nicht, dass das Annehmen scheinbar unverrückbarer Rahmenbedingungen, das Zurück-

ziehen in die eigene Scham des „da kann man/ich halt nichts machen" weiterhilft in Richtung „eines Lebens in Fülle für alle", das Gott für uns gedacht hat. Da ist schon viel mehr der Mut angebracht, zu ändern, was zu ändern ist.

Was allerdings bleibt, sind Schicksalsschläge, Krankheit, Behinderung, Naturkatastrophen, ja und die unausweichliche Tatsache des Älterwerdens, des einmal Sterbenmüssens.

Auch hier frage ich noch nach den Rahmenbedingungen. Was kann helfen, und wer? Wie die Folgen erträglicher machen, die Einsamkeit lindern, das Hinausfallen aus der menschlichen Solidargemeinschaft abfangen? Und wie kann ich – besonders selber betroffen – dem Mitmenschen noch zutrauen, dass zumindest sein Dabeibleiben den Schmerz mitträgt. Sich nicht zurückziehen, würde bedeuten, auch im Leid Vertrauen zu haben in ein grundsätzliches Angenommensein trotz allem.

So bin ich bei meinem „Plädoyer wider das Annehmen" nun zu guter Letzt doch noch beim Angenommenwerden gelandet. Woher aber dieses Vertrauen nehmen? Nur zu gut kenne ich ja meine eigenen Unzulänglichkeiten, meine Neigung vor allzu Schwerem und Mühsamen zu flüchten, meine Angst selber in Schwierigkeiten zu kommen und die Tendenz, mögliche Handlungen oder wenigstens Stellungnahmen deshalb zu unterlassen.

Wie mich und dieses Leben annehmen?

Ich vertraue auf die Zusage Gottes, dass es – so oft wider allen Anschein – gut ist, dass es eine wie mich gibt auf dieser Welt, mit allen Fähigkeiten und Fehlern. Und das Gleiche will ich annehmen, dass es gilt für alle, die da um mich herum leben. So falle ich nicht ins Bodenlose, wenn einmal „gar nichts mehr geht", so schöpfe ich Zutrauen in mich und die Menschen, mit denen ich lebe, um gemeinsam an annehmbaren Lebensbedingungen zu arbeiten.

Gabriele Pöhacker, Referentin für Behindertenpastoral

Was heisst schon beten?

mehr als ein anhängsel
mehr als bloße dekoration
etwa so gewichtig wie ein gedanke
an dem alles hängt

Gregor Maria Hoff

Was heisst schon beten?

Vielleicht
- die Dinge auf den Tisch legen

  oder
- die Stille in die Hand nehmen

  vielleicht auch
- mit einem Lächeln den Alltag vom Tisch wischen

Christina Repolust

Was heisst schon beten?

da hilft nur noch beten
mit herz und verstand als lautsprecher
muss nichts ungesagt bleiben
bleibt nichts unverstanden

Gregor Maria Hoff

Was heißt schon beten?

Wenn ich Menschen auf der Straße darum bitte, mir zehn Begriffe zu nennen, die ihnen zum Wort beten einfallen, werde ich schwerlich zwei Personen finden, die exakt die gleichen Assoziationen haben. Selbst dann nicht, wenn ich nur nach fünfen oder dreien frage. Was ich ganz persönlich unter beten verstehe, ist geprägt von meiner Kultur, meiner Religion, und meiner Erziehung, von meinen Prägungen und Erfahrungen und, nicht zuletzt, von meiner ganz persönlichen Gottesbeziehung. Von all dem hängt es auch ab, ob meine Assoziationen eher positiv oder eher negativ besetzt sind. Welche Erfahrungen habe ich mit beten? Sind es die endlosen litaneiartigen Gebetsmühlen aus alter Zeit, deren Sprache ich nicht einmal mehr verstehe? Oder sind es die Abendgebete meiner Mutter, als ich klein war, die mich unter den nächtlichen Schutz Gottes stellten, die mir in den Sinn kommen? Ist es das auswendig gelernte Gebet zur Volksschulzeit, das ich mir einfach nicht recht merken konnte, weil mir vielleicht keiner sagte, was es eigentlich meint? Oder ist es das Gebet, von dem Großvater mir sagte, dass es sein letzter Halt war in den langen ungewissen Jahren seiner Kriegsgefangenschaft?

Was heißt schon beten?

Was heißt schon beten, muss eigentlich heißen: was heißt beten – für mich?

In der deutschen Sprache haben die Worte beten und bitten dieselbe Wurzel, was einleuchtet, weil viele unserer Gebete als Bittgebete formuliert sind. Ähnlich ist es auch im Englischen. To pray meint beten im Sinne von Erflehen. Genauso ist es auch in der Sprache des Neuen Testamentes, dem Altgriechisch. Auch hier meint Proseùchomai bitten oder etwas von einer Gottheit erflehen. Unser Sprachgebrauch prägt uns also. Die klare Einfachheit der lateinischen Sprache bietet uns aber noch eine weitere Deutung an: Die Grundbedeutung des lateinischen Wortes für beten, orare, meint schlicht und einfach sprechen.

Ist beten also vielleicht deshalb für viele Menschen so aus der Übung geraten, weil Menschen untereinander nicht mehr richtig sprechen oder einander zuhören können? Doch da höre ich schon die Stimmen, die sagen: Hallo, wir leben im Kommunikationszeitalter, Information, Wissen ist Macht. Wer heutzutage kein Handy haben will, wird misstrauisch angeschaut als würde er elektrischen Strom ablehnen oder das Auto und mit der Kutsche fahren, wie die Amish People es aus ihrer ganz eigenen Überzeugung heraus noch heute tun. Wir haben PC und Internet, schreiben uns SMS's und E-mails. Klar, wir sprechen miteinander unentwegt und überall. Und dennoch fällt auf, dass die Menschen bei all ihren Kommunikationsmöglichkeiten immer weniger zu sagen haben. Immer wieder und immer öfter wird man unfreiwilliger Zeuge solcher Handygespräche; im Bus, im Café oder im Supermarkt an der Kasse. Menschen reden miteinander, haben sich eigentlich aber nicht viel zu sagen.

Miteinander reden heißt schließlich auch zuhören, mich aktiv auf den Anderen einlassen, mir Zeit nehmen. Ich frage mich, ob diejenigen Volksschulkinder zum Beispiel, die in der ersten Klasse schon mit dem Handy herumlaufen, das überhaupt noch lernen. Die Eltern sind zwar im Notfall immer erreichbar, die eigentlichen Gespräche, der intensive Austausch, das einander Zuhören findet aber immer häufiger nicht mehr wirklich statt.

Warum sollte es uns mit Gott dann also so völlig anders gehen? Im Notfall ist er immer erreichbar. Aber nehme ich mir die Zeit, um darüber mit ihm zu reden, was mich wirklich bewegt oder um ihm vielleicht auch noch zuzuhören? Oder reduziere ich mein Gebetsleben auf frommen „small talk", indem ich auf Gebetsschablonen zurückgreife und mich nachher wundere, dass das Gesagte ja eigentlich nichts mit meinem eigenen Leben zu tun hat? Nichts gegen vorformulierte Gebete, wenn ich sie nicht als Alibi dafür verwende, mich vor einem persönlichen Gespräch mit Gott drücken zu wollen.

Was heißt schon beten?

Das haben die Jünger auch gefragt – und zwar Jesus. Er gab ihnen seine Antwort: Gott möchte, dass wir mit ihm reden und nicht wahllos etwas nachplappern.

Wenn ihr betet, sollt ihr nicht plappern wie die Heiden, die meinen, sie werden nur erhört, wenn sie viele Worte machen. Macht es nicht so wie sie; denn euer Vater im Himmel weiß, was ihr braucht, noch ehe ihr ihn bittet.
So sollt ihr beten:

> *Vater unser im Himmel,*
> *geheiligt werde dein Name,*
> *dein Reich komme,*
> *dein Wille geschehe wie im Himmel, so auf der*
> *Erde.*
> *Unser tägliches Brot gib uns heute.*
> *Und vergib uns unsere Schuld, wie auch wir sie*
> *unseren Schuldnern erlassen haben.*
> *Und führe uns nicht in Versuchung, sondern rette*
> *uns von dem Bösen.*
> *(vgl. Mt 6,7–13)*

Beten meint Gott Anteil geben an der Wirklichkeit meines Lebens, ihm mitteilen, was mich wirklich oder vielleicht sogar existenziell bewegt. Und wenn ich es nicht (mehr) kann oder meine, es verlernt zu haben, dann kann ich es lernen.

Seit alter jüdischer und christlicher Tradition gelten die Psalmen als die Schule des Gebetes. Ich gestehe, dass sich das jetzt etwas seltsam anhört, wenn es eben hieß, dass wir keine Texte oder Gebete nachplappern sollten, die, wie die Psalmen, noch dazu schon viele, viele hundert Jahre alt sind. Aber darum geht es auch gar nicht.

Das Buch der Psalmen, das wir im Alten Testament finden, ist eine Ansammlung von 150 Liedern und Gedichten. Lieder über Liebe, Freude und Lob, aber auch über Klage, Verzweiflung und Tod. Alles, was Menschen jemals bewegt hat und noch heute bewegt, jede menschliche Regung, jedes Gefühl bringen Menschen in dieser Form vor Gott.
Wenn Menschen so glücklich sind, dass sie meinen, fast vor Freude zerspringen zu müssen – dann schreiben einige von ihnen Lieder oder Gedichte.
Wenn Menschen so etwas Schreckliches widerfahren ist, zum Beispiel an Krankheit oder Tod, dass sie keine Worte und vielleicht nicht einmal mehr Tränen dafür haben – dann schreiben einige von ihnen Lieder oder Gedichte. Solche Lieder und Gedichte finden wir in den Psalmen.

Was aber ist mit mir? Was ist, wenn ich so etwas erlebe, was mir vor Angst den Atem stocken lässt, oder mir vor Freude die Worte fehlen? Dann darf ich mich und mein Leben hinein nehmen lassen in diese Lieder und Gedichte, damit sie stellvertretend all das vor Gott bringen, was ich zu sagen, zu singen oder auch zu schreien nicht mehr im Stande bin. Die Psalmen sind aber noch mehr. Sie sind Zeugnis der Hoffnung und der Liebe, des Trostes und der Zuversicht, des Gottvertrauens und der Ermutigung – sie sind auch Zeugnis dessen, was Gott mir entgegenbringt.

Der Volksmund sagt: Not lehrt beten. Wohl deshalb, weil mir in der Not alles genommen wird, auf das ich sonst mein Vertrauen zu setzen pflege, wie Ansehen, Geld, Gesundheit oder gar das Leben. Am Ende bleibt nur mehr Gott, auf den ich mein Vertrauen setzen kann. Die nach dem Matthäusevangelium überlieferten letzten Worte Jesu am Kreuz, Mein Gott, mein Gott, warum hast du mich verlassen?, sind die ersten Worte von Psalm 22, dessen letzter Vers aber lautet: Vom Herrn wird man dem künftigen Geschlecht erzählen, seine Heilstat verkündet man dem kommenden Volk.

Was heißt schon beten?
Beten lernen heißt lernen und darauf vertrauen, dass ich mit allem zu Gott dem Vater kommen kann. Nichts ist ihm zu unwichtig, nichts ist ihm zu sündig oder zu „menschlich". Beten ist das Angebot Gottes, mein ganzes Leben mit ihm teilen zu dürfen und seine Zusage, mich nie allein zu lassen.

Detlev Schwarz, Seelsorgeamt

Schon mal ins Gebet genommen worden?
Hat's Ihnen gelegentlich die Sprache verschlagen?
Bereits am Ende angekommen?
Haben Sie's mal mit dem Unerhörten probiert?
Etwas riskiert?
Mehr gesagt, als Sie selbst verantworten können?
Das Unglaubliche einkalkuliert?
Eine offene Rechnung mit Gott aufgemacht?
Der Stille zugehört?
Nicht nur an sich selbst gedacht

Gregor Maria Hoff, Katholische Theologische Fakultät Salzburg

Was heisst schon gemeinsam?

Vielleicht
- gegen den Strom schwimmen und
- Entgegenkommende grüßen

oder
- die eigene Spur verteidigen

vielleicht auch
- einem schwarzen Schaf neugierig folgen

Christina Repolust

Was heisst schon gemeinsam?

mitten im geblök seine stimme entwickeln
mitten im untergang entdeckt werden
gesucht sein
gefunden

Gregor Maria Hoff

Was heisst schon gemeinsam?

soeben aus der gesichtslosigkeit erwacht
zufällig einen anderen gestreift
locker angelehnt mit der flüchtigen hoffnung
nie mehr allein zu bleiben

Gregor Maria Hoff

Was heißt schon gemeinsam?

In der antiken Tradition griechischer Philosophen gab es ein Menschenbild, das den Menschen erst in der partnerschaftlichen Gemeinschaft von Mann und Frau zu einem vollständigen, ganzheitlichen Menschen wachsen lässt. Vielleicht stammt ja daher die Redensart, die uns gelegentlich vom Ehepartner als unserer besseren Hälfte sprechen lässt. Im zweiten Schöpfungsbericht des Buches Genesis, dem ersten Buch der Bibel, spricht Gott:

Es ist nicht gut, dass der Mensch alleine bleibt. Ich will ihm eine Hilfe machen, die ihm entspricht. (Gen 2,18)

Hilfe gibt es in ihrer reifen Form aber nur als ein partnerschaftliches Auf-einander-bezogen-sein. Mann und Frau als sich gegenseitig ergänzende Pole einer Einheit. Diese innige Gemeinschaft und auch Gleichursprünglichkeit bezeugt schon der erste Schöpfungsbericht, wenn es heißt:

Gott schuf also den Menschen als sein Abbild; als Abbild Gottes schuf er ihn. Als Mann und Frau schuf er sie. (Gen 1,27)

Was heißt schon gemeinsam?

Der Mensch ist zur Gemeinschaft berufen, dazu, seinen Weg zu gehen, gemeinsam mit anderen. Nicht religiös gesprochen heißt das: der Mensch ist ein Sozialwesen. Der Mensch entsteht durch Gemeinschaft, nämlich aus der Beziehung zwischen Mann und Frau. Und er besteht auf Beziehung hin. Als Schlüssel aber, um das zu beschreiben, was wirkliche, wahrhaftige Gemeinschaft begründet und ausmacht, reicht der Begriff Beziehung allerdings bei weitem nicht aus. Nennen wir es doch, wie wir es immer nennen, nennen wir es Liebe!
Allein aus Liebe wurden wir geschaffen.
Allein die Liebe erhält uns am Leben.
Allein die Liebe führt unsere sehnende Existenz zur Vollendung. Und vielleicht entstammen die deutschen Worte leben und lieben deshalb einem gemeinsamen Ursprung, weil es ohne die Liebe auch kein Leben gibt.

Dort, wo unser Leben lieblos wird und ohne wirkliche Gemeinschaft mit andern ist, dort wird das Leben unmenschlich. Radikaler Entzug menschlicher Nähe und Zuwendung führt allmählich aber sicher sogar bis zum Tod.

Der mittelalterliche Geschichtsschreiber Salimbene schreibt von einem Experiment, das im 13. Jahrhundert im Auftrag von Friedrich II., dem Kaiser des Heiligen Römischen Reiches, durchgeführt wurde:

„Er (der Kaiser) wollte herausfinden, was für eine Ausdrucksweise und was für ein Sprachverhalten Kinder entwickeln würden, wenn sie aufwachsen, ohne je mit jemandem zu sprechen. Daher befahl er Ammen und Kinderfrauen, die Kinder zu säugen, zu baden und zu waschen, aber keinesfalls mit ihnen zu plappern oder zu sprechen, denn er wollte herausbekommen, ob sie die hebräische Sprache, die die älteste war, sprechen würden, oder die griechische, lateinische oder arabische – oder vielleicht die Sprache ihrer Eltern. Aber er bemühte sich vergebens, denn die Kinder starben alle. Denn sie konnten nicht ohne die Liebkosungen, frohen Gesichter und Koseworte ihrer Ammen leben."

Was heißt schon gemeinsam?

Immer wieder begegnet man der Meinung: „Jesus – ja, Kirche – nein. Glauben kann ich auch für mich allein, im stillen Kämmerlein. Da brauche ich nur Gott, mich und vielleicht noch die Bibel." Wenn wir nun aber nicht nur wissen, sondern auch begreifen, wie fundamental wichtig Gemeinschaft für unser Leben ist, wie kann das dann für unseren Glauben ohne oder nur von geringer Bedeutung sein?

In der Tat ist es so, dass Glaube ohne Gemeinschaft nicht nur nicht funktioniert, sondern Gemeinschaft ist sogar die Voraussetzung dafür, dass Glaube entstehen und sich entwickeln kann. Glauben ist gelebte Gemeinschaft. Er erwächst aus der Gemeinschaft Gottes mit den Menschen und er lebt nur weil und sofern er untereinander geteilt und weitergegeben wird. Paulus sagt: Der Glaube kommt vom Hören auf das Wort Gottes (vgl. Röm 10,17). In diesem mitmenschlichen Wort teilt Gott sich selber uns mit; ob es die Mutter ist, die ihrem Kind Gutes zuspricht, oder der Bischof, der in der hl. Messe das Evangelium verkündet; ob es das Taizélied während einer Wallfahrt ist, oder einfach mein Gebet, im Schweigen getragen, am Bett eines Kranken und meine Hand auf der seinen. Gemeinschaft tröstet und verbindet noch dort, wo das Leben uns sprachlos werden lässt, wo Worte nichts mehr auszudrücken vermögen. Wenn ich es aus Schmerz und Verzweiflung nicht mehr über meine Lippen bringe, das: Dein Wille Geschehe, dann vermag vielleicht das gemeinschaftliche Gebet oder die Fürbitte mich dort noch aufzurichten, wo meine eigene kleine Kraft schon längst zu Ende ist.

Glaube ohne Gemeinschaft ist wie ein Auto ohne Räder, ich kann mich zwar hineinsetzen, aber es wird mich nirgendwohin bringen.

Unter dem Eindruck der Repressalien durch das NS Regime auf die Bekennende Kirche, 1937, schreibt der evangelische Theologe Dietrich Bonhoeffer: „Der Gefangene, der Kranke, der Christ in der Zerstreuung erkennt in der Nähe des christlichen Bruders (der christlichen Schwester) ein leibliches Gnadenzeichen der Gegenwart des dreieinigen Gottes.“

Bei Christen, die in Bedrängnis leben, stellt sich die Frage nach der Sinnhaftigkeit von Gemeinschaft gar nicht. Man teilt, was man hat, und bewahrt, was einem wichtig ist. Denn, so sagt Bonhoeffer weiter: „Der Christus im eigenen Herzen ist schwächer als der Christus im Worte des Bruders; jener ist ungewiss, dieser ist gewiss. Damit wird zugleich das Ziel aller Gemeinschaft der Christen deutlich: sie begegnen einander als Bringer der Heilsbotschaft.“

Was heißt schon gemeinsam?

Es heißt: glauben kann ich nicht nur für mich allein.

Es heißt: lieben kann ich nicht nur für mich allein, und es heißt: leben kann ich nicht nur für mich allein.

Es heißt dann aber auch: im Zweifeln bin ich nicht mehr allein.

Es heißt dann auch: in der Enttäuschung bin ich nicht mehr allein.

Und im Sterben und Tod bin ich nicht mehr allein.

Denn die Gemeinschaft, die uns in der Liebe Gottes untereinander verbindet, kann der Tod nicht zerbrechen. Dafür ist der Sohn Gottes, Jesus Christus selbst uns Zeuge und Bürge.

Gemeinsam heißt:

Was kann uns scheiden von der Liebe Christi? Bedrängnis oder Not oder Verfolgung, Hunger oder Kälte, Gefahr oder Schwert? […] all das überwinden wir durch den, der uns geliebt hat. Denn ich bin gewiss:

Weder Tod noch Leben, weder Engel noch Mächte, weder Gegenwärtiges noch Zukünftiges, weder Gewalten der Höhe oder Tiefe noch irgendeine andere Kreatur können uns scheiden von der Liebe Gottes, die in Christus Jesus ist, unserem Herrn. (Röm 8,35.37–39)

Detlev Schwarz, Seelsorgeamt

*Nach dem Geschmack am Alleinsein,
nach dem Durst auf Selbstverwirklichung –
emotional vielleicht ein bisschen ausgehungert?
Zu wenig ausgekocht um für sich zu bleiben?
Bloß gemeinsam einsam oder
einen gemeinsamen Gedanken ausgedacht?
Eine Welt gemeinsam angepackt?
Gemeinsam ein Gespür entwickelt:
für andere und mich dazu?*

Gregor Maria Hoff,
Katholische Theologische Fakultät Salzburg

Was heisst schon Liebesgebot?

Vielleicht
- ◼ gemeinsam den Mond anheulen
  oder

- ◼ die Grammatik der Körpersprache lernen
  vielleicht auch

- ◼ morgen einfach ihr T-Shirt anziehen

Christina Repolust

Was heisst schon Liebesgebot?

Vielleicht
- Vorrang beachten
oder
- Einbahnstraßen verlassen
vielleicht auch
- Schleuderkurse belegen und auskuppeln

Christina Repolust

Was heisst schon Liebesgebot?

alle zärtlichkeit
alle lust und mehr
alle sehnsucht den zu erreichen
der einen bloß lieben kann

Gregor Maria Hoff

Was heißt schon Liebesgebot?

Du sollst den Herrn, deinen Gott, lieben mit ganzem Herzen, mit ganzer Seele und mit all deinen Gedanken und deinen Nächsten wie dich selbst. (vgl. Dtn 6,5; Mt 22,37 ff.)

Seit Anbeginn der Zeit suchen alle Menschen überall auf der Welt die Antwort auf die drei großen Fragen ihres Daseins:
Woher komme ich?
Wohin gehe ich?
Welcher Sinn liegt darin, dass ich da bin?
Die Liebe ist das erste, das einzige göttliche Prinzip, das uns wissen und spüren lassen will:
Allein aus Liebe ruft Gott, der Vater seine Schöpfung ins Dasein.
Allein aus Liebe wird sein Sohn mir zum Retter, indem er von den Schrecken des Todes aufersteht, um mir selbst entgegenzugehen und das ewige Leben zu bringen.
Allein aus Liebe sendet Gott uns seinen Heiligen Geist, der uns Beistand ist, Tröster, Ermutiger aber auch Ermahner zugleich und der uns auf dem Weg zu unserer Vollendung nie verlässt.

Gemeinsam mit dem Glauben und der Hoffnung bildet die Liebe die drei christlichen Tugenden, von denen der Apostel Paulus sagt: Für jetzt bleiben Glaube, Hoffnung und Liebe, diese drei, doch am größten unter ihnen ist die Liebe. (1 Kor 13,13)

Die Liebe ist hineingelegt in das Innerste eines jeden Menschen, sie ist der Anfang, der Grund und die Vollendung unseres Daseins. Die Liebe allein gibt unserem Dasein überhaupt einen Sinn und eine Richtung.
Ohne Liebe sind wir Suchende, Getriebene, sind wir sinnentleert. Oder wie Augustinus es sagt, wie ein irdenes Gefäß ohne Boden, das nie voll wird. Wieder ist es Paulus, der uns in seinem Hohelied der Liebe mit eindringlichen Wortbildern vor Augen hält, was der Mensch ohne Liebe ist.
Wenn ich in den Sprachen der Menschen und Engel redete,

*hätte aber die Liebe nicht,
wäre ich dröhnendes Erz oder eine lärmende Pauke.
Und wenn ich prophetisch reden könnte
und alle Geheimnisse wüsste
und alle Erkenntnis hätte;
wenn ich alle Glaubenskraft besäße
und Berge damit versetzen könnte,
hätte aber die Liebe nicht,
wäre ich nichts.
Und wenn ich meine ganze Habe verschenkte,
und wenn ich meinen Leib dem Feuer übergäbe,
hätte aber die Liebe nicht,
nützte es mir nichts. (1 Kor 13,1–3)*

Wie kann etwas wahr, schön oder authentisch sein, wenn ich es lieblos tue?

Was heißt schon Liebesgebot?

Hören wir Gebot, so denken wir an Formulierungen wie du sollst, du musst, du darfst nicht. Aber kann Gott es mir denn in der Tat gebieten, jemanden zu lieben. Liebe kann man nicht machen oder gar erzwingen. Liebe wird sogar zu einer unglücklichen oder tragischen Liebe, wo meine Liebeszeichen mit Gleichgültigkeit oder gar Ablehnung erwidert werden.
Solange ich das Liebesgebot Gottes als Zwang oder als Einengung meiner persönlichen Freiheit verstehe, werde ich nicht zum inneren Kern dessen vordringen, was es wirklich meint. Viele Bereiche unseres Lebens werden durch Regeln und Gebote geordnet, ohne die zu leben wir uns kaum vorstellen könnten. Straßenverkehr ohne Ampeln, Geschwindigkeitsbegrenzungen, Vorrangregeln, ohne Gebots- oder Verbotsschilder wäre schier undenkbar. Die Erfahrung lehrt uns, dass es nicht immer ausreicht, sich auf den gesunden Menschenverstand zu verlassen, und dass es ohne diese Gebote schlichtweg lebensgefährlich wäre, sich auch nur vor die Haustür zu wagen. Niemand stellt das ernsthaft in Frage, weil diese Regeln uns dabei helfen, weitgehend sicher und reibungslos von A nach B zu kommen.

Als Gott durch Moses dem Volk Israel den Dekalog, die Zehn Gebote gab, tat er es, um seinem Volk Regeln für das gemeinschaftliche Zusammenleben zu geben. Denn offenbar geraten Menschen immer wieder in Situationen, in denen Regeln ihnen Halt und Richtung geben müssen, sodass ich gesagt bekomme, dass es natürlich weder gut noch richtig ist, wenn ich meinem Partner untreu bin, jemanden belüge, bestehle oder gar ermorde.

Was heißt eigentlich

Liebesgebot?

Liebe kann man zwar nicht verordnen, Liebe kann ich aber einüben, indem ich mir eine Haltung der Liebe aneigne, die mich dabei anleitet, meinem Nächsten das zu tun, was Liebe tut, oder was sie ihm nicht antut.

Die Liebe ist langmütig,
die Liebe ist gütig.
Sie ereifert sich nicht,
sie prahlt nicht,
sie bläht sich nicht auf.
Sie handelt nicht ungehörig,
sucht nicht ihren Vorteil,
lässt sich nicht zum Zorn reizen,
trägt das Böse nicht nach.
Sie freut sich nicht über das Unrecht,
sondern freut sich an der Wahrheit.
Sie erträgt alles, glaubt alles, hält allem stand.
Die Liebe hört niemals auf. (1 Kor 13,4–8)

Nein, Gott gebietet uns nicht, einander lieben zu müssen, er legt sie uns ans Herz – ins Herz. Gott als der Schöpfer aller Dinge ist der Urgrund der Liebe. Er weiß und sagt uns: wo ich liebe, dort brauche ich mich nicht (mehr) zu verstellen, um gemocht zu werden. Ich werde geliebt, obgleich ich so bin, wie ich bin. Ich bin gut so wie ich bin, nicht perfekt, aber ich selbst, unverwechselbar und einzigartig, ein wertvolles Unikat.

Wenn in der Bibel von geschlechtlicher Liebe zwischen Mann und Frau gesprochen wird, dann heißt es: und sie erkannten einander. Die Liebe gibt mir den Mut, mich zu erkennen zu geben, mich dem anderen und Gott so hinzugeben, wie ich bin, ohne Verstellung, ohne Maske. Und weil Gott uns zuerst geliebt hat, wird er unsere Liebe nicht enttäuschen.

Was heißt schon Liebesgebot?

Es heißt, sich mit einer Liebe geliebt zu wissen, die an nichts anderem ihr Maß findet als an Gott selbst. Es heißt, mit einer Liebe zu lieben, die mich und den anderen befreit von Täuschung, falscher Scham, von Schuld und sogar aus der Macht des Todes.

Vor allem aber liebt einander, denn die Liebe ist
das Band, das alles zusammenhält und vollkom-
men macht. (Kol. 3,14)

Detlef Schwarz, Seelsorgeamt

jenseits des gebotenen abstands
jenseits dessen, was angesagt ist
jenseits profitabler lieblosigkeit
ein gebot an den börsen der alltäglichkeit abgeben
auf's ganze gehen
auf den augenblick setzen
mit dem sich die welt aus den angeln heben lässt
wie sie nun mal ist
und nicht bleiben muss

Gregor Maria Hoff, Katholische Theologische Fakultät Salzburg

Gesamtprogramm

Aktion OFFENER HIMMEL

Begegnungs-Kirche
Über 150 Veranstaltungen bei freiem Eintritt
Erzdiözese ✝ Salzburg

Wann	Was	Wo	Plan
Samstag, 15. 10.			
6.05	Morgengedanken in Radio Salzburg		
10.00–18.00	Biofest des Bioernteverbandes	Kapitelplatz	❷
11.00 15.00	**Ezechiel – Performance der Gruppe „Vis plastica"**	Bahnhofsvorplatz Europark	❶
ab 16.30	Sternwallfahrt des Dekanates Bergheim auf dem Jakobsweg zum SalzBurgLicht in die Stadt	Treffpunkt bei den Pfarrkirchen: Hallwang 17.30, Anif 17.30, Elsbethen 18.00, Grödig 17.00, Wals 16.30, Elixhausen/Bergham 18.00, Eugendorf 16.30.	
19.00 19.30 20.00	**SalzBurgLicht** Ⓐ 🔥 Sammeln bei den Treffpunkten Lichtergang mit Musik und Glockenkonzert zum Domplatz Ökumenischer Auftakt	Salzach und Altstadt. Müllnersteg, Künstlerhaus, Volksgarten (mit Assistenz für Menschen mit Behinderung). Domplatz	❸
Sonntag, 16. 10.			
6.05	Morgengedanken in Radio Salzburg		
–	Frauen kommen im Rahmen der Predigt zu Wort	in allen Pfarrkirchen der Stadt	
–	Sonntagsfrühstück in Pfarrcafes nach den Gottesdiensten	in allen Pfarrkirchen der Stadt	
10.00 11.00 11.00 13.00	**Sonntagsfrühstück in folgenden Kaffeehäusern:** Apropos-VerkäuferInnen lesen aus dem Straßenbuch „Alles für Leopoldine" Sax und Klavier Lesung von Britta Steinwendtner Lesung von Jochen Jung	Apropos/Franziskanerkloster Classic, Steinterrasse, Fingerlos, Haydnpub Fürst Jedermann	
10.00	Eucharistiefeier, W. A. Mozart, Missa longa, KV 262. Salzburger Dommusik, Projektchor Offener Himmel, János Czifra.	Dom	❸
10.00	Familiengottesdienst	St. Blasius	㉔
10.00	Wortgottesdienst zum Thema Behinderung, anschließend Begegnungsfrühstück und Vernissage der Ausstellung „Christus als Behinderter" (Gerhard Maurer)	Pfarrzentrum St. Severin, Gnigl	
10.00–14.00	Tag der offenen Tür mit Familienliturgie, Sonntagsfrühstück und Kreativprogramm	Treffpunkt Bildung, Elsbethen	
11.15	**Ezechiel – Performance der Gruppe „Vis plastica"**	Domplatz	❸
11.15, 15.45, 17.15	Chorgebet mithören	Stiftskirche Nonnberg	❺
14.30	Segnungsgottesdienst mit Erzbischof Alois Kothgasser	Dom	❸
15.30	Führung durch die Ausstellung „Himmelsbilder"	Dommuseum	❸
17.00	Gottesdienst mit anschließender Bewirtung	Kapuzinerkirche	❼
17.00	**Konzert „Abraham on tour"** Ⓑ	Kapitelsaal	❽
18.00	Mit der Kirche übers Kreuz – Stammtischgespräche Ⓒ	Augustinerbräu (Michaelbeurer Stüberl)	❿
19.00–22.00	**Eröffnung Lichterlabyrinth unter der Kuppel des Domes** Ⓓ	Dom/Kuppelraum	❸
19.45	Jugendgebetsabend mit Agape (Lorettogemeinschaft)	St. Blasius	㉔
Montag, 17. 10.			
6.05	Morgengedanken in Radio Salzburg		
ab 6.00	Pendlerfrühstück im morgendlichen Verkehrsstau	Hauptbahnhof, Einfahrtsstraßen	
7.00–8.30	Bibelkekse verteilen im morgendlichen Verkehrsstau	Steinlechner-Kreuzung	
9.00–13.00	ArMut teilen. Spenden abgeben – Bedürftigkeit anmelden	Umverteilungscontainer bei der Engelsburg	⓫
9.00–14.00	Bibellesen im Zelt	Schloss Mirabell	❹
10.00–16.00	Tag der offenen Tür bei den Barmherzigen Schwestern	Barmherzige Schwestern	⑫
11.00–14.00	Entspannungsinsel des Jugendzentrums IGLU	Parkplatz St. Andrä	⑱
11.15, 15.45, 17.15	Chorgebet mithören	Stiftskirche Nonnberg	❺
12.15–14.00	Mittagsmeditation – Oase der Stille	in allen Pfarrkirchen der Stadt	
12.15	Gönn dir eine Atempause – Mittagsmeditation, gestaltet von „via cordis"	Sacellum	❻
ab 14.00	**Markt der Möglichkeiten** – Gruppen, Vereine und Initiativen des Stadtteiles Taxham stellen sich vor Ⓔ	Taxham Abenteuerspielplatz, Bolaring, Pfarrsaal	
14.00–17.00	Gesprächsmöglichkeit im Kreuzgang St. Peter	Stift St. Peter	⑬
15.00–17.00	Paulus in den Katakomben, Bibellesung mit Klaus Ortner	Friedhof St. Peter	⑬
15.30–17.30	Zeit mit Blick auf den Himmel – offene Kapuzinerterrasse	Kapuzinerkloster	❼
16.00–19.00	ArMut teilen. Spenden abgeben – Bedürftigkeit anmelden	Umverteilungscontainer bei der Engelsburg	⓫

Zeit	Veranstaltung	Ort	Nr.
17.30–21.00	Bibel und Wein – Voranmeldung erbeten unter 0662/827944	Jacques Weindepot Maxglan	
18.00	Taizé-Gebet	Franziskanerkirche	⑨
18.00	Mit der Kirche übers Kreuz – Stammtischgespräche ☉	Augustinerbräu (Michaelbeurer Stüberl)	⑩
18.00–20.00	Hospiz-Café	Tageshospiz Kleingmainerhof	
18.30	Abendgottesdienst, Konzert mit der HAK-Blasmusikkapelle	Pfarrsaal Lehen	
19.00–22.00	Lichterlabyrinth unter der Kuppel des Domes	Dom	③
19.00	Prämierung und Lesung Lyrikwettbewerb „Offener Himmel"; Podiumsdiskussion „Offener Himmel ¿ – Religion: Literatur"	Literaturhaus	⑭
19.30	Treffen für Einsatzkräfte und Notfallseelsorge	Kolpinghaus	⑮
19.30	Tag der Begegnung: Die Pfarre St. Paul lädt Führungskräfte aus der Wirtschaft ein. Vortrag „Christsein als Motivation" von Prof. Gotthard Fuchs, Wiesbaden	Pfarrkirche St. Paul	
19.30	Geistliches Konzert mit Textmeditation und Lichtdesign. „Hebe deine Augen auf" – geistliche Chorwerke. Salzburger Chorknaben und -mädchen, Salzburger Domkapellknaben und -mädchen, Helmut Zeilner, Gerrit Stadlbauer	Stiftskirche St. Peter	⑬
20.30–22.00	Gebet auf dem Berg	Kapuzinerkirche	⑦

Dienstag, 18. 10.

Zeit	Veranstaltung	Ort	Nr.
6.05	Morgengedanken in Radio Salzburg		
9.00	Franziskanischer Implus mit BAKiP-SchülerInnen	Franziskanerkirche	⑨
9.00–13.00	ArMut teilen. Spenden abgeben – Bedürftigkeit anmelden	Umverteilungscontainer bei der Engelsburg	⑪
9.00–14.00	Bibellesen im Zelt	Schloß Mirabell	④
11.00–14.00	Entspannungsinsel des Jugendzentrums IGLU	Parkplatz St. Andrä	⑱
11.15, 15.45, 17.15	Chorgebet mithören	Stiftskirche Nonnberg	⑤
12.00–19.00	**Fest der Kulturen** – NichtösterreicherInnen-Treffen ℉	Bahnhofsvorplatz	①
12.15–14.00	Mittagsmeditation – Oase der Stille	in allen Pfarrkirchen der Stadt	
12.15	Gönn dir eine Atempause – Mittagsmeditation, gestaltet von „via cordis"	Sacellum	⑥
14.00	Kirchenführung	Müllner Kirche	⑩
14.00–17.00	Gesprächsmöglichkeit im Kreuzgang St. Peter	Stift St. Peter	⑬
15.00–17.00	Paulus in den Katakomben, Bibellesung mit Klaus Ortner	Friedhof St. Peter	⑬
15.30–17.30	Zeit mit Blick auf den Himmel – offene Kapuzinerterrasse	Kapuzinerkloster	⑦
16.00–19.00	ArMut teilen. Spenden abgeben – Bedürftigkeit anmelden	Umverteilungscontainer bei der Engelsburg	⑪
18.00	Taizé-Gebet	Franziskanerkirche	⑨
18.00	Mit der Kirche übers Kreuz – Stammtischgespräche ☉	Augustinerbräu (Michaelbeurer Stüberl)	⑩
19.00–22.00	Lichterlabyrinth unter der Kuppel des Domes	Dom	③
19.00	Lichtdesign	Hof von St. Peter	⑬
19.30	Erzähl mir von deinem Himmel	Gotischer Saal St. Blasius	㉔
19.30	Geistliches Konzert mit Textmeditation und Lichtdesign. „Der Himmel geht über allen auf" – internationale geistliche Chormusik. Chöre von Borromäum und BAKiP, Moritz Guttmann	Stiftskirche St. Peter	⑬
19.30	**zukunftsfähig! – Salzburg und globale Perspektiven** ☉ 🌐 Podiumsdiskussion und Verleihung des Sozialwort-Förderpreises durch Erzbischof Alois Kothgasser	Brunauer-Zentrum	⑯
20.30–22.00	Gebet auf dem Berg	Kapuzinerkirche	⑦

Mittwoch, 19. 10.

Zeit	Veranstaltung	Ort	Nr.
6.05	Morgengedanken in Radio Salzburg		
–	**Tag der Gastfreundschaft** ℍ		
ab 7.00	Pendlerfrühstück im morgendlichen Verkehrsstau	Hauptbahnhof, Einfahrtsstraßen	
9.00–14.00	Bibellesen im Zelt	Schloss Mirabell	④
11.00–14.00	Entspannungsinsel des Jugendzentrums IGLU	Parkplatz St. Andrä	⑱
11.15, 15.45, 17.15	Chorgebet mithören	Stiftskirche Nonnberg	⑤
11.30–14.30	**Leben am Limit** ① 🌐 Prominente SalzburgerInnen im Gespräch mit Menschen, die von der Caritas betreut werden	Engelsburg/Mozartplatz	⑪
12.15–14.00	Mittagsmeditation – Oase der Stille	in allen Pfarrkirchen der Stadt	
12.15	Gönn dir eine Atempause – Mittagsmeditation, gestaltet von „via cordis"	Sacellum	⑥
13.00, 14.30, 16.00	Fotografieren vom Müllner Kirchturm (Anmeldung unter 0662 / 432671)	Müllner Kirche	⑩
14.00–17.00	Gesprächsmöglichkeit im Kreuzgang St. Peter	Stift St. Peter	⑬
14.30	Offener Nachmittag für SeniorInnen der Stadt. Seniorenmesse, anschließend Kaffeejause und Diavortrag	Pfarre Maxglan	
15.30–17.30	Zeit mit Blick auf den Himmel, offene Kapuzinerterrasse	Kapuzinerkloster	⑦
15.00–17.00	Paulus in den Katakomben, Bibellesung mit Klaus Ortner	Friedhof St. Peter	⑬
15.00–20.00	Tag der offenen Tür im Bildungszentrum Borromäum	Borromäum	⑰
18.00	Taizé-Gebet	Franziskanerkirche	⑨
18.00	Mit der Kirche übers Kreuz – Stammtischgespräche ☉	Augustinerbräu (Michaelbeurer Stüberl)	⑩

Zeit	Beschreibung	Ort	Nr.
19.00–22.00	Lichterlabyrinth unter der Kuppel des Domes	Dom	③
19.30	Geistliches Konzert mit Textmeditation und Lichtdesign. „Der Messias", I. Teil, von G. F. Händel, Stiftsmusik St. Peter, Armin Kircher	Stiftskirche St. Peter	⑬
19.30	Videopräsentation „Über meinen Glauben möchte ich leise sprechen" ❶ ❷ Podiumsdiskussion mit Erzbischof Alois Kothgasser	Publikumsstudio des ORF	
19.30	Bibel & Wein – Historisches, Theologisches, Melodisches und Flüssiges zum Thema	Pfarre St. Paul, Eduard-Herget-Straße 5	
20.00	Lichtdesign	Hof von St. Peter	⑬
20.00 20.00	Familiengespräche und Erfahrungsaustausch. Information: 0662 / 87 96 13-11 oder kurt.reinbacher@kirchen.net Anmeldung: 0662 / 82 93 67, Familie Mayrhofer Anmeldung: 0662 / 85 32 24, Familie Tüchler	Referat für Ehe und Familie Pfarre Nonntal Pfarre Siezenheim	
20.30–22.00	Gebet auf dem Berg	Kapuzinerkirche	⑦

Donnerstag, 20. 10.

Zeit	Beschreibung	Ort	Nr.
6.05	Morgengedanken in Radio Salzburg		
8.00–13.00	Tag der offenen Tür in der Partner- und Familienberatung	Mirabellplatz 5	⑱
9.00–13.00	ArMut teilen. Spenden abgeben – Bedürftigkeit anmelden	Umverteilungscontainer bei der Engelsburg	⑪
9.00–14.00	Bibellesen im Zelt	Schloss Mirabell	④
11.15, 15.45, 17.15	Chorgebet mithören	Stiftskirche Nonnberg	⑤
12.00	Mittagsgebet auf der Schranne	Andräkirche	⑱
12.15–14.00	Mittagsmeditation – Oase der Stille	in allen Pfarrkirchen der Stadt	
12.15	Gönn dir eine Atempause – Mittagsmeditation, gestaltet von „via cordis"	Sacellum	⑥
ab 13.00	Markt der Möglichkeiten ❸ – Gruppen, Vereine und Initiativen des Stadtteiles Itzling stellen sich vor	ABZ, Veronaplatz, Antoniussaal	⑲
ab 14.00	Fest der katholischen Kindergärten – Tänze und Lieder von Kindern	rund um den Dom, Alter Markt, Universitätsplatz	
14.00–17.00	Gesprächsmöglichkeit im Kreuzgang St. Peter	Stift St. Peter	⑬
14.30	Seniorenfestmesse – anschließend Besichtigung der Schatzkammer	Müllner Kirche	⑩
15.00–17.00	Paulus in den Katakomben, Bibellesung mit Klaus Ortner	Friedhof St. Peter	⑬
15.00–17.00	EKIZ-Café – Offener Eltern-Kind-Treff – für Eltern mit Kindern von 0–4 Jahren	Treffpunkt Bildung, Elsbethen	
15.30–17.30	Zeit mit Blick auf den Himmel – offene Kapuzinerterrasse	Kapuzinerkloster	⑦
16.00–19.00	ArMut teilen. Spenden abgeben – Bedürftigkeit anmelden	Umverteilungscontainer bei der Engelsburg	⑪
17.00 17.40 19.30	Vitalisfest Statio (kurze Anbetung) Referat von Johannes Neuhardt zum Thema „Evangelisation einst und jetzt" Festgottesdienst mit Erzabt Edmund Wagenhofer, Agape	Stift St. Peter Romanischer Saal, St. Peter Pfarrkirche St. Vitalis	⑬
18.00	Einführung in den christlichen Glauben mit Univ.-Prof. Gottfried Bachl	Theologische Fakultät	㉑
18.00	Taizé-Gebet	Franziskanerkirche	⑨
18.00	Mit der Kirche übers Kreuz – Stammtischgespräche ❸	Augustinerbräu (Michaelbeurer Stüberl)	⑩
19.00–22.00	Lichterlabyrinth unter der Kuppel des Domes	Dom	③
19.30	In der Hölle ist der Himmel los. Gesprächsabend mit Pfarrer Peter Zeiner, Ripperlessen	Gasthof Hölle, Gneis	
19.30	Geistliches Konzert mit Textmeditation und Lichtdesign. „Das Antlitz der Erde wird neu" – Werke von Haydn, Mendelssohn u. a. Kirchenchor Niederalm, Franz Bruckmoser und Wolfgang Schneider	Stiftskirche St. Peter	⑬
19.30	Den Himmel offen halten ❹ ❷ Braucht Salzburg ChristInnen? Ökumene im Gespräch. Mit Prof. P. M. Zulehner	SN-Saal, Karolinerstraße 40	
20.30–22.00	Gebet auf dem Berg	Kapuzinerkirche	⑦

Freitag, 21. 10.

Zeit	Beschreibung	Ort	Nr.
6.05	Morgengedanken in Radio Salzburg		
ab 8.00	Pendlerfrühstück im morgendlichen Verkehrsstau	Hauptbahnhof, Einfahrtsstraßen	
8.30	Aktionstag Ursulinen und Herz-Jesu-Missionare Wortgottesdienst der Ursulinen-Schülerinnen – Menschenkette um den Dom	Dom	③
9.00–13.00	ArMut teilen. Spenden abgeben – Bedürftigkeit anmelden	Umverteilungscontainer bei der Engelsburg	⑪
9.00–14.00	Bibellesen im Zelt	Schloss Mirabell	④
11.00	Über meinen Glauben möchte ich leise sprechen. SchülerInnen-Vorstellung mit Diskussion	Das Kino	⑳
11.00–14.00	Entspannungsinsel des Jugendzentrums IGLU	Parkplatz St. Andrä	⑱
11.15, 15.45, 17.15	Chorgebet mithören	Stiftskirche Nonnberg	⑤
12.15–14.00	Mittagsmeditation – Oase der Stille	in allen Pfarrkirchen der Stadt	
12.15	Gönn dir eine Atempause – Mittagsmeditation, gestaltet von „via cordis"	Sacellum	⑥
14.00–17.00	Gesprächsmöglichkeit im Kreuzgang St. Peter	Stift St. Peter	⑬
15.00–17.00	Paulus in den Katakomben, Bibellesung mit Klaus Ortner	Friedhof St. Peter	⑬
15.30–17.30	Zeit mit Blick auf den Himmel – offene Kapuzinerterrasse	Kapuzinerkloster	⑦
16.00–19.00	ArMut teilen. Spenden abgeben – Bedürftigkeit anmelden	Umverteilungscontainer bei der Engelsburg	⑪
18.00	Einführung in den christlichen Glauben mit Univ.-Prof. Gottfried Bachl	Theologische Fakultät	㉑
18.00	Taizé-Gebet	Franziskanerkirche	⑨

18.00	Mit der Kirche übers Kreuz – Stammtischgespräche Ⓒ	Augustinerbräu (Michaelbeurer Stüberl)	⑩
18.30	**Konzert „Abraham on tour"** Ⓑ	Pfarrkirche Gneis	
19.00–24.00	Lange Nacht der Orgelmusik, Gestaltung Musikuniversität Mozarteum, mit Lichterlabyrinth und Lichtdesign auf der Domfassade	Dom	③
19.15	Abend der Barmherzigkeit – Anbetung, Beichte, Impulse, Lobpreis	St. Blasius	㉔
19.30	**Soziale Nachhaltigkeit in Salzburg.** Ⓛ 🤟 Erzbischof Alois Kothgasser im Gespräch. In Kooperation mit Wirtschaftskammer und Salzburger Armutskonferenz	WIFI-Saal	㉒
20.30–22.00	Gebet auf dem Berg	Kapuzinerkirche	⑦

Samstag, 22. 10.

6.05	Morgengedanken in Radio Salzburg		
9.00–16.00	**Frauentag der Katholischen Frauenbewegung** Ⓜ	St. Virgil	
9.00–14.00	Bibellesen im Zelt	Schloss Mirabell	④
11.00	**„Himmel teilen"** – Versteigerung von Engelsfiguren Ⓝ	Engelsburg/Mozartplatz	⑪
11.15, 15.45, 17.15	Chorgebet mithören	Stiftskirche Nonnberg	⑤
12.15–14.00	Mittagsmeditation – Oase der Stille	in allen Pfarrkirchen der Stadt	
13.30	**Familienfest und Familiengottesdienst** Ⓞ Kindermusical mit den emaus-kids: „Lilli und das unglaubliche Comeback"	Kapitelsaal	⑧
14.00–17.30	Kreative Stationen: Geschicklichkeits-, Bastel- und Quizstationen, Zuckerlschleuder, tanzen und musizieren mit palästinensischen Jugendlichen	Kapitelplatz	②
15.00	Ausstellung „Himmelsbilder", Spezialführung für Kinder von 5 bis 10 Jahren	Dommuseum	③
18.00	Familiengottesdienst mit Erzbischof Alois Kothgasser	Kollegienkirche	㉑
14.00	Kirchenführungen	Müllner Kirche	⑩
14.30 15.00	**Wallfahrt – „Mit der Kirche übers Kreuz"** Ⓒ Wortgottesdienst, anschließend kleine Bewirtung	Treffpunkt bei der Plainlinde Maria Plain	
15.00	Himmelsklang – die Musik der Engel auf Erden. Mittelalterlicher Choral und Gregorianik aus Salzburger Handschriften. Salzburger Virgil-Schola. Leiter Stefan Engels	Franziskanerkirche	⑨
15.30–17.30	Zeit mit Blick auf den Himmel – offene Kapuzinerterrasse	Kapuzinerkloster	⑦
19.00	Jugendgottesdienst – anschließend ökumenische Wanderung zur Nightwatch	Müllner Kirche	⑩
19.00	**Ökumenische Nacht der Spiritualität** Ⓞ	Evangelische Christuskirche und andere	㉓
19.00	Gottesdienst mit Menschen mit Behinderung, anschließend Agape	St. Severin, Gnigl	
ab 19.30 bis 5.30	**Jugend-Nightwatch** Ⓟ	Stift St. Peter	⑬
20.30–22.00	Gebet auf dem Berg	Kapuzinerkirche	⑦

Sonntag, 23. 10. – Sonntag der Weltkirche

6.05	Morgengedanken in Radio Salzburg		
10.00	Eucharistiefeier mit Erzbischof Alois Kothgasser. 🤟 Chor und Instrumentalgruppe des Privatgymnasiums der Herz-Jesu-Missionare und der Ursulinen	Dom	③
12.30	Heißluftballonstart – an Bord sind 77 von Erzbischof Alois Kothgasser signierte Bibeln, die später dort verschenkt werden, wo der Ballon landet.	Maria Plain	

🤟 Veranstaltung mit Übersetzung in Gebärdensprache

Ⓐ Nähere Beschreibung der Veranstaltung auf der Rückseite

① Siehe Stadtplan auf der Rückseite

Medieninhaber, Herausgeber und Verleger: Erzdiözese Salzburg, Kapitelplatz 2, 5020 Salzburg.

Aktuelle Programmänderungen finden Sie unter www.offenerhimmel.at

Dankkarten

Dankbarkeit ist das Gedächtnis des Herzens. Erinnere dich, woher du kommst, wohin du gehst und welcher Engel dich begleitet.

Es gab Aufsteller mit „Danke-Karten" in Geschäften und Banken zur freien Entnahme. Diese Karten mit sechs verschiedenen Motiven sollten die Salzburgerinnen und Salzburger dazu anregen, jemandem Dank zu sagen, indem man die Karte ausfüllt und verschenkt.

DANKE! für

Gottes Engel mögen euch begleiten. *Tob 5,17*

DANKE! für

Wer zu mir kommt, den werde ich nicht abweisen. *Joh 6,37*

DANKE! für

Wirklich, Gott ist an diesem Ort. *Gen 28,1*

DANKE! für

Gott lässt seine Sonne aufgehen über Bösen und Guten. *Mt 5,45*

DANKE! für

Was ist der Mensch? *Psalm 8*

DANKE! für

Denn lebendig ist das Wort Gottes. *Hebr 4,12*

Dankbarer Rückblick

Mein erster Dank gilt dem Himmel. Die Aktionswoche unter das Motto vom offenen Himmel zu stellen, war eine glückliche Entscheidung, ein Geschenk des Heiligen Geistes. Die Idee kam in einer Kreativgruppe auf. Kein anderes Motto hätte für eine solche Vielfalt an Aktionen und Veranstaltungen den Horizont öffnen können. Der offene Himmel hat Sehnsüchte und Wünsche geweckt und viel Phantasie freigesetzt. Vor allem war der offene Himmel nicht angreifbar und konnte auch nicht verzweckt werden.

Unter dem offenen Himmel kann Christsein nicht auf eine Konfession reduziert werden. Ich danke den im Ökumenischen Arbeitskreis Salzburg vertretenen Kirchen, dass sie bereit waren, dies durch ihre Teilnahme an der Auftaktveranstaltung „SalzBurg-Licht" zu verdeutlichen. Ökumene ist heute unverzichtbar. Ohne den Willen zur Einheit kann christlicher Glaube nicht glaubwürdig bezeugt werden.

Gefreut haben mich die vielen Partnerschaften über den kirchlichen Bereich hinaus. Allen, die uns ihr Vertrauen entgegengebracht haben, danke ich ganz herzlich. Verkündigung und Seelsorge kann und darf nicht auf den Dialog mit der Welt verzichten. Bildende Kunst, Literatur und Musik sind wichtige Partner genau so wie die Medien, die Politik und die Wirtschaft. Gut überlegte und vorbereitete, aber auch überraschende Begegnungen haben die Aktionswoche entscheidend mitgeprägt.

Eine bleibende Frucht der Aktionswoche könnte eine verbesserte innerkirchliche Zusammenarbeit sein. Ich danke allen, die sich darauf eingelassen haben. Das Miteinander von Pfarren, Ordensgemeinschaften, kirchlichen Einrichtungen und Zentralstellen hat allen gut getan. Schrebergartenmentalität und Kleinkariertheit bringen die Kirche nicht weiter. Unglaubliche Chancen können sich auftun, wenn die Einzelnen nicht nur auf sich selbst bedacht wären, sondern das kirchliche Netzwerk nützten und auch bereit wären, jeweils die Anliegen der anderen mitzutragen.

Die katholische Kirche von Salzburg hat in der Aktionswoche auch ein junges Gesicht gezeigt. Ein besonderer Dank dafür gilt den katholischen Privatschulen und Privatkindergärten und der katholischen Jugend. Manchmal habe ich den Verdacht, dass wir, wenn wir über die Jugend jammern, diese vielen jungen Menschen einfach vergessen. Die Woche hat aber auch gezeigt, dass junge Menschen mit dabei sind, wenn der Horizont offen und eine entsprechende Gestaltungsmöglichkeit gegeben ist.

Zu einem dankbaren Rückblick gehört auf jeden Fall die Aufmerksamkeit für jede einzelne Mitarbeiterin und Mitarbeiter. Dass sich so viele engagiert haben, verdient ein ganz großes Danke. Manche haben auch die Erfahrung gemacht, dass man allein etwas einsam ist. Jesus hat nicht umsonst seine Jünger zu zweit ausgesandt. Zu zweit ist vieles leichter. Auch das haben wir in dieser Woche gelernt. Trotzdem braucht die Kirche viele ichstarke, innengeleitete und selbstbewusste Menschen, die zu einem christlichen Lebenszeugnis bereit sind.

Zum Schluss möchte ich mich beim Leitungsteam bedanken, das mit mir diese Woche geplant, vorbereitet und durchgeführt hat. Dr. Wolfgang Müller hatte die Projektleitung inne. Er war der Hauptmotor und Impulsgeber des Unternehmens und vor allem der Vater vieler Ideen. Mag. Silvia Zeller hatte eine Teilanstellung für die Projektkoordination. Sie hat einen riesen Job geleistet. Generalsekretär Johannes Schneilinger hat die Ideen und Interessen der Katholischen Aktion koordiniert und eingebracht. Mag. Susanne Rasinger hat als Referentin für Stadtpastoral die Verbindung zu den Satdtpfarren gehalten und damit einen ganz wichtigen Beitrag geleistet. Dr. Sebastian Schneider hat als Projektleiter der Vorgängerwochen in den Dekanaten Stuhlfelden (2002), Saalfelden (2003) und Tamsweg (2004) uns geholfen, das Rad nicht in allen Fällen neu erfinden zu müssen. Alle haben in dieser Zeit mehr geleistet als es ein Chef seinen Leuten zumuten darf. Für das Vertrauen, das wir angefangen vom Herrn Erzbischof bis zu allen Beteiligten an der Aktionswoche erfahren haben, bedanken wir uns gemeinsam.

Balthasar Sieberer, Seelsorgeamtsleiter

Nachbetrachtung

Ein paar Wochen nach dem Ende der Aktion „Offener Himmel" ist für mich wieder Alltag und etwas mehr Ruhe eingekehrt. Es begleiten mich aber verschiedenste Erlebnisse, Eindrücke und Begegnungen bei meiner täglichen Arbeit. Nun ist für mich auch die Zeit, um darüber nachzudenken, was wir von dieser erfolgreichen Woche lernen können.

Der „Offene Himmel" war die größte Aktionswoche der Erzdiözese in der jüngeren Geschichte und zeichnete sich durch ein vielfältiges und umfangreiches Programm aus. Zwischen Großevents wie SalzBurgLicht und kleinen, stillen Veranstaltungen wie Mittagsgebete und Meditationen wurde sichtbar, wie unterschiedlich und bunt Christsein in Salzburg gelebt wird. Tausende haupt- und ehrenamtliche MitarbeiterInnen haben zum teilweise überraschenden Erfolg des „Offenen Himmels" beigetragen. Ohne die vielen, vor allem auch ehrenamtlichen MitarbeiterInnen wäre die Aktion niemals machbar gewesen.

Schon während der Woche habe ich mir viele Frage gestellt; Antworten auf diese Fragen zu finden wird eine der Aufgaben für die Zukunft sein.

Was bedeutet es, wenn heute in einer Stadt wie Salzburg Menschen am Abend nach der Arbeit in die Franziskanerkirche zum Beten gehen? Was bedeutet es, wenn mir viele Menschen auf der Straße gesagt haben: „Es ist gut, dass ihr endlich hinausgeht!"? Was bedeutet es, wenn Menschen auf der Straße weinen, weil sie von einzelnen ChristInnen so tiefst verletzt wurden? Und was bedeutet es, wenn über 5000 Menschen ein Zeichen des Lichtes setzten und zwischen dem Straßenlärm mit beschwingter Musik zum Domplatz schlendern?

Ich denke es bedeutet, dass es der richtige Weg ist, das Gespräch mit den Menschen zu suchen und sie in ihrer Verschiedenartigkeit anzunehmen. Wir wissen, dass jede Begegnung mit Menschen eine Begegnung mit Gott ist; egal wie oberflächlich oder untheologisch diese Begegnung im Ersten zu sein scheint.

Wann immer ich jetzt von der Aktionswoche erzähle, kommt sofort die Frage: Was bleibt? Was haben wir gelernt, welche Erkenntnisse gewonnen? Was kann weitergehen? Was ist uns schwer gefallen und was leicht?

Mir persönlich ist zum Beispiel der Lichtergang sehr leicht gefallen, er hat mir Kraft gegeben und mir wurde einmal mehr bewusst, welche Geborgenheit Gemeinschaft geben kann. Schon etwas schwerer sind mir die Gespräche auf der Straße gefallen. Und doch, als ich diese Barriere überwunden hatte, war ich von einigen Begegnungen sehr überrascht.

Für die Zukunft muss uns alle die Frage beschäftigen, was wir aus den gesammelten Erfahrungen machen. Wie können wir Erkenntnisse umsetzen, wie auch in Zukunft auf die Menschen zugehen und das Evangelium auf neue, kreative und verständliche Art verkündigen? Es wäre schade, wenn wir dies nicht schaffen und vom „Offenen Himmel" weiter nichts übrig bleiben würde als die Erinnerung an eine großartige Woche.
Auf Wiedersehen!

Silvia Zeller, Projektkoordinatorin

Das Leitungsteam „Offener Himmel"

Wolfgang Müller

Abteilungsleiter Diakonie
und Gemeinde im
Seelsorgeamt,
Pfarrgemeinderatsreferent,
Projektleiter

Balthasar Sieberer

Seelsorgeamtsleiter

Silvia Zeller

Projektkoordinatorin

Hannes Schneilinger

Generalsekretär der
Katholischen Aktion

Sebastian Schneider

Abteilungsleiter
Verkündigung und
Liturgie im Seelsorgeamt

Susanne Rasinger

Referentin für
Stadtpastoral
im Seelsorgeamt

Danke

Danke allen Projektpartnern:

Altstadtmarketing
Arbeiterkammer
Astrid Rieder
Augustiner Bräu
Bioernteverband
Erich Huber
Erwin Pompernigg
Frithjof Finkbeiner
Holztechnikum Kuchl
HTL-Itzling – Abteilung Bautechnik
Johann Weyringer
Klaus Ortner
Literaturhaus
Lutz Hochstraate
Malteser Hilfsdienst
Militärmusik Salzburg
ORF Salzburg
Partner beim Fest der Kulturen
Salzburg Krone
Salzburg TV
Salzburger Nachrichten
Theologische Fakultät
Universität Mozarteum
Viola Pöschl
Wirtschaftskammer

Danke allen Firmen und Behörden für die Mithilfe an einzelnen Projekten:

Berufsfeuerwehr Salzburg
Bürgermeister und Magistrat der Stadt Salzburg, insbesondere Dr. Martin Floss, Ing. Thomas Altinger, Johann Prodinger und Gernot Teufl.
Firma Dywidag
Polizei der Stadt Salzburg, insbesondere Herr Stephan Handl
Salzburger Festspiele, insbesondere Mag. Michael Veits
Transporte Rachbauer
Vermessungsbüro Günther Fally

Danke für die gute Zusammenarbeit:

Benno Oberdanner und Firma LTV
dancefloor corporation, Adolf Gruber
Dr. Angelika Pressler
Ernst Werbung
Firma Nagy
Firma PAOL
Firma Pyrovision, Christian Czech
Fritz Egger und Fritz Popp
jennycolombo
KeyWi-Music
Ökohof Feldinger
Pürcher & Partner
Thalgauer Bauernkramer

Weiters danken wir den verschiedenen Musikgruppen wie Swing Company, Trio Percussiv, Elixserious, Bluswuzln, Arcoiris, Fischermusik Liefering, Gnigler Spielmannszug u. a.

… und vielen anderen, die sich im Lauf des Projektes zur Verfügung gestellt haben und die aufgrund der Vielzahl der Kooperationen auf unterschiedlichen Ebenen hier nicht vollständig aufgezählt werden können.

Bildnachweis